贵州财经大学引进人才科研启动项目"投资者教育纳入国民教育体系研究"（2022YJ022）。

金融教育、投资经验 与投资者非理性行为研究

彭 倩 ○ 著

西南财经大学出版社
Southwestern University of Finance & Economics Press
中国·成都

图书在版编目(CIP)数据

金融教育、投资经验与投资者非理性行为研究/彭倩著.--成都:西南
财经大学出版社,2024.10
ISBN 978-7-5504-6211-3

Ⅰ.①金…　Ⅱ.①彭…　Ⅲ.①金融学—教育学—影响—投资行为—
研究　Ⅳ.①F830.59

中国国家版本馆 CIP 数据核字(2024)第 108828 号

金融教育、投资经验与投资者非理性行为研究
JINRONG JIAOYU、TOUZI JINGYAN YU TOUZIZHE FEI LIXING XINGWEI YANJIU

彭倩　著

责任编辑:植　苗
责任校对:廖　韧
封面设计:何东琳设计工作室
责任印制:朱曼丽

出版发行	西南财经大学出版社(四川省成都市光华村街55号)
网　　址	http://cbs.swufe.edu.cn
电子邮件	bookcj@swufe.edu.cn
邮政编码	610074
电　　话	028-87353785
照　　排	四川胜翔数码印务设计有限公司
印　　刷	郫县犀浦印刷厂
成品尺寸	170 mm×240 mm
印　　张	15.25
字　　数	278 千字
版　　次	2024 年 10 月第 1 版
印　　次	2024 年 10 月第 1 次印刷
书　　号	ISBN 978-7-5504-6211-3
定　　价	72.00 元

前言

　　一个国家或地区金融业发展的广度与深度在相当程度上受到投资者成熟度的制约，理性的投资者群体是促进资本市场高质量发展的重要保障。在传统金融理论的假定中，理性的投资者以期望效用最大化为决策目标，并按照贝叶斯法则更新信念；而在现实金融市场中，投资者的决策行为与理论模型预测的结果之间往往存在偏差。以心理学和认知学等相关学科的研究成果为依据，行为金融学证实了经济个体无法完全按照理性要求进行决策，表现出背离理性的金融行为。构建投资组合时的本地偏见与分散化不足、不是出于满足流动性需求或实现目标收益的过度交易、卖出盈利股票而长期持有亏损股票的处置效应等都是投资者典型的非理性行为。非理性的金融决策在微观层面阻碍了投资者分享市场改革的红利，损害了投资者个人的金融福祉；在宏观层面，投资者群体的非理性往往导致市场价格机制紊乱，金融市场合理配置资本资源的功能无法得到有效的发挥。因此，探索投资者非理性行为的产生原因和降低非理性行为的有效方式，不仅能为以个体投资行为为对象的行为金融学研究添砖加瓦，也能为监管层有针对性地制定引导投资者理性决策的相关配套政策提供经验证据。

　　对于如何改善投资者的非理性行为，21 世纪初的互联网投机泡沫和2008 年的华尔街金融危机表明，信息披露、金融产品设计、理财建议等无法从根本上消除投资者的行为偏差，投资者金融素养的匮乏是危机爆发及危害蔓延的决定性因素之一。而有关研究发现，旨在提高个人金融素养的教育活动能较好地引导和规范居民的投资行为，纠正其错误的金融观念，从而减少行为偏差。金融教育是为个人提供基础的、必要的金融知识，促进其掌握投资技能、提高金融能力，并有效管理金融事务的一系列社会活动。由于个人投资者数据的可得性，已有研究多采用家庭层面的居民调查数据来探讨金融教育对个人经济决策如金融市场参与、储蓄、信贷与负债等的影响，而对金融教育与投资者非理性行为之间的内在关联关注较少。由于资本市场同样存在"干中学"效应，因此，对行为偏差分析的一类重要研究还涉及投资经验对投资者非理性行为的影响。随着投资经验的积累，投资者具有从交易中学习的能力，投资经验也是经济个体变得更为理性的重要因素。

基于上述理论与现实背景，本书采用西南财经大学中国金融研究院提供的中国投资者教育现状调查数据和国内某大型券商提供的投资者交易数据，在考虑了投资者通过金融市场积累实践经验的学习机制下，系统地讨论了金融教育对非理性投资行为的影响，从金融知识和金融能力两个维度分析了影响背后蕴含的机制，并从体系构建、反馈机制等角度提出了政策建议。

第一，对于投资者买入决策阶段的非理性行为，分析了金融教育、投资经验与资产配置非理性行为。金融教育显著降低了投资者非理性的买入决策。投资者接受金融教育的程度越高，资产组合的分散化程度越高，持股单一化的可能性越低。金融教育主要通过提高投资者的金融知识水平和提升投资者的基本投资技能作用于买入决策，且没有系统地学习过金融知识的投资者在进入金融市场后接受金融教育，会更为理性地优化投资组合，减少金融资产的集中化持有现象。此外，在数字金融发展缺位的区域，金融教育对优化投资者资产配置的作用效果更佳。

第二，对于投资者在交易阶段的非理性行为，分析了金融教育、投资经验与过度交易。实证检验了金融教育与投资经验能否降低投资者的过度交易，探讨了投资者频繁交易背后的非理性决策心理。结果表明，提高投资者的金融教育水平有助于降低投资者的过度交易倾向和过度交易程度。

投资经验与过度交易呈倒"U"形，即入市后具有一定实践经验的投资者倾向于过度交易，而随着投资经验的不断积累，经验丰富的投资者将选择适当的交易频率。金融教育纠正非理性交易行为的心理学基础在于：通过降低投资者的赌博偏好与感觉寻求，并畅通金融能力传导渠道来提升投资者的信息解读能力和风险感知能力。

第三，对于投资者卖出决策阶段的非理性行为，讨论了金融教育、投资经验与处置效应。金融教育显著降低了投资者的客观处置效应，金融教育水平的提高还改善了投资者对处置效应的自我感知（主观处置效应）。而投资经验与处置效应呈"U"形，经验匮乏和经验丰富的投资者处置效应更严重。金融教育主要通过提高投资者的金融知识水平和金融信息获取能力降低投资者的主观处置效应和客观处置效应，投资经验主要通过信息渠道改善处置效应。

第四，对于金融教育的福利分析，以投资收益为例，借助添加金融教育投资变量的跨期选择模型，对金融教育与投资收益的关系进行了理论推导，提出了研究假设。实证检验发现，金融教育是提高投资者金融福祉的有效方式。投资者通过接受金融教育提高了股票投资收益和金融资产投资收益，且经验相对丰富的投资者盈利的可能性更高。从资产配置行为转变的归因来看，受金融教育程度更高的投资者，通过降低持股单一化和提高金融资产的多元化，提高了股票投资收益和金融资产投资收益。从投资策略转变的归因来看，金融教育将降低投资者的趋势追逐倾向，提高投资者选择被动管理型策略的可能性，从而促进投资者获得高投资收益。

本书对监管层有针对性地制定引导投资者理性决策的相关政策具有参考价值。限于写作时间及水平，书中难免存在不足，恳请读者批评指正。

彭倩

2024 年 5 月

目录

第一章　绪论

第一节　研究背景

　　传统金融理论中关于投资者决策行为的核心假定是经济个体的完全理性，即遵守偏好的公理性，在不确定条件下以期望效用最大化为决策目标，并按照贝叶斯法则更新信念。然而，现实金融市场中行为人的交易特征表明，理性假设无法准确刻画个体的真实决策行为。由于盈余公告效应、股权溢价之谜等诸多金融异象产生，投资者行为偏差如资产配置分散化不足、过早卖出盈利股票而长期持有亏损股票、过度交易等普遍存在，从投资者实际决策心理出发的行为金融学应运而生。以社会学和心理学的研究成果为依据，行为金融学对投资者决策的分析从"应该怎么做决策"转变到"实际怎么做决策"，证实了经济个体无法完全按照理性假定进行决策，表现出背离理性条件的金融行为。个人投资者非理性的金融决策在微观层面阻碍了投资者分享市场改革的红利，也损害了个人金融福祉。对于金融市场而言，投资者群体的非理性将导致市场价格机制紊乱，市场监管的失灵，使得金融市场功能无法得到有效的发挥。从宏观经济来看，2018 年 12 月，中央经济工作会议提出"资本市场在金融运行中具有牵一发而动全身的作用，要通过深化改革，打造一个规范、透明、开放、有活力、有韧性的资本市场"，一国金融业发展的广度与深度受到投资者成熟度的制约，高质量发展的资本市场需要理性的投资者群体。

截至 2023 年 1 月底，我国证券投资者突破 2 亿人[①]，持股市值为 50 万元以下的投资者占比达 85.37%，个人投资者交易额占比为 82.01%，而机构投资者交易占比仅为 14.76%[②]。可见，中小投资者在我国资本市场的稳健运行中发挥着关键作用。然而，市场数据和理论研究均表明，个人投资者的非理性行为突出。根据《中国投资者教育现状调查报告（2020）》[③]，近三成投资者偏好"追涨杀跌"的操作方式；36.17% 的投资者往往过早卖出盈利股票，而不愿抛售长期亏损的股票；74.07% 的投资者对自身金融知识过度自信。此外，《中国证券期货统计年鉴（2020）》[④] 披露，上海证券交易所的市值换手率为 193.44%，深圳证券交易所的市值换手率达 456.16%，投资者偏好"快进快出"的交易方式。但频繁交易却没有带来更高的投资收益，我国机构投资者的持股市值为自然人投资者的 0.76 倍，而机构投资者盈利金额为自然人投资者的 3.6 倍，个人投资者持有的资金规模大，但过度交易导致盈利能力较差[⑤]。基于我国证券投资者交易数据的实证研究也发现，投资者存在政策依赖性心理和过度自信（李心丹 等，2002），不同投资规模的股民均倾向于过度交易（谭松涛 等，2006），且中国投资者卖出盈利股票而长期持有亏损股票的处置效应更严重（李新路等，2005）。那么，是什么原因导致了投资者在金融决策上的失误？通过何种方式能有效地改善投资者的行为偏差？

国内外对如何纠正个人投资者的行为偏差研究方兴未艾，学者们从金融产品设计（Carlin，2009）、信息披露（Inderst et al.，2009）、金融建议与信任（Berg et al.，2017）等制度建设角度进行了广泛的讨论。但是，制度体系的不断完善不能从根本上消除投资者的行为偏差，20 世纪初的互联网投机泡沫和 2008 年的华尔街金融危机就是有力例证，投资者的行为偏离完美理性的程度无法只通过市场监管的有关举措得到改善。事实上，Mandell 和 Klein（2009）在对金融危机的反思中提到，投资者金融素养的

---

① 根据中国证券登记结算有限责任公司发布的投资者统计月报相关数据整理。
② 根据《上海证券交易所统计年鉴（2018 卷）》相关数据整理。
③ 根据《中国投资者教育现状调查报告（2020）》相关数据整理。
④ 根据《中国证券期货统计年鉴（2020）》相关数据整理。
⑤ 根据《上海证券交易所统计年鉴（2018 卷）》相关数据整理。

匮乏是危机爆发及危害蔓延的决定性因素之一。金融素养是一种特定于个人金融方面的人力资本，体现了投资者掌握基本经济、金融概念，运用金融知识和投资技能有效配置金融资源以实现终生财务保障的能力（Hung et al.，2009）。旨在提高个人金融素养的教育活动能较好地引导和规范居民的投资行为，纠正其错误的金融观念（Campbell，2006）。所谓"授人以鱼不如授人以渔"，金融教育是为个人提供基础且必要的金融知识，促进其掌握投资技能，提高金融能力，并有效地管理金融事务的过程（Mason et al.，2000）。据经济合作与发展组织（OECD，2015）的调查数据，已有59个国家将金融教育纳入国家战略，美国、英国、澳大利亚等国家纷纷将金融教育列入中、小学必修课程中。我国对金融教育的重视度也持续提升，自2000年开始启动针对证券投资者的大规模金融教育至今，金融教育成为我国资本市场稳定发展的重要组成部分，是资本市场一项长期性、基础性的工作（李建勇 等，2015）。2013年发布的《国务院办公厅关于进一步加强资本市场中小投资者合法权益保护工作意见》提出，加大普及证券期货知识力度，将投资者教育逐步纳入国民教育体系。2019年3月，中国证监会与教育部联合印发了《关于加强证券期货知识普及教育的合作备忘录》，提出将在学校教育中大力推进证券期货知识的普及。强化全民理性投资意识，进而提高金融市场运行效率成为金融教育的主要目标。基于此，研究金融教育在减少个人投资者非理性行为方面的作用，不仅能为解释投资者的行为偏差提供一种新的视角，也将为监管层面推进普惠金融教育及提高个人投资者综合素质提供理论依据。

第二节　研究意义

本书在考虑了投资者通过金融市场积累实践经验的学习机制下，系统地讨论了金融教育对非理性投资行为的影响，并分析了影响背后蕴含的机制。本书在理论层面和实践层面都具有重要意义。

一、理论意义

第一，从个人的金融人力资本（金融知识与金融能力）视角探索了非理性投资行为产生的原因，拓展了行为金融学理论框架下对个体投资行为的研究广度。现有文献对投资者行为偏差的影响因素分析，多基于心理学、社会学和认知学的相关研究成果，忽略了人的素养对行为的重要作用。随着对居民经济决策研究的不断丰富，在行为金融学的理论框架下，个人的金融人力资本如金融知识、金融能力对于非理性投资行为如过度交易、处置效应等影响的研究还较为匮乏。机制分析部分在考虑了投资者决策心理的前提下，讨论了投资者的基础金融知识和专业金融知识以及不同类别的金融能力如基本投资技能、金融信息获取能力、金融风险感知能力等对非理性决策的影响，为行为金融学中的个体投资行为研究做出了边际贡献。

第二，从金融教育的投入度和接受度，以指数形式定量刻画中国个人投资者的金融教育程度，是对金融教育与素养理论研究的有益补充。金融教育是一个多维概念，站在施教者的角度，金融教育是旨在传播金融知识、培养投资技能、倡导理性投资理念等有计划、有组织的一系列社会活动。站在投资者（受教育者）的角度，金融教育是增进个人对金融产品的了解，提高金融风险意识，进而做出明智决策以改善自身财务状况的过程。因此，度量金融教育涉及不同维度的多个指标，需要构建一套科学的衡量指标体系。但现有研究对于金融教育的测度还不够全面，各有侧重地从金融教育的供给程度、经济个体对金融教育活动的参与程度、对金融教育的时间与资金投入等方面来衡量。同时，受限于个人金融教育数据的可获得性，一些较有影响力的国内外居民家庭调查如美国的消费者金融调查（the survey of consumer finances，SCF）①、中国家庭金融调查（China household finance survey，CHFS）② 等，其调查指标和数据往往并未涵盖详细的金融

---

① 消费者金融调查由美联储统计部与财政部合作开展，始于 1983 年，旨在了解美国家庭的收入、资产与负债情况，每三年进行一次（Lindamood et al.，2007）。

② 中国家庭金融调查由西南财经大学发起，旨在收集中国家庭主要包括收入、消费、负债、金融财富、社会保障以及人口特征方面的信息，自 2010 年开始，每两年进行一次追踪访问（甘犁等，2013）。

教育信息。由此，基于原创的数据集，参考多种指数编制方法，将金融教育投入度和接受度纳入指标体系中，构建中国个人投资者金融教育指数，在金融教育与素养理论研究的多元化方面具有一定的理论意义。

第三，分析金融教育在纠正行为偏差、提升金融福祉方面的作用效应，为金融教育的有效性研究提供了新的视角。现有研究或评估了金融教育作为政策干预的效果，或采用元分析综述了金融教育对个人经济决策行为的影响，并未对金融教育有效性的基础元素进行全面、系统的分析，也没有形成具有共识的衡量标准。我国以个人投资者为主的投资者结构和以金融机构为主导的金融教育模式，在一定程度上为学术研究提供了较为理想的研究情境。以中国金融市场投资者教育与投资行为的第一手数据为基础，以纠正投资者的行为偏差和提高个人金融福祉为切入点研究金融教育的有效性，通过系统的微观实证检验金融教育对于投资者的非理性买入与卖出决策、过度交易行为和投资绩效的影响，有助于更深层次地理解金融教育在提高投资者理性水平与金融福利水平方面的重要作用。

二、现实意义

第一，对中国个人投资者典型的非理性行为与成因分析，有助于监管层有针对性地引导投资者理性决策，提高投资者参与金融市场的获得感。我国资本市场正处于从新兴市场转向成熟市场的重要阶段，理性的投资者群体是市场纵深发展的核心基础。长期以来，我国资本市场充满了浓郁的投机氛围，散户投资者的投资理念和风险意识缺失，频繁交易等特征突出。个人投资者的非理性行为能由点及面演化为群体的非理性，从而导致市场价格的异常波动甚至引发金融风险。因此，立足中国本土资本市场的实际，分析个人投资者的非理性行为及其成因，体现了微观研究的宏观意义，可促进监管者更有针对性地制定引导投资者理性决策的相关配套政策。

第二，对金融教育与投资者非理性行为的作用机制和异质性分析，为构建多层次、差异化的金融教育体系提供了经验证据。由于我国的金融教育起步较晚，金融教育体系存在着主体分工不合理、教育内容同质化、教育对象单一等缺陷（顾海峰，2009），本书深化了有关金融教育体系构建的政策内涵。一方面，作用机制分析有助于理解从金融教育到金融行为的中介因素，从而以有针对性地提高金融教育的作用效应为前提，在金融教育主体和金融教育内容方面更合理地配置教育资源。另一方面，异质性分析加深了对不同特征投资者的金融教育需求的认识，有利于根据不同投资者的特点提供更为精准的、差异化的金融教育服务。

第三节　研究方法

本书首先通过文献演绎法回顾金融教育、投资经验与投资者非理性行为的相关研究成果；其次，通过社会调查法系统收集现实金融市场中投资者受金融教育状况与非理性投资行为的相关材料，以此提炼研究问题并确立研究突破点，提出可检验的研究假设；再次，通过实证研究法分析金融教育与投资经验对投资者非理性行为的作用效应及影响渠道，验证研究假设并归纳研究结论；最后，立足中国金融教育的实际问题，基于研究结论提出相应的政策建议。

一、文献演绎法

本书围绕金融教育、投资经验与投资者非理性行为的主题全面而详细地梳理了相关研究的历史与现状，主要从行为金融学的理论与实证研究中整理投资者非理性行为相关的研究文献，包括理性、有限理性和非理性的辨析，认知偏差、心理偏差与偏好，投资者典型的非理性行为表现及成因；总结金融教育、投资经验与个人经济决策行为的研究成果，包括金融教育的含义与指标构建方法，金融素养的定义与测度方法，金融教育对金融素养的影响，金融教育与金融素养对个人经济决策的影响，金融教育的有效性，以及投资经验相关研究；对大量文献进行筛选与分析，追踪前沿的研究动态，不断补充和完善研究资料，发现已有研究的不足，从而确立了研究突破点。

二、社会调查法

依托问卷调查和访谈调查的社会调查研究方法获取了第一手材料是本书的一大特色与亮点。由于个人投资者决策心理和接受金融教育状况的数据难以通过公开的数据库直接调取，本书通过问卷调查法进行了持续数年的调研，形成了研究的基础数据集。社会调查的研究方法为深入分析金融教育与金融行为的关系提供了良好的数据支撑。

三、实证研究法

实证研究是利用统计推断的理论与技术，有目的地建立计量模型来验证理论假说，通过分析模型参数揭示变量之间存在的关系。本书遵循微观实证的原则，科学地进行模型设计与检验分析。具体来说，在指标确立方面，以因子分析法构建中国个人投资者金融教育指数，以二值选择模型和多元回归模型分析金融教育与投资经验对非理性资产配置的影响，并基于工具变量进行了内生性处理；在金融教育与投资经验对投资者处置效应影响的实证研究中，基准回归构建了二值选择模型，内生性处理同样采用工具变量法，从交易动机和持股期限的角度展开了异质性分析。在金融教育与投资经验对投资者过度交易影响的实证研究中，以超额换手率构建过度交易程度指标，以交互项分析群体之间的差异性，并进行了遗漏变量检验；在福利分析部分，采用有序 Probit 模型检验金融教育与投资经验是否显著影响投资收益，运用条件混合过程处理内生性，从资产配置和投资策略视角进行了归因分析，并检验了长期接受金融教育意识的调节效应。可见，本书对金融教育与投资经验对投资者非理性行为的基本影响、作用机制、异质性和稳健性进行了系统的研究。

第四节　研究数据

本书的实证数据主要来自中国投资者教育现状调查（China investor financial education survey，CIFES）数据集。该数据集是西南财经大学中国金融研究院"我国证券投资者教育的效率分析与制度建构"课题组（以下简称"课题组"）自 2016 年开始在全国范围内每年开展一次的持续性问卷调查。课题组立足于构建我国投资者教育的长效体系，持续追踪国际上投资者教育研究前沿，连续五年已累计回收调查问卷 91 420 份，为投资者教育与投资者行为研究提供了足够量级的数据支撑。在投资者教育研究领域多种版本的调查中，该课题组是首个从"投资者（受教者）"与"投资者教育工作者（施教者）"两个维度同时开展问卷调查并据此进行比对分析的团队。

在 2020 年的调查中，课题组以中国证券市场的个人投资者为调研对象，与国内某大型证券公司合作，采用分层抽样法确定受访投资者，并首次设计了投资者编号以匹配其证券账户的真实交易数据。课题组在实证研究中将投资者的问卷结果与实际交易信息一一对应，两类数据的匹配分析既解决了单纯使用问卷调查方式的数据噪音问题，也补充了交易数据所缺乏的投资者个人特征和金融教育状况等信息。

CIFES（2020）在抽样方法、问卷设计、问卷框架、问卷发放与数据处理上具有以下特点：

第一，抽样方法。考虑到调研对象为中国金融市场的个人投资者，为使样本具有全国代表性，该调查采用分层、概率比例、简单随机抽样法。

第二，问卷设计。首先，CIFES（2020）的问卷依据问题设计的客观性、必要性和自愿性等原则，问题表述的单一性、准确性和简明性等原则，同时参考了国内外多项金融教育与个人投资者调查问卷；其次，课题组走访了多家证券交易所、证券业协会等自律性组织以及若干证券期货经营机构，听取实务界有关专家的建议对问卷内容进行反复调整；最后，在问卷的正式发放前进行了预调查，依据预调查的结果修改完善问卷初稿以契合调查目的，在不断测试后最终形成问卷终稿。

第三，问卷框架。投资者教育情况调查（投资者部分）问卷主要分为五个部分，其中第一部分是投资者心理测度；第二部分是投资者的基础金融知识测试；第三部分是投资者教育现状调查；第四部分是投资者的专业金融知识测试；第五部分是投资者的基本信息。投资者教育情况调查（投资者教育工作者部分）问卷主要分为三个部分，其中第一部分是金融机构投资者教育的资源投入；第二部分是金融机构开展投资者教育工作的现状；第三部分是金融机构开展投资者教育工作的动力、难点、存在的问题等。

第四，问卷发放。借助问卷调查网站，所有受访者通过网站链接或二维码填写问卷。调查过程中实行严格的监督与审核机制，课题组调查员密切监控采样情况，保障了调查数据的质量。

第五，数据处理。CIFES（2020）自 2021 年 1 月 18 日至 2021 年 2 月 24 日，共收回投资者问卷 9 656 份。为保证问卷的有效性和准确性，该课题组对问卷设定了详细的误差控制机制与问卷筛选标准。最终，调查问卷（投资者部分）的有效问卷为 7 627 份，有效率为 78.99%。

第五节　研究内容与研究框架

图 1-1 展示了金融教育、投资经验与投资者非理性行为研究框架，具体研究内容安排如下：

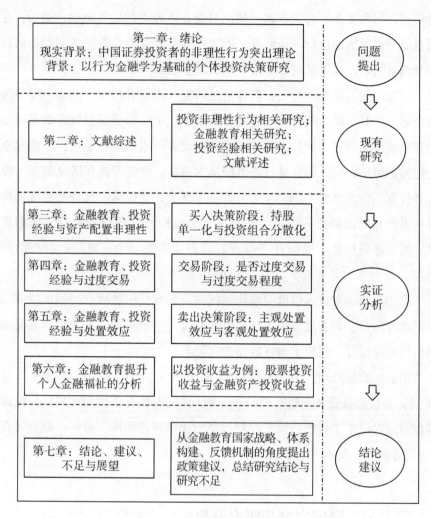

图 1-1　金融教育、投资经验与投资者非理性行为研究框架

第一章绪论，主要介绍理论与现实背景，以观察到的中国投资者非理性行为现状为切入点，以行为金融学的研究成果为理论基础，提出研究主题，概述研究意义、研究方法、研究内容、可能的创新等内容。

第二章文献综述，系统梳理了有关金融教育、投资经验与投资者非理性行为的相关文献。在投资者非理性行为相关研究部分，辨析了理性、有限理性与非理性，概括了具有代表性的认知偏差、心理偏差与偏好，再以行为金融学的理论脉络总结了投资者非理性行为的表现与成因。在金融教育相关研究部分，界定了"金融教育"的含义，对金融教育的指标构建进行了梳理，回顾了金融教育、金融素养与个人经济决策行为，以及金融教育有效性的主要研究。在投资经验相关研究部分，介绍了交易中学习的理论与实证研究、投资经验对个人经济决策的影响研究。最后，对过往文献的局限和不足进行了概括性评述。

第三章金融教育、投资经验与资产配置非理性，首先借鉴已有研究关于指数构建的方法，采用金融教育的主观投入度和客观接受度合成投资者金融教育指数。其次对于投资者在买入决策阶段表现出的非理性资产配置，构建计量模型检验了金融教育与投资经验对投资者股票资产配置的非理性（持股单一化）和金融资产组合非理性（投资组合分散化）的影响；讨论了不同维度金融教育和投资者开始接受金融教育时间不同的异质性影响，并从金融知识渠道和基本投资技能渠道进行了机制分析。再次研究发现在数字金融发展缺位的区域，金融教育在优化投资者资产配置中发挥着重要作用。最后为克服模型可能存在的遗漏变量或反向因果问题，采用工具变量法再次估计了主回归，还基于更换资产配置非理性行为指标、改变金融教育指数的构建方式、子样本回归进行了稳健性检验。

第四章金融教育、投资经验与过度交易，对于投资者在交易阶段表现出的过度交易，对金融教育与投资经验能否降低投资者的过度交易进行了实证检验，探讨了投资者频繁交易背后的非理性决策心理。进一步地，论证了金融信息解读能力和金融风险感知能力在金融教育与投资经验影响过度交易中发挥中介作用，并按照投资者年龄、学历和收入考察了不同个人特征的异质性影响。在稳健性检验方面，进行了工具变量回归、遗漏变量检验、核心变量的不同测度和分样本回归。

第五章金融教育、投资经验与处置效应，对于投资者在卖出决策阶段表现出的出售盈利股票而长期保留亏损股票的处置效应，基于投资者问卷调查数据和交易行为数据，分别构建了主观处置效应指标和客观处置效应指标，考察了金融教育与投资经验对于处置效应的影响，并在传导渠道分析中讨论了金融知识和金融信息获取的作用。另外，按照投资者的交易动机（赌博偏好与感觉寻求）和持股期限进行分样本回归，并在调节效应检验中发现投资经验对处置效应的作用效果受到投资者过度自信心理偏差的调节。最后，采用工具变量法，并在排除其他变量干扰、资产配置的子样本回归、风险承受力分样本回归等方面进行了稳健性检验，所得结果证明了研究结论的可靠性。

第六章金融教育提升个人金融福祉的分析，主要针对金融教育的福利情况进行分析，借助添加金融教育投资变量的跨期选择模型，对金融教育与投资收益的关系进行了理论推导，提出了研究假设。基于理论模型与实证研究的结合，实证检验了金融教育与投资经验对投资者股票投资收益和金融资产投资收益的影响。同时，从资产配置视角和投资策略视角对金融教育提高投资收益进行了归因分析。考虑到不同投资者接受金融教育的时机、长期接受金融教育的意识存在差异，进行了异质性讨论。最后，工具变量估计结果与基准回归吻合，对替换估计方法、替换变量构建方法、替换实证样本进行了稳健性检验。

第七章结论、建议、不足与展望，对各层面的理论与实证研究结果进行归纳总结。基于研究结论，从金融教育国家战略、体系构建、反馈机制的角度有针对性地提出政策建议，以纠正个人投资者非理性行为，增进投资者金融福祉的有效性。最后，分析了本书的一些缺陷和问题，以及对个人投资者行为研究进行展望。

第六节　主要创新点

本书的主要创新点体现在以下三个方面：

第一，聚焦中国证券投资者典型的非理性行为，从改善其行为偏差的视角研究了金融教育的有效性，首次系统地讨论了金融教育对投资者非理性行为的影响机制。针对金融教育有效性的研究，本质上需要分析金融教育是否通过优化经济个体的金融决策来促进个人实现收益的最大化。因此，本书以投资者的决策阶段为脉络，分为买入决策阶段、交易阶段和卖出决策阶段，以中国证券投资者的非理性表现为事实依据，检验了金融教育对不同非理性行为的具体作用路径，为金融教育的有效性研究提供了新思路，也丰富了金融教育与投资者行为相关研究的文献基础。

第二，对金融教育的福利分析体现了研究设计方面的创新。在理论分析时，本书构建了包含金融教育投入的跨期选择模型，厘清了金融教育影响个人金融福祉的微观机理。在实证研究上，本书探讨了金融教育在改善投资者收益状况方面的作用机制。对于投资者经济福利的衡量，考虑到投资者参与金融市场的最终目的是最大化投资收益。因此，相比以往研究多从居民家庭财富增长、财富不平等、收入流动性等方面进行金融教育的福利分析，本书基于投资者股票投资收益率和金融资产投资收益率，为金融教育与投资收益的关系分析提供了直接证据。

第三，创新性地运用金融教育问卷调查与投资者交易账户的一一匹配数据，编制了中国投资者金融教育指数。微观研究的难点之一是高质量数据的可得性，为了对金融教育与投资者非理性行为的关系展开动态分析，本书基于具有原创性的 2020 年中国投资者教育现状调查数据，结合对金融教育内涵与外延的理解，采用因子分析法从投资者金融教育的投入度和接受度编制了符合中国实际国情的投资者金融教育指数。CIFES 是针对个人投资者金融教育与金融行为的专门调查，在一定程度上填补了金融教育研究领域数据的不足。本书采用该数据集进行微观实证分析，提高了实证结果的可信度和解释力。

第二章　文献综述

第一节　投资者非理性行为相关研究

新古典经济学理论的核心假定是经济个体的完全理性。然而，现实金融市场中行为人常表现出诸如股票市场有限参与、投资组合分散化不足、长期持有亏损股票而卖出盈利股票等有悖理性假定的行为，完全理性假设无法准确刻画经济个体的真实决策行为。事实上，经济个体在风险金融投资中往往违反了期望效用理论，并没有严格按照贝叶斯法则更新自身对新信息的信念，以直观推断（heuristics）或经验法则（rule of thumb）替代相对复杂信念的形成过程（Tversky et al., 1974），从而产生了系统性的行为偏差。本部分首先概述现有研究文献关于理性、有限理性和非理性的讨论，回顾作为行为金融学基础的心理学、认知学等相关研究成果；其次依据投资者的决策阶段，总结个人投资者在金融市场中的典型行为偏差；最后归纳已有文献对于个人投资者非理性买入决策、非理性卖出决策和过度交易行为的成因分析。

一、理性、有限理性和非理性

"理性（rationality）"蕴含在具体的思维传统之内，经济学范畴中的理性不同于哲学中的理性，本书的讨论限定在经济学中的理性。

古典经济学以亚当·斯密为代表的经济学家对"经济人"的描述蕴含

了理性的基本定义，包括了三个命题：一是假设人是自利的，即处于社会竞争的人们按照"自利原则"行事；二是人的理性假设，即他们能够根据所获得的信息做出使自身利益最大化的决策；三是增进社会福利，即在较为完善的法律与制度环境下，经济人追求个人利益最大化的行动将会提高社会整体福利。新古典经济学家们进一步发展了理性假设，具体涵盖：其一，有序的偏好（内在一致性）。来自不同子集的各类选择是以一种具有说服力、互成体系的方式进行对应，经济人的理性要求体现了"偏好次序"。其二，边际成本与边际收益相等。"极大化原则"下的"理性选择"具有边际的含义。谭松涛（2007）总结了理性的两层含义：一是经济个体在获得新信息后，将依据贝叶斯法则更新个人信念；二是经济个体会在给定的信念下选择最大化主观期望效用。理性决策理论认为，个体试图根据问题的本质、时间和决策环境来产生各种策略（Simon，1979）。因此，理性行为需要满足四个条件：一是偏好关系具有完备性、反身性和传递性等特点；二是不确定条件下以最大化期望效用为决策准则；三是以贝叶斯法则进行信息调整与学习；四是经济个体的风险规避。

实验经济学的诸多经验证据表明，现实中的经济个体并没有完全按照个人利益的最大化进行决策，也没有同时具有完备的信息和极致的计算能力，通常辅以直觉、经验等作为决策判断的依据，且决策过程中可能出现偏好逆转或时间不一致等。Simon（1988）提出了"有限理性"假说，指出偏离最大化的行为模式本质上是由于个人的认知能力有限。在不确定的决策环境下，行为人的计算能力和自我控制能力有限，通常选择以满意解而不是最优解作为决策目标。在有限理性框架下，个人投资者被视为试图做出理性决策以达到某项目标，但由于缺乏关于问题的定义、相关标准等重要信息，判断受到认知和实际能力的限制，无法精确计算每个选择的成本与收益，因此放弃最好的解决方案，而选择可接受或合理的解决方案，选择的结果只能达到满意的程度（Kim，2016）。但是，有限理性仍存在难以克服的缺陷：一是满意解对最大化原则的替代，带来了对满意程度的测量问题；二是有限理性回避了对现实决策行为中的"逾规""越矩"等解释；三是有限理性仍然无法解释个体目标与社会目标不一致的现象（何大安，2005）。

随着心理学和社会学的研究成果引入经济学的研究框架中，学者们尝试从心理学的角度解释人们的真实决策行为，试图修正传统经济理论中对个体理性的严格假定，故行为金融学（behavioral finance）应运而生。心理学家 Tversky 和 Kahneman（1974，1991）的两篇开创性论文促进了对个人经济行为研究的"理性范式"到"非理性范式"的转变。他们对直觉驱动偏差（heuristic-driven error）和框架依赖（frame dependence）的讨论引发了研究人员对个人实际决策心理的关注。此后，Debondt 和 Thaler（1985）对股票市场过度反应的分析揭开了行为金融学研究的浪潮，大量学者聚焦于"人们实际是怎么做决策的"。行为金融学将理性假设下忽视的心理因素纳入个人决策行为的分析框架中，以经济个体真实的决策行为为研究基点，探讨标准金融理论无法解释的非理性行为。

非理性（irrational）是相对经济人理性假设而言的，新古典经济学的理性假设实际上成为非理性的参照系。从决策目标来看，预期效用理论下的理性经济个体按照期末财富与结果发生的概率大小进行优化选择，决策行为建立在对信息的充分获取和分析之上。行为金融学的前景理论（prospect theory）则提出，投资者在不确定下的决策是基于参考点的价值大小和决策权重而做出的，决策阶段包含了编码和评价两个部分。前景理论采用价值函数（value function）替代传统经济模型中的效用函数：一方面，价值函数定义在经济个体财富对参考点的偏离程度上，并不是在财富的绝对水平上，即人们关注财富的相对变化量；另一方面，价值函数是"S"形的不对称函数，在收益区间是凹函数，在损失区间是凸函数，且在收益部分的斜率要低于在损失部分的斜率，反映了投资者在盈利状态下是风险回避者，在亏损状态下是风险爱好者。这表明了与边际收益相比，个人对边际损失将更加敏感。在前景理论框架下，投资者并不总是理性的和风险规避的，也并非完全以传统的效用函数为目标。前景理论蕴含了由严格的理性假设向非理性转化的思想。

本书对非理性或非理性行为的定义，同样是相对于经济人的理性或理性行为而言的，具体包含：其一，不一定遵守偏好的公理性，即可能违背偏好关系的完备性、反身性和传递性等；其二，在不确定条件下并不以期望效用最大化为最终决策目标，可能以前景理论中的价值函数最大化为依据；其三，决策中不一定以贝叶斯法则进行信息调整与学习，可能出现对小概率事件的过于看重或对近期发生事件赋予过高的权重；其四，经济个体并不总是风险规避的，可能出现前景理论中面临收益表现出风险厌恶，面临损失表现出风险爱好。正如我们无法在现实经济中检验理性的经济个体在完善的市场机制下，基于完美的知识和信息，采用无懈可击的计算能力考虑所有限制条件，做出符合自身利益最大化的选择（Jones，1999）。如果抛开新古典经济学中理性这个参照系，非理性没有统一的标准。

二、认知偏差、心理偏差和偏好

行为金融学将心理学和认知科学的研究成果引入对个人决策过程的微观分析中，认为投资过程受到认知、情绪等因素的影响，个人投资者无法对所有市场信息进行客观、无偏的处理，将产生系统性的行为偏差。本部分将总结具有代表性的认知偏差、心理偏差和偏好，回顾行为金融学对偏离传统理性行为进行解释的理论贡献，以更好地理解金融市场运行的内在规律和现实中个人投资者的决策行为。

认知偏差（cognitive bias）是指经济个体的信息加工和处理能力有限，对决策的判断将偏离完全理性认知的状态而产生一定程度的偏差（Krantz et al.，1979）。从决策方式和信息获取方式来看，较为典型与常见的认知偏差有：

一是代表性偏差（representativeness bias）。人们用过去熟悉的或相似的模式来推断未来，以经验判断事件发生的可能性，而不考虑事件重复的概率（Kahneman et al.，1979），即代表性偏差。代表性偏差使得个人在概率修正的过程中，过于夸大了"常识"的条件概率，而忽略了先验概率，可能出现对近期信息赋予过高的权重而反应过度。De Bondt 和 Thaler（1985）用代表性偏差解释了二级市场中的股票价格与价值相悖的现象。

二是可得性偏差或易得性偏差（availability bias）。由于信息获取的不完备，人们在决策判断的过程中，将易获得的信息或已知的事件作为主观估计的依据，过于看重容易记住的信息（Kahneman et al.，1973），即可得性偏差。可得性偏差使得人们面对不确定结果所做出的预期背离贝叶斯法则，如 Baker 等（2004）认为，由于可得性偏差的存在，投资者对热门股票的过多关注导致该类股票的大涨。

三是锚定效应（anchoring effect）。在不确定情况下的决策过程中，人们以初始信息作为参照点来形成对事件的最终判断，决策的结果或目标值向起始位置不断靠近，即决策向"锚"的方向靠近，不能得到合理的调整而产生偏误（Tversky et al., 1974），就是锚定效应。Hidajat（2019）指出，投资者受到锚定效应的影响，相信金融机构对产品的报价，难以发现比自身买入价更低的价格，从而失去获得高额回报的机会。

四是框架效应（framing effect）。人们对问题的决策依赖于描述问题时所用的"框架"，本质相同的问题却因框架不同而导致人们的决策不同（Tversky et al., 1981），即框架效应。林卉等（2016）基于有关文件的自然实验发现，市场对"同一事件、不同披露"具有差异化的反应表明，中国资本市场上存在"框架效应"现象。认知偏差是解释投资者非理性行为的重要前提假设，体现了个人在不确定条件下的决策具有局限性。

在心理偏差方面，主要的偏差类型包括：

一是心理账户（mental accounting）。心理账户是指人们会构建一个或多个明确或潜在的账户系统，具有把个人财富按不同用途进行账户归类的天性，隐含着不同用途的资金是不可替代的，即处于不同心理账户中的款项无法转换（Thaler, 1999）。心理账户中的编辑、分类、预算和评估规则都有悖于个体理性决策所遵循的法则。具有心理账户特征的个人投资者将单独看待投资组合中的每一项资产，无视投资组合的总体表现，倾向于对组合中的不同资产单独计算损益（Agnew, 2006）。

二是过度自信（overconfidence）。过度自信是心理学研究领域对个人判断的研究成果中最稳健的结论（De Bondt et al., 1995），指人们在决策过程中过于相信自己的判断或对决策结果过于肯定（Lichtenstein et al., 1977）。过度自信的投资者对自己的直觉推理、能力和判断有毫无根据的强烈信心（Pompian, 2011）。Moore 和 Healy（2008）将过度自信的三种典型表现归纳为：①高估自己的实际表现、控制能力或成功的机会，即高估（overestimation）；②认为自己的能力或对自己的评价高于平均水平，即优于平均（better-than-average）；③过于肯定个人信念的准确性，即过度精确（overprecision）。Barber 和 Odean（2000）发现，个人投资者往往表现出过度自信的倾向，导致个人业绩不佳，且男性投资者过度自信程度高于女性投资者。投资者对个人股票估值和交易技能的过度自信可以解释金融市场过高的交易量，且过度自信程度与交易量正相关（Statman et al.，2006）。

三是自我归因偏差（self-attribution）。自我归因偏差是指人们将成功归功于个人特质，将失败归因于偶然因素或外部因素（Wolosin et al.，1973）。Hoffmann 和 Post（2014）结合调查数据和匹配的客户交易记录研究证实了自我归因偏差的存在，即投资者将高回报归因于个人的投资技能。由于自我归因偏差会导致过度自信，这两种偏差有很强的关联性（Mishra et al.，2015）。过度自信是一种静态偏差，而自我归因偏差是一种动态偏差，两者都反映了个人对自我能力的评价（Hirshleifer，2001）。国内学者谭松涛（2013）利用中国股民交易记录数据发现，过去的较好投资收益会通过自我归因偏差心理提高投资者的过度自信程度，且自我归因偏差带来的反馈效应将影响投资者的决策行为。过度自信也会造成证券市场收益率分布的非正态（文凤华 等，2007）。对心理偏差的描述使得投资者的行为分析更具活力，体现了主宰金融市场的"行为人"具有柔性和理性的两面性。

对于个人投资者在投资决策中的心理偏好，现有研究集中讨论了以下类别：

一是损失厌恶（loss aversion），意指人们面对等值的收益和损失时，损失带来的情绪波动更大（Kahneman et al.，1979）。前景理论中价值函数在损失部分的斜率比收益部分的斜率陡峭，体现了投资者对等量的损失比对等量的收益更敏感，即投资者对风险偏好的不一致。Benartzi 和 Thaler（1995）基于"短视的损失厌恶（myopic loss aversion）"解释股权溢价之谜，认为长期投资者也将在每年评估投资组合，而模拟表明，股票溢价的大小与前景理论估计的一致，说明投资者因为短视的损失厌恶而失去长期性的投资收益。

二是后悔厌恶（regret aversion），由 Thaler（1980）在研究消费者决策时提出，意指人们在决策时，因为丧失了可能有机会获得的比较好的结果而感到痛苦。现实中，投资者在错误的决策后会感到后悔，而为了避免后悔，决策目标可能是最小化未来的后悔情绪（Ritov，1996）。后悔情绪驱动投资者的交易行为，投资者的股票买卖决策会倾向于体验正性情绪，避免由决策带来后悔的负性情绪（Summers et al.，2007）。

三是模糊厌恶（ambiguity aversion），由 Ellsberg（1961）在经典的红篮球实验中提出。实验结果表明，人们讨厌主观的、模糊的不确定性。模糊厌恶形容人们在熟悉与陌生事物之间通常倾向于选择熟悉的、排斥陌生的。从博弈论的角度来看，只有在博弈概率为常值时，投资者在决策中才会选择带来成就感的高风险活动；否则将回避（Heath et al.，1991）。模糊厌恶会非对称地增加风险溢价，如面临创新的金融产品，投资者会要求更高的风险溢价回报（Camerer，2020）。

三、典型的非理性行为

基于心理学和社会学的研究成果分析真实金融市场中的投资者行为是行为金融领域的重要板块，本部分将回顾投资者行为偏差的经验研究，主要从投资策略（买入决策和卖出决策）和交易行为两个方面总结个人投资者普遍存在的非理性表现。

（一）买入决策

经典投资组合理论认为，理性的投资者将充分地进行分散化投资以规避金融市场风险。但在现实金融市场中，投资者在买入决策阶段进行资产配置时，往往表现出投资组合分散化不足或持股数量单一，所构建的投资组合也呈现出本地偏好以及倾向采用天真的（naive）资产配置方式。具体表现为：

首先，投资者往往持有少数几项金融资产，持股数量单一。居民缺乏对风险分散的认识，所构建的投资组合分散化不足（Guiso et al.，2008）。Hastings 等（2013）发现，在美国、荷兰、日本、德国等，超过 50% 的受访者认可"购买一家公司的股票比购买股票共同基金更安全",即过半投资者缺乏分散化投资的意识。我国居民家庭的金融资产配置也缺乏多样性,2019 年,参与金融市场的家庭中,高达 70.5% 的家庭仅持有一种金融资产(吴雨 等,2021)。此外,持股数量单一的特征也尤为明显。Friend 和 Blume(1975)对风险资产需求的研究发现,美国家庭持有股票的中位数仅为 2,34.1% 的家庭只投资一种支付红利的股票。Barber 和 Odean(2001)采用经纪公司的交易数据研究也显示,个人投资者持股数量不超过 4 只,持有股票在 5 只以下的投资者比例高达 68.7%。

其次,在构建投资组合时,投资者往往表现出强烈的本地偏好(home bias)。美国、英国和日本持有本国股票的投资者占比分别为 93%、83% 和 98%,投资者并没有因为本国股票与个人人力资本的正相关关系而卖空,与理性投资者的要求相悖(French et al.,1991)。Grinblatt 和 Keloharju(2001)基于芬兰投资者数据的研究还发现,投资者偏好持有本国的上市公司股票,且更倾向于购买总部设在离家较近、披露的公司报告采用本国语言等特征的股票。固定缴款计划的参与者也认为,个人所在公司的股票其风险低于股票共同基金,因而倾向于持有所在公司的股票(Munnell et al.,2005)。

最后,当投资者进行多元化投资时,他们的投资策略往往是非常天真的。Benartzi 和 Thaler(2001)发现,许多 401(k)计划的参与者遵循一个天真的"$1/N$ 规则",即将资金平均分配到 401(k)计划提供的 N 个投资选项中,而投资股票的比例在很大程度上取决于计划中股票基金的比例。这意味着,个人忽略了其他投资机会,仅采用极其简单的方式分散风险而不考虑投资收益。即使在高交易成本下,基于均值-方差模型的投资组合在夏普比率、确定性等价回报方面均优于 $1/N$ 规则(Kirby et al.,2012)。因此,天真的资产配置策略并没有带来高投资回报。多元化不足降低了投资者的收益率,经过风险调整的投资回报计算表明,多元化最差(最低十分位数)的投资者比多元化最好(最高十分位数)的投资者年收益率低2.40%;对于年龄较大的投资者群体,两个组别的业绩差值为 3.12%(Goetzmann et al.,2008)。

（二）卖出决策

Shefrin 和 Statman（1985）将投资者过早卖出盈利股票而迟迟不愿抛售亏损股票的行为称为处置效应（disposition effect），他们发现，58% 的交易发生在盈利状态，投资者在股票上涨时卖出概率比下跌时卖出的概率高60%，但该研究并没有充分考虑市场总体涨跌对交易的影响。Odean（1998a）基于美国零售经纪公司的数据构建了度量投资者处置效应的指标，指出盈利和亏损的两种形式，即已实现盈利和账面盈利、已实现亏损和账面亏损，并计算了投资者实际卖出盈利股票比率与实际卖出亏损股票比率的差值衡量处置效应，发现样本期内投资者的股票卖盈比率比股票卖亏比率高 5%；与负回报的股票相比，正回报的股票被卖出的可能性要高68%。Weber 和 Camerer（1998）采用实验研究也发现，实验者在买卖六种风险资产时表现出与贝叶斯优化相反的卖出策略，确实更倾向于卖出取得正收益的资产。

从处置效应的现有研究来看，首先，不同国家股票市场的投资者均存在处置效应。Breitmayer 等（2019）对 83 个国家 66 万名投资者交易数据的研究显示，不同国家的投资者都表现出显著的处置效应。Shapira 和 Venezia（2001）发现，以色列投资者在亏损股票卖出前的平均持有时间是盈利股票平均持有时间的两倍，即投资者长期持有亏损股票。澳大利亚股票市场的个人投资者也普遍表现出回避亏损的处置效应，该行为不能被投资者的损失厌恶所解释（Frino et al., 2015）。赵学军和王永宏（2001）对中国股票市场投资者的研究也显示，我国个人投资者的处置效应显著。其次，不同类型的投资者均表现出处置效应。例如，Grinblatt 和 Keloharju（2001）的研究主要针对芬兰的居民家庭、非金融类企业、信托与保险机构等类型的投资者，Coval 和 Shumway（2005）的研究主要针对芝加哥期货交易所的自营交易员，Feng 和 Seaholes（2005）的研究主要针对个人投资者、专业客户经理、自营股票交易员等不同投资主体，周铭山等（2011）的研究主要针对我国基金投资者，张伟强等（2011）的研究主要针对我国个人权证投资者，王志强等（2016）的研究主要针对我国的两融投资者，且他们都发现，处置效应在经济上和统计上是显著的。再次，不同特征投资者的处置效应程度存在一定的差异。例如，与机构投资者相比，个人投资者的处置效应程度更高（Barber et al.，2007），男性、年龄较小的投资者处置效应更低（赵学军 等，2001）。此外，从交易特征来看，倾向大额交易的投资者处置效应较弱（Brown et al.，2006），偏好轧平交易，即购买一定数量股票在持有一段时间后，将盈利股票全部卖出的投资者，处置效应程度更高，而频繁交易的投资者由于损失厌恶程度较低，处置效应程度更低（Chen et al.，2007）。最后，部分研究表明处置效应不利于投资绩效。业绩较好的基金经理整体上表现出与处置效应相反的投资行为，即处置效应降低了基金经理获取高回报的可能性（Wermers，2003）。美国股票型基金的表现证实了处置效应对投资绩效的负向影响（Cici，2010）。李学锋等（2013）对中国 69 只开放式基金的研究也表明，基金的处置效应不利于自身绩效。对于个人投资者而言，处置效应程度与未来的股票收益呈负相关关系，处置效应更高的投资者股票投资收益更低（Frazzini，2006）。

（三）交易行为

经典金融学理论对股票市场交易的预测表明，在完美的市场环境下，金融市场不会发生任何交易。在理性预期模型中，同质的投资者也不会进行股票交易。即使投资者拥有了额外的信息，但由于理性是共同知识，一个理性的投资者选择卖出股票，其他理性的投资者也并不会购买，那么，交易同样不会发生。然而，现实金融市场的表现却与此相反，投资者也系统地违背这一原则。

第一，从投资者的持股周期来看，全球各股票市场均存在过度交易的现象。1960 年美国投资者持有股票的平均时间约为 8 年，到 2012 年投资者的持股周期平均为 1 年。德意志证券交易所的投资者平均持仓期也接近 1 年，而 2007 年几个亚洲股票市场如日本、中国的平均持有期仅为 0.5 年，个人投资者的交易异常活跃（Fong，2014）。Foster 和 Viswanathan（1990）指出，股票换手率长期较高的原因是个人投资者的流动性交易需求，如即时消费、风险调整等。但随着美国或其他发达资本市场机构投资者比例的提升，市场换手率仍然居高不下（Blume et al.，2012）。全球交易型开放式指数证券投资基金（exchange traded fund，ETF）的市场价值约为2.5万亿美元，但与27万亿美元的共同基金市场价值相比，这一数字相形见绌，主动管理型基金市场的交易量非常大（Cohen et al.，2012），且共同基金经理的交易也很活跃，平均年换手率超过80%（Edelen et al.，2013）。

第二，从基于个人投资者交易数据的实证研究来看，投资者的活跃交易导致了较低的投资收益。Odean（1999）首次运用个人账户数据分析了投资者买卖股票的行为，通过观测投资者买入和卖出的股票在随后4个月、1年和2年的回报情况。研究发现，从整体上看，投资者卖出的股票其平均收益率在随后的观测样本期内均高于被买入的股票。被买入股票的平均收益率甚至低于市场平均收益率，1年期的收益率差值达−2.68%，且投资者股票买卖所获得的收益也并没有显著高于交易成本。因此，个人投资者产生了不是出于调整投资组合、满足流动性需求或实现目标收益的"过度交易"行为。个人投资者的平均年换手率为75%（股票平均持有期为1.3年），然而，投资者过度交易所获得的平均总回报几乎等于市场回报，在考虑了经纪佣金之后，投资者的平均表现很差（Barber et al.，2000）。个人投资者并没有根据投资收益高于交易成本的原则进行股票买卖。Grinblatt和Keloharju（2000）发现，芬兰个人投资者也是股票的净买家，且被买入的股票在随后的表现中同样不佳。因此，无论是信息弱势的个人投资者还是专业的机构投资者，都表现出积极交易的倾向，且过度交易降低了投资者获得正超额回报的可能性。国内学者谭松涛和王亚平（2006）也发现，我国的股票投资者表现出过度交易倾向，且市场较繁荣时投资者的过度交易程度要比市场低迷时高。两融（融资和融券）投资者的过度交易行为更为突出，对投资绩效的损害程度更高（廖理 等，2018）。

总之，投资者在买入阶段主要表现为投资的分散化不足，集中化的资产持有方式增加了投资组合的风险却没有提高投资收益；卖出阶段主要表现为长期持有亏损股票而卖出盈利股票的处置效应，推迟实现亏损也可能降低投资回报；在交易中主要是忽略交易成本的过度交易。Campbell（2014）在总结这三种典型的非理性行为时提到，即使在所有个股风险相同和预期回报相同的市场中，投资者由于分散化不足、处置效应和过度交易带来的损失也是巨大的。

四、投资者非理性行为的成因分析

(一) 投资组合分散化不足的成因分析

高额的交易成本可能阻碍了投资者进行恰当的多元化投资，财富有限的投资者往往仅持有几只股票（Brennan，1975）。低收入家庭受限于不同金融产品的最低购买要求（如整数购买）或本身风险容忍度较低，也可能选择放弃分散化的投资方式，而集中持有部分金融资产（Dorn et al.，2005）。随着金融产品的不断丰富，交易成本和最低购买要求不足以支撑对投资组合分散化不足的解释，学者们选择从投资者偏好的视角分析分散化不足问题。部分研究指出，投资者对某些类型股票的偏好可能与投资组合的多样化水平有关。例如，多元化程度较低的投资者倾向于持有特定类别或风格的股票（如小盘股、成长型股票等）、特定行业的股票（如科技股），或者偏好方差较高的股票（Golec et al.，1998；Simkowitz et al.，1978）。熟悉偏好也促使个人投资者青睐本地投资，如持有本地公司的股票，因而降低了组合的多样化（Seasholes et al.，2010）。在这种本土化情结下，个人投资者持有高度波动的投资组合，所持有股票的相关性往往比随机选择的股票要高得多，从而忽略了投资组合的协方差结构，并不符合分散化的基本要求，甚至被称为是一种"错误"的分散投资策略（Goetzmann et al.，2008）。Mitton 和 Vorkink（2007）还从偏度偏好的角度解释了投资组合分散化不足，认为在偏度偏好的驱动下，个人投资者倾向于持有小型投资组合，会选择偏度（尤其是特殊偏度）高于平均水平的股票，因此投资组合的选择范围缩小了。Kumar（2009）对投资者行为偏好的研究也发现，个人投资者偏好具有高特质波动率或低股价的股票。

个人投资者持有集中的投资组合，可能是因为投资者能够识别具有高预期回报的股票。金融市场中的部分投资者拥有一些有用的、对时间敏感的股票信息，因而会优先选择能反映这类信息的特定股票。但由于个人投资者的信息处理能力有限，对不同股票的分析能力随着持股数量的增加而下降，即使付出高昂的信息成本，最终也可能只构建了一个规模较小、分散化程度较低的股票投资组合（Carlos，2008）。具有信息优势的投资者倾向于投资本地股票或分析师较少关注的股票，但对这种仅持有少量几只股票的投资回报分析表明，较小的集中化投资组合（少于 25 000 美元）在一年期的收益表现并不明显优于多样化投资的家庭（Ivković et al.，2008）。此外，对于私人信息的精确性或理解私人信息的能力过度自信的投资者，也会选择构建一个较为集中的投资组合（Odean，1999）。或者基于信息幻觉，投资者认为自身在常住地、本国市场具有明显的信息优势，更了解与居住地地理位置接近的公司，因而集中配置于本地股票（Seasholes et al.，2010）。但多数投资者并没有有价值的私人信息，且与机构投资者相比，个人投资者获取市场信息的渠道有限，搜寻所有股票的信息成本较高。因此，他们可能投入更多的时间和精力追踪特定公司的市场信息，或者对广告强度较大、信息突出的公司关注度较高，这也是集中化投资组合的一个因素（Van et al.，2010）。

随着家庭金融相关研究的不断深入，学者们开始探讨使用信息的质量对投资组合构建的影响。投资者对不同财务信息的消化能力存在差异，在控制了教育程度和信息来源后，Abreu 和 Mendes（2010）发现，金融素养越高的投资者其投资组合的分散化程度越高，因为金融素养既反映了投资者收集相关信息的能力，也反映了基于信息区分不同金融选择的能力。

（二）处置效应的成因分析

处置效应并不符合经典金融理论中对理性人的假设，投资者没有遵照"止损并让盈利奔跑"的投资金科玉律，长期持有的亏损股票在未来表现上也没有显著的优于所卖出的盈利股票。现有研究从多个视角分析了处置效应的成因。

早期的研究主要从投资组合的再平衡、股价均值回归、私人信息、税收与交易成本等角度分析了投资者处置效应的形成机理。由 Merton（1969）不确定条件下的生命周期投资选择，预期效用最大化的投资者在不变相对风险厌恶的情况下，为获得投资机会将重新平衡投资组合，即当一种证券的价格上涨（下跌）时，投资者将减少（增加）该证券的配置比例，以调整投资组合至固定的权重。Lakonishok 和 Smidt（1986）认为，投资者出于调整投资组合的目的而持有亏损股票，他们发现没有持有市场投资组合的投资者会通过出售部分价格大幅上涨的股票以保持投资组合的多样化。但 Odean（1998a）的实证研究显示，即使控制了投资组合的再平衡，投资者依然选择继续持有亏损股票，处置效应同样存在。Andreassen（1988）从均值回归信念的角度解释处置效应，实验者买卖股票的行为表现出其预期股票价格将出现短期的均值回归。具有股价均值回归信念的投资者选择继续持有亏损股票，认为当前下跌的股票在未来将反弹，而当前盈利的股票在未来会下跌。而 Weber 和 Camerer（1998）的实验表明，具有均值回归信念的投资者比例非常低，不足以影响整体的处置效应表现，且对亏损股票未来预期收益低于盈利股票的实验者仍选择"保亏"。Lakonishok 和 Smidt（1986）也从私人信息的角度分析了处置效应，具有私人信息的投资者将在股价上涨时抛售，认为当前股价已反映了私人信息，若价格下跌，投资者可能会继续持有直到私人信息得到验证。然而，不同类型的投资者均表现出处置效应，说明私人信息无法解释普遍存在的处置效应。从交易成本角度对处置效应的解释则认为，由于价格较低的股票往往具有较高的交易成本，投资者可能仅是为了避免低价股票的较高交易成本而避免抛售亏损股票（Harris，1988）。此外，处置效应与个人对应税投资的最优减持是不一致的，出于优化税负的目的，投资者应通过继续持有盈利投资来推迟纳税收益，而不是保留亏损股票。Odean（1998a）的研究也证实了，投资者出于避税考虑，在 12 月卖出浮亏股票的可能性是全年最高的。但 Shefrin 和 Statman（1985）提出，投资者选择在 12 月卖出亏损股票是由于自我控制，即投资者意识到了税收的好处。

主流研究多采用前景理论分析处置效应。Grinblatt 和 Han（2005）根据前景理论对处置效应的直观解释为：当投资者以一定的价格购入股票后，通常以此购买价格作为盈利或损失的参考价格，股票价格变动等同于投资者财富的相对量产生变化。由于价值函数是 S 型，且在收益部分为凹函数，在损失部分为凸函数。那么当股票价格相对参考价格上涨时，投资者面临盈利倾向于风险规避，选择卖出以实现盈利。当股票价格相对参考价格下跌时，投资者面临亏损倾向于风险爱好，选择继续持有浮亏股票。

因此，投资者更愿意在账面亏损的股票交易中承担风险，产生了卖出盈利股票而长期持有亏损股票的处置效应。然而，这种推断性的描述缺乏理论依据，且对投资者交易行为的分析过于粗糙。Barberis 和 Xiong（2009）首次利用理论模型详细地阐述了具有前景理论偏好的投资者是如何进行交易的。该研究构建了一个多期资产优化模型，并基于 Tversky 和 Kahneman（1992）对价值函数参数估计值的设定和 Odean（1998a）对投资者处置效应的指标构建与实证数据集，模拟了多时期下，在股票价格动态变化的过程中投资者的最优交易行为。研究发现，满足前景理论条件的投资者在股票交易行为中的处置效应受到股票预期回报率的影响，即在一定条件下如预期回报率低于"阈值"，前景理论预测了投资者的处置效应，但在部分情况下如单位时间内的交易次数过高，投资者的行为与前景理论的预测相反。只有当投资者仅从已实现的盈利或损失获得效用时，符合前景理论偏好描述的投资者才表现出处置效应。李学峰等（2011）在 Barberis 和 Xiong（2009）研究的基础上，分析了外部市场环境对处置效应的影响，发现当股票市场处于牛市阶段，投资者整体并未表现出显著的处置效应，而在熊市阶段投资者存在处置效应。基于中国开放式基金的模拟结果表明，投资者的处置效应程度随着市场行情的变化而变化，该结果也印证了处置效应的间断性。

部分研究也发现了前景理论难以解释处置效应的其他证据，基于投资者卖出偏好的实证研究揭示了大量与前景理论预测不符的结果。前景理论中，投资者倾向于处置盈利状态的资产，且卖出正收益资产的概率随着"未实现"收益的提高而增加，持有亏损资产的概率随着"未实现"亏损的增大而提高，即处置效应是二元单调的。但是，Ben-David 和 Hirshleifer（2012）基于个人投资者交易数据的实证研究却表明，投资者对股票的售卖意愿与盈利或亏损的程度并非单调关系，投资者的卖出概率呈非对称的"V"形曲线。国内学者陈浪南和陈文博（2020）以资本盈利量和资本亏损量度量投资者"未实现"盈利与亏损程度发现，在中国股票市场，投资者同样表现出显著的"V"形处置效应。此外，Kaustia（2010）还发现，投资者的卖出倾向在盈亏平衡点附近存在跳跃，在较大的亏损范围内卖出概率保持不变，而在较大的收益范围内呈上升趋势，这也不同于前景理论的预测。

在投资者的决策心理对处置效应影响的文献研究方面，Shefrin 和 Statman（1985）发现，投资者出于避免懊悔、寻求自豪的心理，将选择卖出取得正收益的股票以体验自豪感，而继续保留亏损的股票以避免实现损失的懊悔心理。心理账户也可以解释处置效应，投资者会为买入的股票创立一个新的心理账户，有区别的分账管理盈利与亏损股票，并出于不愿关闭亏损股票心理账户的动机继续持有浮亏股票（Thaler，1999）。部分学者还讨论了后悔对处置效应的影响。Bell（1982）指出，后悔是由于知道不同的选择可能会带来更好的结果而引发的消极情绪，由选择错误所带来的痛苦体验。Coricelli 等（2007）认为，抛售正在亏损的股票会让投资者感到后悔，因为一旦卖出的股票价格上升，投资者的后悔情绪将会被放大。Muermann 和 Volkman（2006）基于后悔理论建立了动态投资选择模型，在模型中纳入投资者的预期后悔及自满情绪，发现投资者的后悔情绪或骄傲情绪会导致处置效应。此外，遗憾以及与其对应的积极情绪（欣喜或骄傲）也会对处置效应产生影响（Summers et al.，2012）。

（三）过度交易的成因分析

部分学者在对过度交易的解释中提到，由于个人投资者意识到他们在交易时处于信息劣势，只有在一些非投机性因素（流动性需求、重新平衡投资组合、对冲风险等）的驱动下，才会与市场中消息灵通的个人进行过多的交易（Foster et al.，1990）。但上述观点并不能合理地解释金融市场的高成交量和个人投资者异常频繁的交易。比如，Odean（1999）在考虑了投资者的非投机性交易动机后发现，其股票买卖的过度交易特征依然显著，且投资者过度交易导致实际收益表现更差。大量研究探讨了过度自信如何影响投资者的交易行为。一些理论模型证实了过度自信与金融市场的高交易量和投资者的低收益之间的关系。Odean（1998b）模拟了对私人信息的精度过度自信的代理人其交易行为，研究发现，过度自信的投资者将高估投资的期望收益，从而提高了股票市场的交易量，但实际上却降低了预期效用。Kelley 和 Tetlock（2013）构建了一个关于知情理性投资者和不知情投资者的模型，其中不知情的投资者进行交易有两个原因：一是为了对冲；二是对个人掌握的信息过于自信。该模型很好地匹配了投资者在金融市场中的实际交易活动，几乎所有的不知情交易都可以用过度自信进行解释。

部分学者将过度自信与过度交易的讨论延伸到了实证研究中。Barber和 Odean（2000）发现，交易最多的家庭（根据交易量排名前 20%的家庭）年收益比市值加权市场指数（value-weighted market index）低 5.5%。对自身的投资能力或过去优良业绩过度自信的投资者交易得更多（Glaser et al.，2007）。在随后的研究中，Glaser 和 Weber（2009）指出，过去的投资组合回报与投资者的交易量呈正相关关系，这是因为投资者具有自我归因偏差，因而在其投资组合或市场表现良好后将出现过度自信。此外，投资者的自我归因偏差越严重，过度自信越可能得到强化（Hoffmann et al.，2014）。Grinblatt 和 Keloharju（2009）利用调查数据创建了一个过度自信的衡量标准，实证结果表明，过度自信的投资者交易更频繁，投资回报更低。优于平均水平的过度自信会让投资者以为自己更有能力，因此会进行更多的无效交易（Graham et al.，2009）。投资者认为个人的投资组合收益和夏普比率优于平均水平，这种过度自信还会影响投资者未来持续一段时间的交易活动，并诱发个人的冒险交易行为（Merkle，2017）。

现有研究也从已实现效用、感觉寻求、金融素养匮乏等角度解释了投资者的交易行为。Barberis 和 Xiong（2012）的已实现效用模型对交易行为的分析有三个方面：第一，投资者会喜欢频繁交易，因为过多的交易可以带来体验积极实现效用的机会；第二，过度交易的投资者会选择波动较大的股票进行交易，随着波动的增大，实现收益的概率增大；第三，投资者倾向于推迟实现亏损，除非有重要的流动性需求。Zuckerman 等（1978）对感觉寻求的描述是："一种特征，即追寻多样的、新颖的、刺激的、强烈的感觉和体验，并愿意为这种体验承担身体、情感、法律等各方面的风险"。实验研究也表明了感觉寻求的存在，当人们期待通过体验金钱奖励或非金钱乐趣（如幽默和美丽的图像）而感到兴奋时，大脑的某些区域会被激活（Linnet et al.，2011）。利用调查数据的研究也验证了感觉寻求对过度交易行为的影响，Dorn 和 Sengmueller（2009）发现，那些报告自己喜欢赌博或刺激性娱乐活动的投资者更频繁地进行交易。尹志超等（2014）还发现，金融素养较低的投资者对风险和波动性的概念不理解，更容易表现出过度交易的特征。频繁交易的投资者可能忽略了与交易相关的各种费用和税收（Barber et al.，2008），由于缺乏金融知识而系统性地低估了费率或者即使完全了解交易成本，但投资者认为其对交易影响很小，可以忽略不计（Bordalo et al.，2012）。

第二节　金融教育相关研究

金融危机爆发后，学界开始寻找投资者在这场狂热投机中做出错误决策的根源。随着微观数据可得性的提高，世界各国居民金融素养普遍较低的状况引起了学者们的关注，对金融教育、金融素养与个人经济决策行为的研究不断丰富，取得了一定的研究成果。梳理已有文献，本书对金融教育相关研究的综述主要涵盖三个：一是金融教育的含义与指标构建方法；二是金融教育、金融素养与个人经济决策行为研究；三是对金融教育有效性的讨论。

一、金融教育的含义与指标构建方法

（一）金融教育的含义

金融教育（financial education）的萌芽思想可追溯到亚当·斯密（Adam Smith）在《国富论》中对于劳动分工提高生产效率的讨论，劳动者从事精细的、专业化的工作而接受专门的教育和培训（Smith，1776）。Mincer（1958）认为，劳动者在学校接受教育和在工作中积累经验是两项重要的人力资本投资。作为人力资本之父，Becker（1962）从微观层面细化了人力资本理论的研究，基于新古典经济学对理性人的基本假定，个人或家庭在资源稀缺性的约束下追求效用最大化，将权衡收益和成本以在教育、培训等方面配置时间进行人力资本投资。人力资本投资的收益包括货

币回报（如工资、营业收入等）和其他非货币回报（如提升个人综合素质、优化经济决策等），而人力资本的成本主要是时间成本和经济成本（如培训费）。由此可见，对人进行投资，可提高人的能力和素质。人力资本的研究为教育和培训的合理性提供了理论支撑，积累知识和提升技能使人在市场化和非市场化的活动中获得了经济利益（Teixeira，2017）。

教育作为一种生产、积累和维持人力资本的重要方式，是人们学习新技能、掌握新知识和了解新信息以理解各种现象的过程（Becker，1985）。Mason 和 Wilson（2000）首次明确了金融教育的含义，即为个人提供必要的、基本的金融知识和投资技能，促使其理智地处理金融事务，并有效地管理个人财务。Huston（2010）提出金融教育是提高个人对基础财务知识的理解和对核心金融概念的掌握，以减轻生活中各种金融问题的一种解决方案。Fox 等（2005）则认为，金融教育是包括各类涉及个人对金融主题或概念、金融信心和决策行为的课程。从本质上看，金融教育是一种政策干预措施，旨在提高个人的金融福利，且具体实施的金融教育项目在持续时间、开展方式、内容和强度等方面因受教育人群的不同存在较大差异（Lyons et al.，2006）。可见，金融教育是一种手段与措施，具有"通过有目的的投资，获得知识或技能以形成资本（Becker et al.，1986）"的人力资本积累特征。

部分研究还从金融教育受众的角度来具体阐述了金融教育的内涵。Hill 和 Meszaros（2011）认为，针对青少年的金融教育是通过提供丰富的财务管理相关课程，以确保青少年在 K-12[①] 教育过程中获得基本的个人理财技能，并成长为懂得理财的合格金融消费者。针对金融市场的投资者，按照国际证监会组织（IOSCO）的定义，投资者教育（investor education）就是旨在提高个人投资者的综合素质，包括教授基础和专业的金融知识、告知投资者享有的合法权利与自我保护途径、培育投资技能和传授投资经验的一系列社会活动，以促进投资者明晰相关投资风险，树立理性投资理

---

① K-12（kindergarten through twelfth grade）是指美国的大学前的阶段性教育，即从幼儿园（kindergarten）到十二年级（grade twelve）的教育阶段。

念。沿用该定义，国内学者顾海峰（2009）提出，针对个人投资者的金融教育是涵盖投资决策教育、资产配置教育和权益保护教育的一系列提高投资者素质的活动。李建勇等（2015）从三个基本维度界定了证券投资者教育的内涵：①提高投资者在金融决策中所需的金融知识与投资技能；②充分揭示投资者在金融市场的投资活动中所面临的各类风险；③帮助投资者明确自身合法权益与义务，促使其掌握常见的维权渠道。Xiao 等（2004）认为，消费者金融教育是指给金融消费者提供信息、指导或客观的建议，普及财务知识，促使他们理解金融产品、金融概念和金融风险，并做出恰当消费选择的过程。对于低收入或相对贫困的群体，金融教育是促使参与者获得有关储蓄、信贷、金融产品等方面的最基础知识和增强资金管理技能以提高收入的手段（Turnham，2010）。可以看出，学者们对金融教育的界定大多是从教育结果和教育目标的角度展开的，并根据受教育对象的差异提出了不同的教育内容侧重。

综合现有研究，本书提出针对投资者的金融教育定义：金融教育即旨在引导投资者的理性投资行为，有目的、有计划地传授有关投资知识、投资技能和投资风险的一系列社会活动。

（二）金融教育的指标构建

在金融教育的早期研究中，由于针对美国家庭财务的常规调查缺乏有关金融教育的信息，学者们常采用个人财务专项调查数据构建金融教育指标。Bernheim 和 Garrett（1996）基于美林证券（Merrill Lynch）赞助的年度个人储蓄调查，根据受访者对"是""否""不清楚"和"拒绝回答"的选择构建了"是否接受退休金融教育"的二元变量。作者提到，由于问卷中没有关于金融教育项目内容的详细描述，"是否接受金融教育"的二元变量可能低估了金融教育项目的效果。同年，Bayer 等（1996）采用毕马威会计师事务所（KPMG）的客户抽样调查数据构建了三个关于金融教育的虚拟变量。该调查问卷的一个板块为雇主金融教育项目（employer financial education programs），其详细描述了公司向其员工提供金融教育的程度。但是问卷中只有雇主提供金融教育项目的信息，缺乏受访者实际参与的回答，对金融教育的识别能力有限。事实上，这两项研究引发了学术界和实务界对微观个体参与金融教育项目研究的关注，综合现有文献，对金融教育的测度主要从金融教育的供给程度、经济个体对金融教育的参与程度、经济个体对金融教育的投入程度三个维度展开。

从金融教育供给端的指标构建来看，Tiras（1997）针对美国 37 个州鼓励或强制要求开展消费者金融教育活动的政策测度了学生参与金融教育的程度。Bernheim 等（2001）同样运用了美林证券提供的调查数据，该问卷还询问了受访者所在高中是否有家庭金融、消费金融或经济学的课程，以及课程内容是否涵盖一些特定主题如预算制定、信贷流程、储蓄账户或支票账户等。作者认为，均选择"是"的受访者所在学校的金融教育供给程度较高，赋值为 1，否则为 0。Garman（1998）在研究工作场所的金融教育时指出，雇主提供全面、综合的个人理财教育可以反映出企业对金融教育的重视程度，并以此构建了雇主金融教育覆盖程度变量。Lusardi（2005）也利用退休研讨会的供给程度，将各州大型企业开展退休研讨会的比例确定为雇员参与退休金融教育的指标。周弘（2016）采用 2012 年的中国城市居民家庭消费金融调研数据，构建了金融教育的获取途径变量。从金融教育供给的角度来度量个人接受金融教育的程度存在一定的问题，客观提供的金融教育活动不一定与个人主观接受金融教育的意愿相匹配，两者存在差异（Fox et al., 2005）。随着大规模的家庭财务调查中囊括了有关受访者金融知识、金融教育等信息，学者们对金融教育的测度开始采用两种更为直接的方式：一种是使用"是否参与有关金融教育课程或项目"的调查问卷回答构建了金融教育的二元变量；另一种是基于对特定金融教育项目或具体金融教育内容的参与频率构建指标。

从金融教育的主观参与意愿及参与程度来看，Zhan 等（2006）基于低收入人群金融链接项目数据，考察了收入低于贫困水平 1/2 的人参与社区提供的 12 小时基本财务管理培训情况，并用培训参与率度量低收入人群的金融教育程度。美国健康与退休研究（health and retirement study，HRS）在 2004 年的问卷中询问了受访者是否在工作场所接受过资金管理有关的金融教育，Lusardi（2008）将选择"是"的受访者识别为参与过金融教育项目的个体。Rothwell 和 Wu（2019）基于加拿大金融能力调查（the Canadian financial capability surveys）2009 年和 2014 年的两波数据，对关键自变量金融教育的衡量，采用问卷题目"在过去 5 年里，您是否参加过提高金融知识的有关课程"构建了二元指标。国内学者杜征征等（2017）也使用投资者调查问卷中"您是否参加过金融教育培训"直接衡量投资者的金融教育程度。Sherraden 等（2011）为评估高中学生参与金融教育课程的效果，将学生每周接受基本金融和经济原理知识教育的频率作为衡量金融教育的指标。

从个人参与的专项金融教育活动来看，有关研究还细化了居民接受不同类型的金融教育活动以衡量金融教育水平。Carswell（2009）在研究住房金融教育问题时，使用购买者接受有关预算和信贷指导培训的时长作为金融教育的代理变量。Lusardi 和 Mitchell（2011a）采用美国金融业监管局（The financial industry regulatory authority，FINRA）投资者教育基金会在 2009 年进行的国家金融能力研究（the national financial capability study，NFCS）电话调查数据，对受访者回答"您如何评估自己在养老方面的金融知识"选项进行赋值，以此测度个人养老金融教育程度的高低。Haliassos 等（2020）认为，由于金融教育的受众不同，不同金融教育项目的主题、侧重的内容、目标等存在差异，无法直接衡量不同群体受金融教育的程度，可考虑采用受访者参加即时金融教育项目后的满意度指标评估其金融教育程度。

部分研究从个人对金融教育投入的角度衡量金融教育程度。Jappelli 和 Padula（2013）在金融教育理论模型的构建中设定了居民金融素养投入成本的变量来表征居民接受金融教育的程度，在实证研究中以居民每周是否投入时间学习金融知识作为金融教育的代理变量。Gerrans 和 Heaney（2019）也直接采用了大学生对"管理个人财务"课程的学习时间衡量其受金融教育程度。Berry 等（2018）对 165 所提供金融教育课程的学校分类，并对开展金融教育的时间进行严格划分，统计了学生对不同金融教育课程的选择情况，并根据课程时间构建了金融教育学习时间指数。胡振和臧日宏（2016）从家庭金融教育的资金投入和金融知识学习的时间投入两个维度测度了家庭的金融教育水平。

综上，金融教育的衡量不仅要考虑供给端的影响，也要兼顾到个人的金融教育需求。供给端体现了个人客观上所接受到的金融教育，需求端体现了个人主观上对金融教育的投入。据此，本书运用微观调查数据，创新性地以指数形式对中国金融教育实践进行定量刻画。一方面，对于金融教育的供给不局限于单一的金融教育项目或某项具体的金融教育活动，将详细的金融教育供给内容纳入指标体系中；另一方面，综合了个人的金融教育参与广度与深度，将金融教育投入度和接受度同时纳入指标体系中。

二、金融教育、金融素养与个人经济决策行为研究

(一) 金融素养的定义与测度

对金融教育研究的一个重点是理解金融教育对个人金融决策行为的传导机制，即金融教育通过何种渠道影响决策。素养理论的研究学者 Perr 和 Morris（2005）认为，金融素养（financial literacy）是解释不同金融决策的关键，准确定义和恰当衡量金融素养是至关重要的。现有研究常采用金融知识（financial knowledge）或金融能力（financial capability）两个术语来表示个人金融素养。从已有文献对三个概念的范围界定来看，金融素养包括了个人财务方面的人力资本知识和人力资本应用，即金融知识和金融能力均是金融素养的构成要素。具体来讲，金融知识是在日常经济决策中所需的重要金融术语和部分核心金融概念（Bowen，2002），是对基本经济规则和经济原理的理解（Kim，2001）。对于金融知识的测度，包括了主观金融知识评估和客观金融知识评估。主观金融知识评估多根据受访者对一系列经济、金融相关问题的了解程度，采用李克特量表的方式衡量其对金融知识的认知，如清华大学在 2012 年开展的城市居民家庭消费金融调查采用量表的方测度了居民对各种金融概念的了解程度。还有学者评估了个人感知的金融知识，如 Anderson 等（2017）在问卷调查中要求受访者在完成金融知识题目后，自我评估回答对不同数量正确答案的概率，通过正确答案个数和概率的期望值计算出主观金融知识得分。个人的客观金融知识大多采用调查问卷的方式测评，应用较为广泛的是美国退休与健康研究（health and retirement study，HRS）自 2004 年开始对 50 岁以上人群进行的

金融知识调查，该问卷中包含三个基础金融知识题目，有关复利的概念理解、名义利率与实际利率的辨析、风险分散的基本思想，这是 Lusardi 和 Mitchell（2006）提出的金融知识测算三个核心题目。Lusardi 和 Mitchel（2009）对题目进行了拓展，补充了有关利率与债券价格、抵押贷款利息的两个题目，称之为五个核心题目。Van Rooij 等（2011）还设计了涵盖简单数学计算、货币时间价值概念、复利等基础金融知识和与资产配置、金融市场功能等有关的高级金融知识测评题目。国内的诸多微观调查如西南财经大学中国金融研究院发起的"中国投资者教育现状调查"、东南大学金融素养与教育研究所开展的"金融素养、市场参与与居民家庭金融福祉调查"项目均是参考了该金融知识题目设计以测度个人的客观金融知识水平。

金融能力是形容居民管理金融事务的能力（Atkinson et al., 2007），强调了个人利用基本经济、金融知识有效地管理财务资源以实现个人终生财务安全的综合能力（Coalition, 2007），是个人基于对金融概念的理解，执行恰当的金融行为来保障财务健康的能力（Xiao et al., 2014）。衡量个人的金融能力主要有两种方法：第一种方法是专注于几种可取的具体金融能力，如居民获取信息的能力与解读信息的能力（Baumann et al., 2012）；第二种方法是使用包含金融行为和金融结果的指数，如金融满足感指数、金融幸福感指数等（Taylor, 2011）。

金融素养的概念本质上涵盖了金融知识维度和金融能力维度。金融素养是个人对日常经济活动所涉及的基本金融知识的理解程度，以及收集和处理市场信息并制订出合理财务方案的能力（Hung et al., 2009），是对影响物质生活的各种财务状况进行分析、选择、管理和沟通的能力（Müller et al., 2010）。更广泛意义上的金融素养，是衡量个人对关键金融概念的掌握程度，以及通过有效地管理金融资源以提高一生金融福祉的能力；同时，还包括对生活中发生的经济事件保持关注来改善自身经济状况的能力（Fernandes et al., 2014）。因此，从对金融知识、金融能力与金融素养的概念辨析来看，金融素养体现了个人的金融人力资本，兼顾知识层面与能力层面的含义，具有较高的金融素养水平必然要求个人展现出决策所需的金融知识和金融能力。

但世界各国的调查数据都表明，居民的金融素养十分匮乏。首先，处于不同经济发展阶段的国家都面临居民基础金融知识有限的问题。美国普通居民在有关复利、利率、风险分散三个问题的金融知识测试中完全答对的比例仅为 30.2%，对基础金融概念的了解程度较低（Lusardi et al., 2011b）。欧洲各国如瑞典、意大利居民完全答对三个基础金融知识题目的比例甚至不足 20%（Almenberg et al., 2011; Fornero et al., 2011）。中国家庭全部回答正确的比例仅为 1.65%，所有受访家庭正确回答问题的平均数为 0.60（尹志超 等，2014）。其次，各国居民对不同金融概念的理解程度存在一定的差异。比如，曾经历过通货膨胀的意大利居民正确回答有关通货膨胀问题的比例最高，为 59.3%（Fornero et al., 2011），而经历过通货紧缩的日本，居民不了解通货膨胀概念的比例为 28.6%（Sekita, 2011）。中国居民经历了计划经济时期，回答对通货膨胀问题的比例也较低，仅为 15.64%（尹志超 等，2014）。再次，各国居民对风险分散概念的了解程度都相对较低。罗马尼亚居民对风险分散问题回答"不知道"的比例高达 63.5%（Beckmann, 2013），澳大利亚和俄罗斯的受访者选择"不知道"的比例也超过了 30%（Agnew et al., 2013; Klappe et al., 2011）。最后，各国青少年的金融素养同样较为匮乏。国际经合组织（OECD）对各国年龄为 15 岁以下的中、小学生进行了金融素养的抽样测试，调查数据显示，抽样的 10 个国家中仅有 12% 的学生能理解复杂的金融产品和对经济形式进行基本的分析；有 22% 的学生金融素养水平低于一级，即最多只了解日常财务文件如发票的用途和对日常消费做出简单的安排，无法参与金融市场（OECD, 2016）。

（二）金融教育对金融素养的影响

面对国民金融知识水平普遍偏低的现实状况，各国政府积极制定提高国民金融素养的国家政策。根据 OECD（2015）发布的数据，全球已有 59 个国家和地区纳入国家战略的金融教育政策取得了实质性进展，人均国内生产总值（GDP）排名在前 20 的国家均已将金融教育纳入国家战略。

诸多学者肯定了金融教育在提高居民金融素养方面的重要作用。Delavande（2008）构建了两阶段跨期选择模型，将金融教育投入对金融素养的影响内化为人力资本的积累。结果显示，经济个体的初始金融知识水平和外部金融环境将影响金融教育对金融知识的提升效应。基于 OECD 在2012 年开展的国际学生评估（PISA）数据，Cordero 和 Pedraja（2019）检验了不同类型的金融教育教学策略对西班牙青年学生金融知识的影响，在控制了学生个人认知能力、基本特征、社会经济背景等变量后发现，学生对不同金融产品风险的认识和个人理财规划意识显著提升。金融教育对于消费者实现金融目标的信心（金融自我效能）和财务幸福感都具有显著的正向影响（Xiao et al., 2016）。Xiao 和 Porto（2017）采用结构方程模型的分析也表明，主观金融知识和金融态度是金融教育影响财务满意度的重要中介变量，体现出金融教育具有促进知识获取、增强对知识和能力的信心等多重效益。

随着实证研究方法的不断发展，对金融教育政策因果效应的识别也从使用标准的多元统计方法（只识别变量之间的相关性或关联性）转向使用更复杂的计量经济策略（识别因果关系）。有关金融教育正向影响金融素养的研究证据更多来自准实验设计或实验设计。Walstad 等（2010）基于准实验的方法来评估专项金融教育课程"为你的未来融资"是否增加了学生的个人理财知识，研究控制了金融教育内容对学生的一致性，并确保由统一培训的教师提供个人理财指导。结果显示，金融教育显著提高了学生的综合金融知识。Batty 等（2015）采用实验设计方法评估了两个不同学区四年级、五年级学生的一套标准化金融教育课程效果发现，接受过金融教育的学生在处理个人财务方面的金融能力更强，金融态度更积极。Bec-chetti 等（2013）对意大利高中生金融教育课程效果的 DID 估计表明，金融相关课程的学习提高了学生阅读经济学文章的倾向和对金融咨询的理解力，且对于授课前金融知识测试分数较低的学生而言，这种提升效应更显著，即存在"学习趋同效应"。

在国内研究方面，肖经建（2010）认为，中国的金融消费者成熟度更低，面对不断创新的金融产品，需要拓展个人的金融知识面，不断学习专业化的理财知识来处理金融产品的相关信息，以更好地融入现代金融市场。周弘（2015）采用居民调研数据的微观实证研究发现，针对金融消费者的普及性金融教育显著提高了消费者的金融意识。周弘（2016）认为，消费者在接受金融教育的过程中所设定的学习目标和受教育途径影响了金融教育的效果，高校的教育资源在金融教育的体系框架中被"遗漏"。居民家庭对金融教育投入的提高显著地正向影响家庭金融知识水平，还有助于增强家庭的风险偏好一致性（贾宪军 等，2019）。彭倩等（2019）基于中国投资者教育现状调查数据的实证分析表明，学校系统性、长期性的金融教育可以提高个人的金融素养。从整体上看，国内外研究基于微观调查数据的实证分析和实验设计方式的探索大多认可金融教育在提升金融素养方面的积极影响。

（三）金融教育与金融素养对投资决策的影响

对金融素养与投资决策的分析，Van Rooij 等（2011）基于 2005 年荷兰银行的家庭调查（DHS）讨论了居民的基础金融知识（包括复利的计算、通货膨胀的概念、货币幻觉等）和高级金融知识（包括金融市场的作用、分散化投资、利率与债券价格的关系等）对金融市场参与的影响。结果表明，金融知识的提升显著提高了受访者参与股市的可能性。国内学者尹志超等（2014）利用中国家庭金融调查数据，构建了多种金融知识衡量指标，验证了金融知识水平越高的家庭，参与金融市场的可能性越高，风险资产配置的比例也越高。这两项研究开启了国内外学者从金融素养的角度解释"股市有限参与之谜"和"分散化不足之谜"的浪潮。

根据 World Bank 的调查数据，78%的受访者表示对金融产品和服务有关知识的匮乏是参与金融市场的主要障碍（Demirgüç-Kunt et al.，2013）。居民通过提高对金融经济信息的关注度和金融计算能力，有效提升了金融知识水平，缓解了对投资类产品的排斥（张号栋 等，2016）。金融素养对居民金融市场参与决策的影响，一方面，通过提高个人风险容忍度，增强投资意识（Ibrahim et al.，2013），从而扩大了对金融风险的包容度以释放有效的金融需求；另一方面，金融素养较高的投资者将重视通过金融顾问获得投资相关信息，从而降低了搜集市场信息的成本（Stolper et al.，2017），掌握较多金融常识的投资者也能获得更多的投资机会（Calcagno et al.，2015）。

金融素养也是影响居民投资组合构建的重要因素。金融素养与居民资产组合的多样化程度有很强的相关性（Guiso et al.，2008）。在金融知识测试上得分较高的家庭倾向于构建多样化的投资组合，并减少对本地股票的偏好，提高家庭持有股票的数量（Von Gaudecker，2015）。中国居民家庭的金融知识水平越高，对金融市场潜在风险的认识就更充分，越倾向于通过持有不同种类的金融产品来规避市场风险（曾志耕 等，2015）。此外，金融素养水平较高的家庭所构建资产组合的夏普比率更高（吴卫星 等，2018）。针对个人投资者，Abreu 和 Mendes（2010）基于意大利散户投资者的调查数据发现，投资者的金融素养水平显著地正向影响资产组合的多元化程度。金融素养较高的投资者，投资组合的简单多样化程度更低，考虑资产之间相关性的有效分散化程度更高（彭倩 等，2019）。金融素养还有助于降低投资者参与衍生品市场的进入壁垒，金融素养更高的投资者通过持有金融衍生品提高投资组合的多样性，并实现风险对冲（Hsiao et al.，2018）。

金融教育对投资决策的影响研究也集中于金融市场参与和投资组合构建。Varcoe 等（2005）检验了高中阶段的金融教育课程对学生毕业后的理财行为影响发现，参与金融理财课程学习的学生在毕业后具有更强的投资意识，对金融服务的利用率更高。美国部分州对学生在高中毕业前完成指定金融教育课程的强制性措施显著提高了 18~21 岁年轻人对股票市场的参与度（Urban et al.，2020）。特别是 Atkinson 和 Messy（2013）在 OECD 的调查研究中发现，良好的金融教育有助于实现更有效的金融普惠，对弱势群体如低收入人群、妇女提供金融知识培训，可提升该群体对金融产品的购买意愿。金融教育在帮助投资者克服次优投资决策方面发挥着重要作用，金融教育扩大了投资者的资产选择范围，降低了投资者对特定行业、特定类型资产的偏好（Kimball et al.，2010）。Talpsepp 等（2020）采用纳斯达克个人投资者调查数据，在控制了人口统计学特征、经济特征和交易特征后，回归结果表明，专业化的金融知识教育提高了投资者在牛市的投资表现，受金融教育程度更高的投资者往往具有适中的交易频率，资产配置的类别更丰富，且不会使用特定的交易策略。Spulbăr 等（2021）使用了印度证券交易委员会（SEBI）投资者行为调查数据，研究表明，对个人投资者的理财教育增强了投资者的风险倾向，表现为对金融衍生品的配置比例提高，更积极地参与具有高回报率的金融产品投资。国内部分学者采用中国居民家庭的调查数据也显示，金融教育投入更高的居民家庭参与金融市场的概率显著大于其他家庭（周弘，2015），且金融教育投入对于金融资产持有比重处于中等水平的家庭影响更大（胡振 等，2016）。

三、金融教育有效性的讨论

政策制定者将金融教育视为提高家庭福利的有效措施，但过分强调金融教育可能带来危害（Willis，2008）。金融教育的有效性指个人通过接受不同形式的教育活动，在知识产出（knowledge outcomes）、技能产出（skills outcomes）、态度（attitudes）或习得的能力（learned abilities）方面得以提高，并最终纠正决策时所犯的错误或产生更好的金融行为（Martin，2007）。有效金融教育的最终产出是改善个人金融行为。在对金融教育有效性的讨论中，Willis（2011）从成本与收益的角度阐述了有效金融教育的极高代价。首先，大多数的消费者不具备金融投资技能，掌握的金融知识有限，这就要求金融教育的内容涵盖从基础数学运算到投资信息分析的方方面面；其次，财务决策的复杂性和每个金融消费者面临的实际状况千差万别，大规模的公共金融教育无法满足消费者在不确定决策中的异质性需求；再次，金融创新的层出不穷和金融市场的千变万化导致金融教育需要在居民的整个生命周期中不断重复进行，而海量的信息资源对个人而言可能是沉重的负担，金融教育有可能带来信息过载；最后，心理偏见、启发式决策和外在环境等因素造成以提高金融素养为宗旨的金融教育难以改善个人固化的非理性决策行为，如极端的时间偏好不一致使得金融消费者对当期决策结果不够重视，金融教育无法完全消除个人偏见。对金融教育的质疑主要认为，金融教育难以消除当前居民的金融素养与知情消费者所要求的金融素养之间的鸿沟，且满足监管要求的有效金融教育成本高昂（Kozup et al.，2008）。

随着大量文献聚焦于金融教育、金融素养与金融行为研究，部分学者认为有必要通过回顾与综述的方式有针对性地讨论金融教育的有效性。Martin（2007）总结了基于微观调查数据的金融教育实证研究，认为金融教育是必要的，金融教育改善了居民在退休计划、储蓄、住房贷款、负债等诸多方面的决策，且涵盖特定主题和教授特定理财知识的金融教育更有效。但 Hastings 等（2013）在金融教育研究的综述中指出，现有的研究不足以得出金融教育是否有效以及在何种条件下有效的结论，金融教育的目标不是将金融消费者培养为金融市场的专家，且我们无法得知每个金融消费者需要达到的目标金融知识水平。考虑到现有研究对金融教育与金融行为的讨论仍存在分歧，为了解释研究的异质性来源，一系列金融教育综述研究采用了元分析（meta-analysis）。

元分析是教育经济学综述的一种研究方法，通过整体地评估变量之间的显著性和方向，有助于克服传统叙述性研究综述的"评述偏见"（Glass，1976）。Fernandes 等（2014）首次对 1987—2013 年的 168 篇采用实验研究或准实验研究（操纵的金融知识）和计量经济学研究（衡量的金融知识）两类金融教育相关文献进行了元分析，发现金融教育干预（操纵的金融知识）只解释了所研究的金融行为约 0.1% 的变化，且干预方式对低收入人群的影响效应更弱。但是，该研究一方面忽略了与心理特征相关的变量如自我效能、延迟满足等对金融行为的影响；另一方面对实验研究和计量方法研究的文献统一处理，所得结论的可比性较低。Miller 等（2015）对此进行了改进，研究文献数量增加至 188 篇，并对金融教育方式、目标人群、持续时间、金融教育干预地点等进行了精确的控制，发现金融教育的效果存在高度异质性，有效提高了个人储蓄、正规信贷，但对部分决策行为如信用违约不会产生积极影响。Kaiser 和 Menkhoff（2016）集中对 115 项实验研究进行了元分析，发现整体上金融教育对金融行为的正向影响是显著的，且低收入国家的金融教育有效性更高。此外，金融教育有效的关键是提高教育强度和在"可教的时刻"如个人重大经济决策时提供。针对 37 个实验或准实验的学校金融教育有效性研究表明，金融教育对金融素养的影响显著高于金融行为，这也可能是因为学校金融教育缺乏特定目标，且教育内容较为广泛（Kaiser et al.，2020）。最后，在一项最新的元分析研究中，仅涵盖采用随机实验方法的 76 篇金融教育有关论文，Kaiser 等（2021）发现，金融教育平均而言与金融知识和随后的金融行为有积极的因果关系，但由于缺乏对金融行为的长期追踪，无法确定随机的金融教育干预措施是否在 6 个月后仍有影响。此外，将文献样本限制在顶级经济学期刊上发表的论文，并考虑了出版物选择偏见，研究结论仍稳健。

综上，现有研究对于金融教育有效性的讨论并没有得出统一的结论，从金融教育通过金融素养影响金融行为的因果分析来看，有效的金融教育体现为知识产出和行为产出。基于此，本书从金融素养（包括金融知识和金融能力）以及投资者非理性金融决策的角度讨论了针对个人投资者的金融教育有效性问题，在一定程度上丰富并拓展了金融教育有效性的相关研究。

第三节 投资经验相关研究

在对个人投资行为和投资表现的研究中，已有文献证实了投资者的诸多行为偏差，与非理性的投资者相比，部分投资者表现得更为知情或更有技能，而知情的或有技能的投资者是如何在交易中获得他们的优势？非理性的投资者是否从错误的决策中吸取教训，通过总结经验提升投资能力？Arrow（1962）最先提出了"干中学（learning by doing）"的概念，其是指在要素投入的过程中，人们不断地积累生产经验，获取有关知识和生产技能，在解决问题的实践过程中进行学习。学习经济学的有关文献引导了学者们对金融市场个人投资者在交易中学习的关注，而交易中学习的研究奠定了投资经验影响个人经济决策的理论基础。本部分将回顾金融市场中投资者在交易中学习的研究成果，以及投资经验对决策行为的影响分析。

一、交易中学习

对于金融市场的"干中学"效应，Mahani 和 Bernhardt（2007）从市场投机者交易的角度构建了一个理性学习模型，即假设个人投资者不知道自身的投资能力，但可以在交易中学习，并通过交易经验的积累获得提高技能的信息。在均衡状态下，每个时期都会有一些新手投机者进入金融市场。由于意识到自身缺乏金融敏锐度，新手们首先在小范围内进行试验性的交易，其次利用交易利润中包含的信息来决定是否继续交易。获得足够利润的投资者认为自己很可能是熟练的交易者，并扩大投机活动。大多数投资者表现不佳，认为自己更可能是不称职的交易者并选择离开金融市场。模型结果符合经验规律，大多数投机者是亏损的，前期交易表现会对随后的交易强度产生积极影响。Seru 等（2010）基于交易中学习的模型提出了投资者学习的两种类别：一是基于经典的"干中学"模型，投资者可能会在交易中提高他们的能力（learning by trading），即投资者通过市场信息和投资建议的筛选，对信息源进行决策权重的分配，在此过程中的学习将提高能力；二是投资者在交易的过程中可能意识到自身能力不足，并决定停止交易（learning about ability），即投资者无法区分不同信息来源的有效性，于是停止主动交易，选择投资于指数基金等被动投资。该学习不是提高个人能力，而是在了解个人能力。Linnainmaa（2011）同样假设投资者最初无法确定个人能力，通过在金融市场中的交易获取自我能力的信息。投资者起初进行小额的活跃交易，在多次亏损后将推断出自己属于能力较差的类型而停止交易。但在初始阶段获利的投资者也可能错误地评估个人能力，反而在随后扩大交易规模而蒙受损失。但从整体上看，由于学习机制的存在，投资者结构的模拟分析表明，熟练交易者的比例将从第一次短期交易时的28%上升到第十次交易后的61%。这几项研究印证了金融市场学习效应的存在，表明投资者通过观察个人交易表现来理性地推断个人能力。部分投资者通过交易中学习提高了投资能力而继续留在金融市场，部分投资者意识到个人能力的不足而选择退出主动投资。

交易中学习的一种特殊类型是强化型学习。Dayan 和 Watkins（2002）指出，最简单的学习形式可能是重复那些之前带来快乐的行为而避免那些伴随着痛苦的行为，个人投资者在金融市场中的确参与了这种简单的强化学习。Charness 和 Levin（2003）采用实验方式发现，当贝叶斯更新规则与强化学习规则冲突时，实验对象会转向强化学习推荐的错误选项。结果表明，这些实验室学习的动态也适用于现实世界的金融决策，并影响投资者行为。比如，如果投资者在之前的新股申购中获得了高回报，他们更有可能提高未来的申购需求，这种效应是由于投资者的强化型学习（Kaustia et al.，2008）。Strahilevitz 等（2011）也发现，投资者过去对某只股票的积极投资经历会提高回购该股票的可能。Malmendier 和 Nagel（2011）重点研究了不同出生年份的投资者其资产持有状况，发现一生中经历了股市高回报阶段的投资者风险厌恶程度较低，将持有更多的股票，而一生中经历高通货膨胀阶段的投资者将持有更少的债券，证实了投资者通过简单的强化型学习来指导金融决策。Choi 等（2009）在经验观察中发现，投资者决定401（k）储蓄计划时会追逐自己的历史收益，并回避自己的历史收益方差。这种行为不能用累计时间固定效应、投资者固定效应、投资者收入效应或与股票、债券和现金资产类别的投资组合配置变化来解释。投资者的这种模式与天真的强化学习启发式一致：个人亲身经历了成功的投资会期望在未来也获得成功，在401（k）账户中获得了较高回报或较低收益方差的投资者会提高储蓄率。投资者的股票回购行为也体现了这种强化型学习。投资者更愿意回购之前卖出时取得了盈利的股票，不愿意再买入之前亏损了的股票，投资者的交易行为表现出对愉悦交易的回顾（Strahilevitz et al.，2011）。此外，当个人投资者最近的成功交易次数剧增时，交易还会更加活跃（De et al.，2010）。上述研究结果表明，投资者在之前的交易过程中，由交易带来愉悦感的经历强化了投资者的学习行为，并对后续的交易行为产生影响。

从国内研究来看，研究脉络同样是以"干中学"为基础，探索了金融市场中投资者学习的本质特征。王冀宁等（2004）构建了一个基于信号博弈的投资者学习模型，投资者在金融市场中相互影响、相互学习，知识的不断积累促进了投资者获取高投资回报。何琳洁和马超群（2009）从金融演化的角度剖析了绝对的完全理性经济人假设和静止的有限理性行为人假设在刻画投资者实际行为方面的不足，并提出投资者是基于学习的过程理性。在实践学习的过程中，所谓"前事不忘后事之师"，投资者将以过往经验为基础，形成强化型学习，在决策时参考获得高额回报的成功投资（李冬昕 等，2011）。由于个人投资者具有学习能力，投资者将依据市场订单流信息不断调整自己的交易策略（孙端，2015）。投资者的学习行为不会受到金融市场状态的影响，学习改变了投资者的投资组合选择，从整体上提高了投资者的金融福祉（陈志英，2013）。刘维奇和李娜（2019）对投资者学习行为与股票市场波动分析还表明，在股市暴涨与暴跌的时期，投资者的交易中学习将表现为社会学习和个别政策学习，而在股市较为稳定的时期，投资者在交易经验中学习的可能性将提高。因此，国内外研究均证实了投资者在金融市场中通过交易进行学习的效应，这也为投资经验与个人经济行为的实证分析奠定了理论基础。

二、投资经验与个人经济决策行为

通过对交易中学习相关文献的梳理，现有研究肯定了金融市场中个人投资者的学习效应，而学习的结果最终也将反映在经济决策行为上，即投资者是否在不断学习、总结经验后变得更为理性。List（2003）在实验环境下考察了市场经验是否影响实验者的禀赋效应，发现市场经验的增加有助于消除禀赋效应，且在改变市场制度的情况下研究结果仍然稳健。但在该实验中，个人对交易市场存在自我选择的问题，使得观测的结果无法得出稳健的市场经验与理性行为因果效应。List（2011）观察了实验后受试者被诱导进入金融市场的情况，发现市场经验促进了受试者的行为向新古典经济学模型预测的状态发展，即经验驱动着经济个体更为理性的决策。

从投资经验对决策的具体影响来看，首先，缺乏经验的投资者风险容忍度较低，风险资产的持有比例也较低，且资产组合中的风险金融资产种类单一。在投资决策的过程中，投资经验与风险承受力具有一定的相关性，有经验的投资者风险容忍度更高，倾向于构建风险较高的投资组合（Corter et al.，2006）。Chou 等（2010）研究了投资者过往的投资经历对后续决策行为的影响，发现经验丰富的投资者更有可能在资产组合中配置不同种类的风险金融资产，成功交易获得的投资经验有助于提升个人的风险承受力。Roszkowski 和 Davey（2010）的研究也支持这一结果，认为有经验的投资者对个人投资技能更有信心，觉得自己具有足够的信息和知识，将选择与自身最大风险承受力相匹配的金融资产以达到投资目标。其次，对特定投资经历所形成的投资经验将显著影响投资者后续的决策。Mikhail（1997）对卖方分析师行为的研究发现，与交易中学习模型的预测一致，分析师对特定公司关注和追踪研究的时间越长（以季度数衡量），积累的投资经验越丰富，对公司的季度收益预测就越准确，且推荐的股票获得正回报的可能性也越高；同时，市场的确更依赖那些拥有更多对特定公司研究的分析师预测，分析师权重随着经验的增加而提高。Huang（2019）论证了投资者特别是不成熟的投资者，如果之前对某行业的投资获得了可观的超额回报，那么在之后的投资选择中他们更有可能购买此行业的股票；同时，过往投资经验对新股票选择的影响程度随着不同时间范围而存在差异，近期获得正回报的投资对决策的影响最大。该研究的福利分析也表明，投资者从过去的投资经验中了解自己选择不同类型股票的能力，提高了获取特定类型股票超额收益的可能性。特定的亏损经验在塑造投资者信念方面也具有重要作用。Chernenko 等（2016）研究了基金经理的投资经验对 2003—2010 年共同基金持有证券化资产的影响，聚焦于共同基金是因为可以较好地衡量单个经理的任期以及过去的投资经验和投资收益（Greenwood et al.，2009）。结果显示，经验不足的基金经理在信贷繁荣时期持有的非传统证券化资产在投资组合中的平均比例达 8.5%，远远高于经验丰富的经理，而经历过严重亏损或近期不利投资结果的基金经理将更为激进，倾向于持有评级较低但能获取高收益的债券。再次，投资经验对投资者的信息获取与信息解读具有显著的影响，而信息是理性决策的关键。Kirschenbaum（1992）指出，经验丰富、经验适中和经验匮乏的投资者使用不同的信息收集策略，而不同组别在相同情境中的信息分析能力也呈递减的方式，导致投资者最终的决策有效性产生差异。在一项关于环境信息影响投资决策的实验中，不同投资经验的参与者被要求根据财务信息和补充环境信息做出短期和长期的投资决策。结果表明，投资经验的差异导致了参与者对环境信息关注和分析能力的不同（Holm et al.，2008）。有关实证研究也证实，经验丰富的投资者对所投资公司有关财务信息的关注度更高，且倾向于从投资经理、财经媒体等正式渠道获取市场信息（Krische，2019）。此外，经验丰富的投资者对自己先前的私人信号感知精度有更为准确的认知（Nicolosi et al.，2009），这也在一定程度上体现了投资经验对投资者市场信息分析与处理能力的影响。最后，对于投资经验在提高投资收益方面的作用，Nicolosi 等（2009）提供了投资者从交易经验中学习并提升收益的证据。投资者通过先前的股票购买提高推断能力，投资经验促使投资者的推断更加准确，不仅投资组合的超额收益随账户期限的增加而提高，交易质量（平均收益率和超额买入卖出收益）也会随着投资经验积累而显著增加。Seru 等（2010）的实证研究发现，在控制了投资者的异质性后，投资者通过在金融市场的投资活动中总结与反思形成个人投资经验，从而提升了自身的交易能力。证券投资年限越长，所持有的金融产品越复杂（如投资期货、期权等金融衍生品），投资业绩越好。来自中国证券投资者的实证研究也发现，随着投资经验的积累，股民的选股能力（对行业的选择）和择时能力（买入与卖出的时机）将得到提升，投资收益显著提高（谭松涛 等，2012）。居民家庭的过往投资经验将有助于家庭在股票市场上取得正回报（尹志超 等，2014）。

第四节　文献评述

本章对投资者非理性行为、金融教育、投资经验相关研究及相应的交叉分析进行了系统的梳理。通过对现有研究的回顾可以发现，虽然部分文献对金融教育、投资经验与个人经济决策行为的研究取得了一定的成果，但仍存在以下局限：

一是行为金融学框架下对个体投资行为的分析聚焦于现象描述和成因分析，即投资者在金融市场所犯的"错误"或行为偏差。现象描述多从现实金融市场中总结经济主体违背理性要求的异常行为，展现投资者的实际决策与理论模型预测的最优结果之间存在的偏差。成因分析多以心理学和认知学的研究基础，围绕信念形成和偏好的不同角度进行分析。在"现象

—成因—改善"的研究链条中，对改善部分的研究尚有不足，研究中忽略了如何纠正这些行为错误或如何改善这些非理性行为偏差。而对学习机制的研究也多是印证了金融市场中投资者学习行为的存在性，并没有深入挖掘如何利用这种学习效应即投资者的经验积累来提高行为理性。

二是国内外有关金融教育、金融素养与个人经济决策的研究虽然较为丰富，但多聚焦于居民家庭的投资行为、养老规划、储蓄、信贷与负债等方面，较少关注金融教育与金融素养对个人投资者非理性金融决策行为如处置效应、过度交易等的影响。此外，相关的实证研究通常采用居民家庭的调查数据如美国的 SCF 系列、中国的 CHFS 系列，而居民家庭调查侧重于获取家庭资产、收入、消费等信息，缺乏有关个人金融教育的详细记录，且现有研究还未建立一个定量刻画个人金融教育水平的评估指标体系，难以有针对性地采用微观实证来分析金融教育的有效性问题。

三是在金融教育的福利分析方面，多数研究分析了金融教育和金融素养对财富积累的影响，但对内在作用机制的分析较少。而鉴于中国金融教育实际国情的特殊性，不同于发达国家的金融教育体系，我国以金融机构为开展主体，广泛面向证券市场的个人投资者实施金融教育。因此，我们有必要从投资收益的视角拓展金融教育的福利研究，深入探究两者的具体影响渠道。

第三章 金融教育、投资经验与资产配置非理性

第一节 研究背景

自党的十七大报告首次提出"创造条件让更多群众拥有财产性收入"以来,党的十八大报告进一步提出"多渠道增加居民财产性收入",党的十九大报告强调"拓宽居民劳动收入和财产性收入渠道",党的二十大报告提出"多渠道增加城乡居民财产性收入"。优化居民资产配置结构,构建多元化的投资组合,对于提升家庭财产性收入和实现财富保值增值具有重要意义。从财产性收入的二元结构特征来看,实物性资产收益率的增量有限,金融性资产收益率的弹性大,风险与收益的匹配特征明显,增持金融资产是财产性收入跨越式增长的主要方式之一。然而,从我国居民的资产配置现状来看,中国居民对股票、基金等金融资产的配置比例仍然明显低于欧美等发达国家(吴卫星 等,2013)。非理性的资产配置行为降低了居民参与风险投资的获得感,阻碍了个人金融目标的实现,也损害了整个社会的金融福祉。因此,探究优化资产配置的长效机制,对于刺激投资者的金融投资需求,推动金融产品创新,进而拓展金融市场发展的广度与深度具有重要意义。

本章采用2020年的中国投资者教育现状调查数据[CIFES(2020)],探讨了金融教育与投资经验对投资者股票资产持有单一化和投资组合分散

化的影响，并在机制分析中讨论了金融知识渠道和金融能力渠道的传导效应。

本章研究的创新点主要体现在两个方面：其一，系统地梳理了中国投资者在股票持有和金融资产组合中分散化不足的表现，并分析了金融教育与投资经验对于纠正投资者资产配置行为偏差的作用效果，在一定程度上拓展了资产配置研究的广度；其二，探讨了投资者开始接受金融教育的时间不同，金融教育对持股单一化和投资组合分散化的差异化影响，并从金融知识和金融能力两个方面对影响机制进行了检验，深化了研究的政策内涵。

第二节　理论分析与研究假设

在如何纠正个人投资者分散化不足的行为偏误研究中，学者们从投资经验和金融教育两个维度展开了讨论。投资者行为受到过去经验的影响，经验丰富的投资者更有可能持有分散化的投资组合（Corter et al.，2006），而缺乏经验导致投资者的金融资产组合风险暴露程度高，对金融创新的接受度较低，不愿意购买创新型金融产品（Lusardi et al.，2007）。对于参与金融市场的居民家庭而言，交易经验的积累也将促进风险资产特别是股票的持有（尹志超 等，2014）。但是，随着投资经验的提升，投资者有可能产生过度自信。经验丰富的专业交易者对自我能力过于肯定，比普通学生有更高的过度自信程度（Glaser et al.，2007），因而投资经验对分散化投资行为的影响可能是存在倒"U"形关系。

金融教育对改善投资者资产配置的集中化也具有显著影响。一方面，接受过金融教育的投资者的理财规划能力较强，具有长期投资观念，如更有可能减少极端风险资产的单一化持有和为退休进行理财投资等（Lusardi et al.，2017）；另一方面，金融教育带来的财富增长效应有助于扩大投资者的金融信息集合，促进投资者对金融产品定价的了解，从而通过配置不同类型的金融资产降低非系统性风险（Makarov et al.，2010）。此外，个人理财知识教育也减少了投资者参与金融市场后对特定种类股票的偏好，如偏好所在州公司或者所服务公司的股票（Walstad et al.，2010）。综上可知，金融教育促进了投资者选择分散化的投资方式，而投资经验与资产配置的分散化行为可能存在倒"U"形关系，与资产持有的单一化可能呈"U"形关系。据此，本章提出研究假设 H1。

H1：接受金融教育有助于降低投资者持股的单一化，促进投资组合分散化；投资经验与资产持有的单一化呈正"U"形关系，与投资组合的分散化呈倒"U"形关系。

对金融教育和投资经验影响资产配置行为的机制分析主要从金融知识和金融能力两个维度展开，具体论述如下：

金融市场前所未有的发展伴随着创新型金融产品的出现，不具备相关金融知识的消费者难以获取合理决策所必要的信息（吴卫星 等，2018）；而学校的金融教育课程在提高学生的金融知识方面具有重要作用（Danes et al.，2007）。金融素养的匮乏，不理解金融产品的相关信息是投资组合无法分散化的重要因素（Guiso et al.，2008）。个人投资者的金融知识水平越高，投资组合的分散化程度就越高（Abreu et al.，2010）；同时，金融素养较高的投资者，考虑资产之间相关性的投资组合有效分散化程度也更高（彭倩 等，2019）。基于中国家庭金融调查数据的实证研究也表明，居民金融知识水平的提升促进了家庭风险金融资产配置种类的多样化（曾志耕 等，2015）。可见，金融知识在促进投资者多元化投资以规避金融风险方面具有显著作用。基于此，本章提出研究假设 H2。

H2：金融教育通过提高投资者的金融知识水平，降低投资者的持股单一化，促进投资组合分散化。

资产配置的复杂性也要求投资者具备基本的投资技能，即基于自身金融知识储备，运用交易分析工具提取出有效投资信息的能力。通过对数学、阅读理解和记忆力的分解，Christelis 等（2010）发现，对金融数据处理能力更高的投资者其风险承受力更强，更愿意参与股票投资，且阅读理解能力和记忆力主要通过投资者对金融信息的解读影响资产配置决策。数学计算能力的提高还可以显著缓解居民对风险金融资产持有的排斥（周洋等，2018）。由于金融产品是高信息密度的，金融信息提取能力和金融计算能力在金融教育干预中发挥着重要的中介作用，接受金融教育的投资者将扩大投资范围，投资于复杂金融资产如购买衍生品的可能性更高，从而提高了资产持有的多样性（Willis，2009）。可见，金融教育可通过提高投资者的投资技能影响资产配置行为。因此，本章提出研究假设 H3。

H3：金融教育通过提高投资者的投资技能，降低投资者的持股单一化，促进投资组合分散化。

第三节　研究设计

一、数据来源

本章实证研究采用的数据来自 2020 年的中国投资者教育现状调查 ［CIFES（2020）］，该调查按照投资者资产持有量进行分层抽样，样本具有较好的投资者总体代表性。

二、模型设定

鉴于持股单一化为二值变量，实证模型设定为

$$Shareholding_i^* = \alpha_0 + \alpha_1 Financial\_edu_i + \alpha_2 Investment\_exper_i +$$
$$\alpha_3 Investment\_exper2_i + \alpha_4 X_i + \mu_i \qquad (3-1)$$
$$Prob(Shareholding_i = 1) = Prob(Shareholding_i^* > 0) \qquad (3-2)$$

其中，对于潜变量 $Shareholding_i^*$，当 $Shareholding_i^* > 0$ 时，投资者 i 的持股单一化取值为 1，否则为 0。$Shareholding_i$ 表示投资者 i 是否具有持股单一化的特征，$Financial\_edu_i$ 表示投资者 i 的金融教育指数，$Investment\_exper_i$ 表示投资者 i 的投资经验，$Investment\_exper2_i$ 表示投资者 i 的投资经验平方项，X_i 为控制变量，μ_i 为残差项。

在分析金融教育与投资经验对投资组合分散化的影响时，构建如下多元回归模型：

$$\text{Portfolio\_div}_i = \beta_0 + \beta_1 \text{Financial\_edu}_i + \beta_2 \text{Investment\_exper}_i +$$
$$\beta_3 \text{Investment\_exper2}_i + \beta_4 X_i + \nu_i \qquad (3-3)$$

其中，Portfolio_div_i 表示投资者 i 的投资组合分散化程度，ν_i 为残差项。

三、变量说明

（一）被解释变量

1. 持股单一化

投资者在股票投资中分散化不足的主要表现是持股支数的单一化。参考路晓蒙等（2020）的研究，根据某证券公司提供的投资者实际交易数据，将样本期内同时持有的股票数量为 1~3 只的投资者识别为单一化持股的群体，持股单一化指标为 1，否则为 0。

2. 投资组合分散化

投资组合的分散化程度体现为个人持有的金融资产种类和相应的配置比例，表现出投资者通过多样化的资产配置以规避金融市场风险的能力。借鉴 Kirchnerhe 和 Zunckel（2011）、曾志耕等（2015）的研究，同时考虑了投资者所持有的金融资产种类数和各金融资产投资比例，投资者的投资组合分散化程度计算公式如下：

$$\text{Portfolio\_div}_i = \frac{1}{\sum\limits_{i=1}^{N} \varpi_i^2} \qquad (3-4)$$

其中，Portfolio_div_i 表示投资组合分散化程度[①]，N 表示投资者所持有的金融资产种类数，ϖ_i 表示各类金融资产与投资者总金融资产的比值。

（二）解释变量

1. 金融教育

借鉴指数构建的方法，如孙永苑等（2016）对"关系"指数的构建、郭峰等（2020）对中国数字普惠金融指数的测度，本章采用因子分析法（factor analysis），从金融教育的主观投入度和客观接受度中提取共性因子。

---

① 投资组合分散化程度数值大于等于 1。数值越大，表示投资者的投资组合分散化程度越高；等于 1 则表示投资者仅持有某一类金融资产，未进行投资组合的分散化。

在金融教育的主观投入方面，本章选取投资者对金融教育的资金投入和时间投入①。在金融教育的客观接受度方面，本章根据问卷中"您接受投资者教育的内容和频率"②，将选项"从未""偶尔""一般""经常"分别赋值为0、1、2、3。具体指标体系如表3-1所示。

表3-1　金融教育指数的指标选取及定义

维度	变量	度量
金融教育的投入度	金融教育的资金投入	每年金融教育的资金投入占收入的比例
	金融教育的时间投入	每周针对金融知识方面的学习所花的时间
金融教育的接受度	接受投资者教育的内容和频率	证券、期货基础知识的普及
		投资策略/技巧的学习
		知晓各种类型的投资风险
		了解新产品和新政策
		宏观经济运行及市场走势
		学习个人财富管理规划知识
		了解投资者权利与维权途径
		非法证券活动的识别与防范

　　本章采用因子分析法对本书所选取的10个指标进行降维，表3-2显示了各因子的特征值、方差贡献率和累积方差贡献率。以特征值大于1为标准，选取因子1和因子2来合成金融教育指数。表3-3的KMO检验结果表明因子分析合理，Bartlett球形检验的p值为0.000，说明适合做因子分析。

---

　　① 资金投入由问卷中"您去年一年在金融教育上的资金投入占您收入的比例"，将选项"没有投入""不到5%""5%~10%""11%~15%""超过15%"依次赋值为0、1、2、3、4；时间投入由问卷中"每周您在金融知识方面的学习所花的时间"，将选项"不花费任何时间""1个小时以内""1~2小时""2.1~3小时""3.1~5小时""超过5小时"分别依次赋值为0、1、2、3、4、5。

　　② 投资者教育的内容包括"证券、期货基础知识的普及""投资策略/技巧的学习""知晓各种类型的投资风险""了解新产品和新政策""宏观经济运行及市场走势""学习个人财富管理规划知识""了解投资者权利与维权途径""非法证券活动的识别与防范"八项。

表 3-2　因子分析结果

因子	特征值	方差贡献率/%	累计方差贡献率/%
Factor 1	6.145	61.447	61.447
Factor 2	1.221	12.207	73.653
Factor 3	0.626	6.256	79.909
Factor 4	0.422	4.217	84.126
Factor 5	0.308	3.078	87.204
Factor 6	0.297	2.974	90.178
Factor 7	0.282	2.824	93.002
Factor 8	0.247	2.472	95.473
Factor 9	0.234	2.342	97.815
Factor 10	0.218	2.185	100.000

表 3-3　因子分析 KMO 检验结果和旋转后的因子载荷

因子	KMO 检验结果	Factor 1	Factor 2
每年金融教育的资金投入占收入的比例	0.763 7	−0.109	0.653
每周针对金融知识方面的学习所花的时间	0.848 7	−0.078	0.595
证券、期货基础知识的普及	0.960 1	0.142	−0.008
投资策略/技巧的学习	0.953 8	0.144	−0.002
知晓各种类型的投资风险	0.961 9	0.152	−0.034
了解新产品和新政策	0.959 3	0.152	−0.026
宏观经济运行及市场走势	0.961 4	0.154	−0.040
学习个人财富管理规划知识	0.958 5	0.151	−0.024
了解投资者权利与维权途径	0.949 9	0.151	−0.022
非法证券活动的识别与防范	0.952 0	0.149	−0.024
综合	0.951 5	—	—

2. 投资经验

积累投资经验是指投资者在金融市场的实践中提升个人对金融问题的认识或提高预期准确性的过程（谭松涛 等，2012）。沿袭 Seru 等（2010）

的研究，随着投资者证券投资年限（股龄）的增长，投资者积累了投资经验，增加了对金融市场基本规则的了解，故本书采用投资者的证券投资年限度量投资经验[①]。

（三）控制变量

本章对金融教育、投资经验与投资者资产配置非理性的实证研究控制了如下四类变量：

一是投资者人口特征变量，包括性别（男性为1，否则为0）、年龄、年龄平方/100、婚姻状况（已婚为1，否则为0）、文化程度（共三类，高中、中专或职高及以下为1，否则为0；大专为1，否则为0；本科及以上为1，否则为0）、职业特征（企业人员为1，否则为0）、风险态度（共三类，风险爱好、风险中性与风险厌恶）。

二是投资者经济特征变量，包括投资者个人月收入（共三类，月收入5 000元以下、月收入5 000~10 000元、月收入10 000元以上）、金融资产规模（金融资产10万元以下、金融资产10万~50万元、金融资产50万元以上）。

三是投资者心理特征变量，包括赌博偏好和感觉寻求。在CIFES（2020）问卷中"您对以下描述的认可程度"，对于选项"我会把股票看作彩票，愿意接受小损失换取可能的大幅上涨"选择了"非常同意"或"比较同意"，表明投资者具有赌博偏好，赋值为1，否则为0。在CIFES（2020）问卷中"您对以下描述的认可程度"，对于选项"了解新股票和新公司让我感到很兴奋"选择了"非常同意"或"比较同意"，表明投资者具有感觉寻求，赋值为1，否则为0。

四是宏观环境变量，包括区域特征（东部地区、中部地区、西部地区）、所在省份经济发展水平（以人均GDP指标代表）、所在省份金融发展水平（以省份存贷款余额与GDP的比重度量）[②]。

---

① 根据投资者的证券账户数据获得投资者的开户时间，从投资者开户起到问卷发放日来计算投资者的证券投资年限。

② 美国学者戈登史密斯采用某一时点现存金融资产总额与国民财富的比值衡量一国的金融发展水平，借鉴此度量方法，参考张正平和杨丹丹（2017）、李建军和李俊成（2020）的做法，本章采用省份存贷款余额与GDP的比重度量投资者所在省份的金融发展水平。

四、描述性统计

表 3-4 为本章实证研究主要变量的描述性统计，可以看出，有多达 31% 的投资者仅持有 1~3 只股票，表明持股单一化程度较高。样本投资者的平均证券投资年限接近 8 年。在控制变量方面，男性投资者占比 55%；投资者的平均年龄为 45 岁。高中及以下学历、大专学历、本科及以上学历的投资者占比分别为 30%、31% 和 39%，样本投资者的文化程度普遍较高。超过 70% 的投资者月收入为 10 000 元以下，接近 50% 的投资者金融资产持有额为 10 万~50 万元。赌博偏好与感觉寻求的均值都大于中位数 3，表明样本投资者倾向于同意"我会把股票看作彩票，愿意接受小损失换取可能的大幅上涨"和"了解新股票和新公司让我感到很兴奋"的表述。

表 3-4　主要变量的描述性统计

变量	均值	标准差	最小值	中位数	最大值
被解释变量	—	—	—	—	—
持股单一化	0.310	0.460	0	0	1
投资组合分散化	4.080	2.170	1	3.750	8.940
关注变量	—	—	—	—	—
金融教育指数	0	0.820	−1.990	0.030	1.730
金融教育接受度	0	1	−2.470	0.080	2.460
金融教育投入度	0	1	−2.670	0.010	2.350
投资经验	7.950	6.420	0.010	5.700	28.20
投资经验平方/100	1.040	1.490	0	0.320	7.950
控制变量	—	—	—	—	—
男性	0.550	0.500	0	1	1
年龄	45	12.460	18.430	44.300	91.280
年龄平方/100	21.800	12.130	3.400	19.620	83.320
已婚	0.850	0.360	0	1	1
高中、中专或职高及以下	0.300	0.460	0	0	1
大专	0.310	0.460	0	0	1
本科及以上	0.390	0.490	0	0	1

表3-4(续)

变量	均值	标准差	最小值	中位数	最大值
企业人员	0.360	0.480	0	0	1
非企业人员	0.640	0.480	0	1	1
月收入5 000元以下	0.320	0.470	0	0	1
月收入5 000~10 000元	0.410	0.490	0	0	1
月收入10 000元以上	0.260	0.440	0	0	1
金融资产10万元以内	0.260	0.440	0	0	1
金融资产10万~50万元	0.470	0.500	0	0	1
金融资产50万元以上	0.270	0.450	0	0	1
风险爱好	0.430	0.490	0	0	1
风险中性	0.420	0.490	0	0	1
风险厌恶	0.150	0.360	0	0	1
赌博偏好	3.230	0.990	1	3	5
感觉寻求	3.260	0.900	1	3	5
东部地区	0.810	0.390	0	1	1
中部地区	0.140	0.350	0	0	1
西部地区	0.050	0.220	0	0	1
人均GDP	13.540	38.890	3.290	9.350	325.200
金融发展水平	8.970	39.42	2.280	3.940	325.200

注：观测值为$N=7\,627$。

第四节　实证结果分析

一、金融教育、投资经验与持股单一化

表3-5是采用Probit模型估计的金融教育与投资经验对投资者持股单一化的回归结果。列（1）只加入了金融教育变量、投资者人口学特征和经济特征变量，列（2）在此基础上还控制了投资者的心理特征和宏观环

境特征。可以发现，金融教育的边际影响分别为 0.013 和 0.018，在 5% 和 1% 水平下显著为负，表明金融教育显著地降低了投资者持股单一化的可能性。列（3）和列（4）汇报了投资经验对投资者持股单一化的回归结果，投资经验的系数在 1% 水平下显著为负，二次项系数显著为正，表明投资经验与持股单一化呈"U"形关系。这意味着，当投资者证券投资年限低于某个值时，随着投资经验的积累，持股单一化的概率下降；而超过投资年限的阈值后，投资经验的提高反而导致投资者更偏好单一化持股。列（5）同时加入了金融教育变量和投资经验变量，边际效应的大小基本不变，显著性也保持稳定，拟合优度得到提升。回归结果表明，金融教育和一定的投资经验对投资者理性持股具有促进作用。

表 3-5 采用 Probit 模型估计的金融教育与投资经验对投资者持股单一化的回归结果

变量	(1) Probit 持股单一化	(2) Probit 持股单一化	(3) Probit 持股单一化	(4) Probit 持股单一化	(5) Probit 持股单一化
金融教育	-0.012^{**} (0.006)	-0.018^{***} (0.007)	—	—	-0.017^{**} (0.007)
投资经验	—	—	-0.037^{***} (0.003)	-0.036^{***} (0.003)	-0.037^{***} (0.003)
投资经验平方项	—	—	0.110^{***} (0.012)	0.111^{***} (0.011)	0.111^{***} (0.011)
男性	-0.085^{***} (0.010)	-0.085^{***} (0.010)	-0.079^{***} (0.010)	-0.079^{***} (0.010)	-0.079^{***} (0.010)
年龄	-0.013^{***} (0.003)	-0.013^{***} (0.003)	-0.004 (0.003)	-0.005^{*} (0.003)	-0.005^{*} (0.003)
年龄平方/100	0.011^{***} (0.003)	0.011^{***} (0.003)	0.005^{*} (0.003)	0.005^{**} (0.003)	0.005^{**} (0.003)
已婚	-0.053^{***} (0.016)	-0.055^{***} (0.016)	-0.035^{**} (0.015)	-0.037^{**} (0.015)	-0.037^{**} (0.015)
大专学历	-0.003 (0.014)	-0.003 (0.014)	0.005 (0.013)	0.005 (0.013)	0.006 (0.013)
本科及以上学历	-0.039^{***} (0.013)	-0.040^{***} (0.013)	-0.024^{*} (0.013)	-0.025^{*} (0.013)	-0.022^{*} (0.013)
企业人员	-0.020^{*} (0.011)	-0.023^{**} (0.011)	-0.021^{**} (0.011)	-0.023^{**} (0.011 7)	-0.023^{**} (0.011)

表3-5(续)

变量	(1) Probit 持股单一化	(2) Probit 持股单一化	(3) Probit 持股单一化	(4) Probit 持股单一化	(5) Probit 持股单一化
月收入 5 000~10 000 元	0.014 (0.013)	0.015 (0.013)	0.012 (0.012)	0.013 (0.012)	0.013 (0.012)
月收入 10 000 元以上	0.017 (0.015)	0.018 (0.015)	0.014 (0.014)	0.015 (0.014)	0.016 (0.014)
金融资产 10 万~50 万元	−0.095*** (0.013)	−0.094*** (0.013)	−0.090*** (0.013)	−0.089*** (0.013)	−0.089*** (0.013)
金融资产 50 万元以上	−0.013 (0.015)	−0.013 (0.015)	−0.010 (0.015)	−0.010 (0.015)	−0.011 (0.015)
风险爱好	0.090*** (0.011)	0.090*** (0.011)	0.089*** (0.011)	0.088*** (0.011)	0.087*** (0.011)
风险厌恶	−0.028* (0.016)	−0.026 (0.016)	−0.028* (0.016)	−0.026* (0.016)	−0.027* (0.016)
赌博偏好	—	−0.000 (0.006)		−0.001 (0.006)	−0.000 (0.006)
感觉寻求	—	0.015** (0.007)		0.008 (0.007)	0.013* (0.007)
东部地区	—	0.008 (0.028)		0.038 (0.028)	0.036 (0.028)
中部地区	—	0.007 (0.030)		0.033 (0.029)	0.031 (0.029)
人均GDP	—	−0.011*** (0.002)	—	−0.011*** (0.002)	−0.011*** (0.002)
金融发展水平	—	0.011*** (0.002)		0.011*** (0.002)	0.011*** (0.002)
观测值	7 627	7 627	7 627	7 627	7 627
R^2/Pseudo R^2	0.032	0.037	0.061	0.065	0.066

注：表格中汇报的是边际效应，括号内为省份层面的聚类标准误。***、** 和 * 分别表示在1%、5%和10%的显著性水平上显著。

二、金融教育、投资经验与投资组合分散化

表3-6为金融教育与投资经验对投资组合分散化的回归结果。从列（1）和列（2）的估计结果可以看出，金融教育显著地提高了投资者的投

资组合分散化，回归系数 0.210 和 0.190 均在 1% 水平下显著。列（3）和列（4）分析了投资经验对投资组合分散化的影响，结果显示，投资经验的一次项系数为正、二次项系数为负，均在 1% 水平下显著，表明投资经验与投资组合分散化程度呈倒 "U" 形。随着投资经验的不断积累，投资者的投资组合分散化程度先上升后下降，表明投资经验对投资组合分散化存在短期正效应和长期负效应。至此，基准回归结果验证了本章的研究假设 H1 成立。

表 3-6　金融教育与投资经验对投资组合分散化的回归结果

变量	（1）	（2）	（3）	（4）	（5）
	OLS	OLS	OLS	OLS	OLS
	投资组合分散化	投资组合分散化	投资组合分散化	投资组合分散化	投资组合分散化
金融教育	0.210 *** (7.332)	0.190 *** (6.241)	—	—	0.191 *** (6.275)
投资经验	—	—	0.070 *** (5.522)	0.072 *** (5.646)	0.073 *** (5.729)
投资经验平方项	—	—	−0.260 *** (−4.785)	−0.261 *** (−4.816)	−0.268 *** (−4.954)
男性	0.022 (0.453)	0.020 (0.413)	0.024 (0.494)	0.020 (0.424)	0.014 (0.299)
年龄	0.030 ** (2.526)	0.029 ** (2.402)	0.018 (1.431)	0.015 (1.241)	0.014 (1.173)
年龄平方/100	−0.033 *** (−2.678)	−0.031 ** (−2.542)	−0.022 * (−1.766)	−0.020 (−1.586)	−0.019 (−1.523)
已婚	0.152 ** (2.106)	0.148 ** (2.051)	0.112 (1.549)	0.110 (1.518)	0.115 (1.598)
大专学历	0.150 ** (2.444)	0.156 ** (2.536)	0.158 ** (2.574)	0.159 *** (2.582)	0.145 ** (2.372)
本科及以上学历	−0.148 ** (−2.479)	−0.138 ** (−2.303)	−0.137 ** (−2.292)	−0.134 ** (−2.240)	−0.163 *** (−2.717)
企业人员	0.110 ** (2.244)	0.104 ** (2.109)	0.112 ** (2.284)	0.102 ** (2.079)	0.104 ** (2.122)
月收入 5 000~10 000 元	0.208 *** (3.704)	0.208 *** (3.700)	0.212 *** (3.764)	0.212 *** (3.763)	0.212 *** (3.777)
月收入 10 000 元以上	0.340 *** (5.168)	0.341 *** (5.180)	0.355 *** (5.391)	0.353 *** (5.364)	0.343 *** (5.232)

表3-6(续)

变量	(1)	(2)	(3)	(4)	(5)
	OLS	OLS	OLS	OLS	OLS
	投资组合分散化	投资组合分散化	投资组合分散化	投资组合分散化	投资组合分散化
金融资产10万~50万元	0.186***	0.190***	0.171***	0.180***	0.182***
	(3.139)	(3.216)	(2.880)	(3.042)	(3.084)
金融资产50万元以上	0.052	0.052	0.041	0.042	0.046
	(0.758)	(0.750)	(0.593)	(0.610)	(0.674)
风险爱好	−1.259***	−1.259***	−1.275***	−1.270***	−1.252***
	(−24.569)	(−24.572)	(−24.887)	(−24.802)	(−24.491)
风险厌恶	0.082	0.085	0.073	0.080	0.084
	(1.157)	(1.192)	(1.019)	(1.125)	(1.184)
赌博偏好	—	0.008	—	0.018	0.007
		(0.306)		(0.642)	(0.266)
感觉寻求	—	0.047	—	0.102***	0.050
		(1.495)		(3.398)	(1.592)
东部地区	—	0.069	—	0.009	0.031
		(0.544)		(0.070)	(0.248)
中部地区	—	−0.062	—	−0.116	−0.092
		(−0.465)		(−0.870)	(−0.687)
人均GDP	—	−0.026***	—	−0.025***	−0.025***
		(−2.803)		(−2.710)	(−2.721)
金融发展水平	—	0.027***	—	0.026***	0.026***
		(2.938)		(2.854)	(2.872)
观测值	7 627	7 627	7 627	7 627	7 627
R^2/Pseudo R^2	0.105	0.107	0.103	0.107	0.111

注：表格中汇报的是边际效应，括号内为省份层面的聚类标准误。***、**和*分别表示在1%、5%和10%的显著性水平上显著。

三、不同维度金融教育对资产配置非理性行为的影响

为了考察金融教育的不同维度对投资者资产配置行为的影响，接下来将进一步分析金融教育的投入度与接受度对投资者持股单一化和投资组合多样化的影响。这里采用变异系数法合成投资者金融教育接受度指数和金融教育投入度指数，实证结果如表3-7所示。列（3）表明，金融教育投入度指数的边际效应为−0.013，接受度指数的边际效应为−0.011，均在

5%水平下显著，即投入度与接受度的提升均显著地降低了投资者单一化持股的可能性；列（4）~ 列（6）估计了两个子指数对投资者构建分散化投资组合的影响，回归结果显示，金融教育的不同维度均显著地提升了投资组合的分散化。实证分析表明，投资者加大对金融教育的时间与资金投入力度，提高对各项金融教育内容的接受频率，将有助于提升风险分散意识，促进其选择多样化的持股方式和构建多元化的金融投资组合。这也从侧面验证了指数构建的合理性，用于合成金融教育指数的两个维度具有同等的重要性。

表 3-7　金融教育的投入度与接受度对投资者持股单一化和投资组合多样化的影响

变量	（1）	（2）	（3）	（4）	（5）	（6）
	Probit	Probit	Probit	OLS	OLS	OLS
	单一化	单一化	单一化	分散化	分散化	分散化
投入度	-0.013^{**} (0.006)	—	-0.013^{**} (0.006)	0.010^{***} (3.957)	—	0.101^{***} (4.026)
接受度	—	-0.011^{**} (0.005)	-0.011^{**} (0.005)	—	0.220^{***} (9.353)	0.221^{***} (9.382)
人口特征变量	YES					
经济特征变量	YES					
心理特征变量	YES					
宏观环境变量	YES					
观测值	7 627	7 627	7 627	7 627	7 627	7 627
R^2/Pseudo R^2	0.040	0.040	0.041	0.112	0.104	0.114

注：***、** 和 * 分别表示在1%、5%和10%的显著性水平上显著，列（1）~ 列（3）报告的是估计的边际效应，括号中报告的是聚类异方差稳健标准误。

四、内生性处理

考虑到内生性问题可能导致参数估计的不一致，本章选取投资者对各金融教育主体的了解程度（知悉度）作为金融教育指标的工具变量，用每万人拥有的金融机构数量衡量地区金融服务的可及性。对于投资经验与资产配置非理性的内生性问题，采用工具变量 Probit 模型，选取投资者2020 年前买入股票和卖出股票的平均次数作为投资经验的工具变量。

表 3-8 报告了基于"投资者金融教育主体知悉度"和"投资者 2020 年前买入股票和卖出股票的平均次数"作为工具变量的两阶段回归结果。相关统计检验结果也说明了本书所选取工具变量的合理性。Panel A 的列（3）和 Panel B 的列（3）是工具变量第一阶段的估计结果，第一阶段估计的 F 值分别为 135.270 和 266.210，均大于 10% 偏误水平下的临界值 16.380（Stock et al., 2005），工具变量的 t 值分别为 35.736 和 46.089，表明不存在弱工具变量问题，研究使用的工具变量有效。DWH 检验结果在 10% 水平下全部显著，均拒绝了外生性的假定，表明原模型确实存在一定的内生性。从回归结果来看，在控制了内生性问题后，Panel A 的列（1）和 Panel B 的列（1）使用工具变量估计的金融教育和投资经验仍然能显著降低投资者持股单一化的可能性。在 Panel A 的列（2）和 Panel B 的列（2）中，两阶段估计结果也表明，金融教育和投资经验的提高促进了投资者分散化配置金融资产。

表 3-8　金融教育、投资经验与资产配置非理性行为（工具变量法）

Panel A			
变量	(1)	(2)	(3)
	IV-Probit	2SLS	一阶段
	单一化	分散化	金融教育
金融教育	-0.195 ***	0.432 ***	—
	(0.053)	(5.562)	
IV（金融教育）	—	—	0.308 ***
			(35.736)
投资经验	-0.111 ***	0.074 ***	—
	(0.008)	(5.918)	
投资经验平方	0.341 ***	-0.277 ***	—
	(0.036)	(-5.176)	
控制变量	YES	YES	YES
观测值	7 627	7 627	7 627
一阶段 F 值	—	—	135.270
工具变量 t 值	—	—	35.736
Wald/DWH 检验	9.700	13.790	—
（P-value）	(0.002)	(0.000)	—

表3-8(续)

变量	(1) IV-Probit 单一化	(2) 2SLS 分散化	(3) 一阶段 投资经验
金融教育	-0.072*** (0.026)	0.103*** (4.741)	—
投资经验	-0.547*** (0.019)	-0.390*** (-4.369)	—
投资经验平方	2.087*** (0.080)	0.192*** (6.308)	—
IV（投资经验）	—	—	1.218*** (46.089)
控制变量	YES	YES	YES
观测值	7 627	7 627	7 627
一阶段 F 值	—	—	266.210
工具变量 t 值	—	—	46.089
Wald/DWH 检验	1 074.820	3.370	—
（P-value）	0.000	0.067	—

注：***、** 和 * 分别表示在1%、5%和10%的显著性水平上显著。

五、投资者开始接受金融教育时间不同的异质性

本章将样本投资者开始接受金融教育的时间分为高中及以下、大学期间及大学毕业以后，分组回归的结果如表 3-9 所示。列（1）～ 列（3）的被解释变量为投资者持股单一化，可以看出，金融教育对于投资者持股单一化的作用效果主要存在于高中及以下、大学毕业以后开始接受金融教育的投资者，对大学期间开始接受金融教育的投资者影响效应不显著，且从回归系数上看，金融教育对在国民教育阶段学习过金融知识的投资者影响更大。此外，投资经验对持股单一化的短期效应和长期效应在不同时期开始接受金融教育的投资者之间没有显著差异。列（4）～ 列（6）的结果同样表明，高中及以下、大学毕业以后开始接受金融教育的投资者，随着接受金融教育程度的提高，投资组合分散化程度的提升效果更为明显；投资经验对此的作用效果无显著异质性。

表 3-9　开始接受金融教育时间不同的异质性分析

变量	(1)	(2)	(3)	(4)	(5)	(6)
	Probit	Probit	Probit	OLS	OLS	OLS
	持股单一化			投资组合分散化		
	高中及以下	大学期间	大学毕业以后	高中及以下	大学期间	大学毕业以后
金融教育	-0.027**	0.003	-0.024***	0.029**	0.003	0.025***
	(0.014)	(0.013 0)	(0.009)	(2.043)	(0.248)	(2.608)
投资经验	-0.044***	-0.026***	-0.038***	0.048***	0.027***	0.041***
	(0.005)	(0.005)	(0.004)	(9.061)	(5.092)	(9.959)
投资经验平方	0.138***	0.077***	0.117***	-0.153***	-0.082***	-0.125***
	(0.022)	(0.024)	(0.017)	(-6.704)	(-3.494)	(-7.298)
人口特征变量	YES			YES		
经济特征变量	YES			YES		
心理特征变量	YES			YES		
宏观环境变量	YES			YES		
观测值	1 952	2 237	3 438	1 952	2 237	3 438
R^2/Pseudo R^2	0.076	0.076	0.063	0.113	0.092	0.077

注：***、**和*分别表示在1%、5%和10%的显著性水平上显著。

第五节　金融教育与投资经验对资产配置非理性行为的作用机制

前文的基准回归分析结果表明，投资者接受金融教育的程度和投资经验的积累降低了持股单一化的可能性，促进了资产配置行为的理性。那么，金融教育和投资经验通过何种渠道影响投资者的决策行为？本章将基于金融知识和金融能力的视角展开分析。

一、提高投资者金融知识水平：知识渠道

基于 CIFES（2020）中投资者的基础金融知识测试和专业金融知识测试，参考尹志超等（2014）对金融知识指标的处理方法，运用因子分析构

造投资者的综合金融知识指标。表 3-10 检验了金融教育和投资经验影响投资者资产配置行为的知识渠道。在列（1）中，金融教育系数在 1% 的统计水平下显著为正，表明投资者通过接受金融教育，提高了自身的综合金融知识水平。投资经验的系数不显著，这意味着投资者的交易实践经验对提升其对基础经济概念和专业金融知识的全面认知作用有限，综合金融知识属于"稀缺型"知识，单纯依靠投资经验的积累不能使得个人熟练掌握与经济行为相关的特定金融知识。列（2）和列（3）按照中介效应的检验逻辑，在基准回归中加入了金融知识变量，由结果可知，金融知识的系数均在 1% 水平下显著，说明金融知识水平的提升将减小投资者的持股单一化，促进投资组合分散化。这与大多数研究金融知识与投资组合分散化的实证结果一致。回归结果验证了金融知识在金融教育与投资者资产配置的非理性行为中起到了中介作用。对这一中介效应进行 Sobel 检验，结果均显著（$P < 0.01$）。Bootstrap 方法的检验结果也显示，金融知识的 bs1 置信区间均不包括 0，P 值均小于 0.01，说明中介效应成立。本章提出的研究假设 H2 成立。

表 3-10　金融教育、投资经验与资产配置非理性行为：知识渠道

变量	（1）OLS 金融知识	（2）Probit 单一化	（3）OLS 分散化
金融教育	0.126 *** (17.932)	−0.006 (0.007)	0.071 ** (2.347)
投资经验	0.003 (1.170)	−0.036 *** (0.003)	0.068 *** (5.535)
投资经验平方	−0.016 (−1.278)	0.109 *** (0.012)	−0.254 *** (−4.814)
金融知识	—	−0.077 *** (0.012)	0.948 *** (19.584)
控制变量	YES	YES	YES
观测值	7 627	7 627	7 627
R^2/Pseudo R^2	0.058	0.067	0.152

表3-10(续)

变量	(1)	(2)	(3)
	OLS	Probit	OLS
	金融知识	单一化	分散化
Sobel-Goodman Mediation Tests			
Sobel	—	−0.010***	0.120***
Goodman-1（Aroian）	—	−0.010***	0.120***
Goodman-2	—	−0.010***	0.120***
Bootstrap Results −1 000reps			
_bs_1 95%置信区间（P）	—	[−0.014　−0.008]	[0.116　0.155]
_bs_1 95%置信区间（BC）	—	[−0.013　−0.008]	[0.116　0.155]
_bs_1 P_value	—	0.000	0.000

注：***、**和*分别表示在1%、5%和10%的显著性水平上显著。

二、提升投资者基本投资技能：能力渠道

单一化持股或资产配置集中化的投资者可能缺乏相应的金融能力，不了解金融产品与服务，无法有效运用各类金融工具以构建分散化的投资组合。CIFES（2020）询问了投资者具备的投资技能，本章将选择"能够使用分析软件和各项指标进行基础投资分析"的受访者视为具有基本投资技能的投资者，从而其"基本投资技能"赋值为1，否则为0。表3-11汇报了基于投资者金融能力的金融教育、投资经验与资产配置非理性行为中介效应检验结果。列（1）显示金融教育与投资经验的系数均为正，且在1%水平下显著，表明投资者接受金融教育或积累投资经验都将提升其基本投资技能，投资者通过市场实践总结经验，掌握了基本投资技能，表现出熟能生巧效应。第（2）列和第（3）列的结果显示，当回归控制了投资者的基本投资技能，金融教育与投资经验的系数符号与基准回归保持一致，且系数大小有所下降，这说明金融教育与投资经验对资产配置行为的影响，部分是通过提高投资者基本投资技能传导的。该中介效应的Sobel检验和采用Bootstrap方法的检验结果均显著（$P<0.01$），本章研究假设H3得到了验证。

表 3-11 金融教育、投资经验与资产配置非理性行为：能力渠道

变量	（1）	（2）	（3）
	Probit	Probit	OLS
	基本投资技能	单一化	分散化
金融教育	0.159***	−0.013*	0.010***
	（0.007）	（0.007）	（3.146）
投资经验	0.018***	−0.036***	0.061***
	（0.003）	（0.003）	（4.839）
投资经验平方	−0.044***	0.109***	−0.248***
	（0.012）	（0.012）	（−4.604）
基本投资技能	—	−0.024**	0.504***
		（0.011）	（9.750）
控制变量	YES	YES	YES
观测值	7 627	7 627	7 627
R^2/Pseudo R^2	0.087	0.062	0.121
Sobel-Goodman Mediation Tests			
Sobel	—	−0.007***	0.096***
Goodman−1（Aroian）	—	−0.007***	0.096***
Goodman−2	—	−0.007***	0.096***
Bootstrap Results −1 000reps			
_bs_1 95%置信区间（P）	—	［−0.010 −0.004］	［0.086 0.127］
_bs_1 95%置信区间（BC）	—	［−0.010 −0.003］	［0.086 0.127］
_bs_1 P_value		0.000	0.000

注：***、**和*分别表示在1%、5%和10%的显著性水平上显著。

第六节 进一步分析：金融教育、数字金融发展与资产配置行为

随着互联网时代的到来，依赖大数据技术的数字金融飞速发展，降低了金融服务的门槛和服务成本，提高了金融机构服务的效率和质量（黄益平等，2018）。数字金融的蓬勃发展也从多个方面影响投资者的金融资产配置行为。首先，数字金融利用场景优势和模式创新弥补了传统金融交易高

度依赖物理网点的短板，满足了处于欠发达地区的低收入群体和弱势群体的金融需求，改善了居民的金融排斥状况，增加了居民风险金融资产投资的时间与空间便利性，从而提高了居民对金融市场的参与意愿（傅秋子等，2018）；其次，数字金融凭借技术与信息优势，极大地降低了投资者的交易成本、对金融信息的搜寻成本和对金融风险的评估成本（谢绚丽等，2018），有助于提高投资者的金融决策效率；再次，数字金融推动了金融产品的创新，催生了大量互联网理财产品的出现，拓宽了投资者的金融产品选择范围，有助于投资者实现金融资产配置的多样化（吴雨 等，2021）；最后，数字金融在提高投资者风险承担水平方面也具有显著影响。随着互联网支付、网络借贷、数字保险和数字货币的不断普及，投资者置身于充满数字应用的场景中，在一定程度上降低了自身的风险阈值，提升了风险承担水平（Hong et al.，2020），这也将影响投资者对金融资产的有效配置。基于上述分析，本节采用中国投资者教育现状调查数据与中国数字普惠金融发展指数，进一步分析数字金融发展对投资者资产配置行为的影响，并探讨金融教育与投资经验在数字金融发展不同的地区对投资者资产配置行为是否存在差异性影响。

考虑到可能存在的内生性问题，本节采用省级层面滞后一期的数字普惠金融发展指数。表3-12报告了数字金融发展与投资者资产配置行为研究的回归结果。列（1）的被解释变量为投资者持股单一化，数字金融发展的边际效应显著为负，可见，数字金融发展降低了投资者持股单一的可能性。列（2）的被解释变量为投资组合分散化，数字金融发展的系数在1%水平下显著为正，表明数字金融发展提高了投资者的金融资产组合分散化程度。回归结果证实了数字金融发展促进了投资者在资产配置方面的行为理性。列（3）~列（6）讨论了在数字金融发展水平不同的地区，金融教育与投资经验对投资者持股单一化和投资组合分散化的异质性影响。回归结果显示，不同组别中金融教育与投资经验的系数符号均与基准回归一致，但在数字金融化程度较低的地区，金融教育与投资经验对持股单一化的抑制作用和对投资组合分散化的促进作用均更大。实证结果表明，在数字金融发展缺位的区域，金融教育在优化投资者资产配置中具有更好的边际效果。

表 3-12　数字金融发展与投资者资产配置行为研究的回归结果

变量	(1)	(2)	(3)	(4)	(5)	(6)
	Probit	OLS	Probit	Probit	OLS	OLS
	单一化	分散化	单一化	单一化	分散化	分散化
	全样本	全样本	低数字金融	高数字金融	低数字金融	高数字金融
金融教育	-0.017***	0.190***	-0.030**	-0.013*	0.290***	0.151***
	(0.007)	(6.272)	(0.014)	(0.008)	(4.650)	(4.326)
投资经验	-0.035***	0.070***	-0.046***	-0.033***	0.112***	0.058***
	(0.003)	(5.556)	(0.006)	(0.003)	(4.069)	(4.111)
投资经验平方	0.110***	-0.267***	0.147***	0.010***	-0.456***	-0.195***
	(0.011)	(-4.944)	(0.026)	(0.013)	(-3.805)	(-3.224)
数字金融发展	-0.389***	0.801***	—	—	—	—
	(0.027)	(6.334)				
控制变量	YES	YES	YES	YES	YES	YES
观测值	7 627	7 627	7 627	7 627	7 627	7 627
R^2/Pseudo R^2	0.089	0.062	0.082	0.062	0.144	0.112

注：***、** 和 * 分别表示在1%、5%和10%的显著性水平上显著。

第七节　稳健性检验

一、更换资产配置非理性行为的衡量指标

本节首先对持股单一化指标重新度量，若投资者在 2019 年和 2020 年平均持有股票的数量为 1~3 只，则该投资者的持股单一化为 1，否则为 0；其次，采用 Guiso 和 Jappelli（2008）、彭情等（2019）的方法构造"考虑资产间相关性"的有效分散化指标①，评估投资组合的有效分散程度。替

---

① 有效分散化指标 $= 1 - (1 - \alpha)\left[\frac{1}{N} + \frac{(N-1)}{N}\text{corr}\right]$。其中，$\alpha$ 是投资者持有基金的比例，当 α 取 1 或者 N 趋于无穷大时，分散化指标取值为 1，代表投资者的投资组合完全分散；当 α 取 0 且 N 取 1 时，分散化指标取值为 0，代表投资者没有进行分散化投资，而是仅购买一种金融产品。N 是资产的数目。按照 Guiso 和 Jappelli（2008）的做法，将 corr 设定为 0.05。

换解释变量后，如表 3-13 所示，金融教育对持股单一化的估计系数在
10%水平下显著，对投资组合分散化的系数在 1%水平下显著。投资经验对
持股单一化和投资组合分散化的短期效应和长期效应依然显著。

表3-13　替换解释变量指标的稳健性检验

变量	(1)	(2)
	Probit	OLS
	单一化平均持股数量	分散化有效分散化指标
金融教育	-0.012[*]	0.225[***]
	(0.006)	(6.281)
投资经验	-0.048[***]	0.073[***]
	(0.002)	(4.856)
投资经验平方	0.154[***]	-0.247[***]
	(0.010)	(-3.875)
其他控制变量	YES	
观测值	7 627	7 627
R^2/Pseudo R^2	0.100	0.136

注：[***]、[**] 和[*] 分别表示在 1%、5%和 10%的显著性水平上显著。

二、改变金融教育指数的构建方式

前文采用因子分析法构建了投资者的金融教育指数，这里参考张玉玲
等（2011）对经济评价指标体系的构建方法，运用变异系数法建立新的金
融教育指数。该方法是一种客观赋权法，可避免主观权重确定法如专家打
分法带来的人为干扰。依据金融教育评价指标的当前值与目标值的变异程
度进行赋权，若两者的差距较大，则赋予较高权重。具体操作为：首先，
计算出投资者金融教育的资金投入、时间投入和接受各项金融教育内容频
率的平均值；其次，计算出上述评价指标的标准差；再次，依据均值与标
准差构建变异系数；最后，所得变异系数分别除以变异系数总和，以此确
定各指标的权重值，并合成金融教育指数值。如表 3-14 所示，金融教育
指数的回归系数符号与前文保持一致，表明回归结果稳健。

表 3-14 变异系数法合成金融教育指标的稳健性检验

变量	(1)	(2)
	Probit	OLS
	单一化	分散化
金融教育（变异系数法）	-0.022 ***	0.361 ***
	(0.008)	(9.481)
投资经验	-0.036 ***	0.071 ***
	(0.003)	(5.625)
投资经验平方	0.111 ***	-0.262 ***
	(0.011)	(-4.863)
其他控制变量	YES	
观测值	7 627	7 627
R^2/Pseudo R^2	0.067	0.118

注：***、** 和 * 分别表示在1%、5%和10%的显著性水平上显著。

三、剔除大学阶段专业与经济/金融相关的样本

前文的实证研究分析了投资者开始接受金融教育时间的不同将导致金融教育对资产配置产生异质性影响。在本部分的稳健性检验中，采用剔除部分样本法，剔除了大学阶段所学专业与经济/金融相关的受访样本，以避免在高等教育阶段接受过专业化、系统性金融教育的投资者对研究结论产生影响。表3-15汇报了回归结果，金融教育显著地抑制了投资者持股单一的行为，促进了投资者的投资组合分散化，投资经验的系数符号与基准回归相同。因此，进一步佐证了金融教育与投资经验对投资者资产配置行为的影响。

表 3-15 剔除大学阶段专业与经济/金融相关样本的稳健性检验

变量	(1)	(2)
	Probit	OLS
	单一化	分散化
	大学阶段专业与经济/金融不相关子样本	
金融教育	-0.025 ***	0.242 ***
	(0.008)	(6.786)

表3-15(续)

变量	(1)	(2)
	Probit	OLS
	单一化	分散化
	大学阶段专业与经济/金融不相关子样本	
投资经验	−0.037 ***	0.069 ***
	(0.003)	(4.639)
投资经验平方	0.114 ***	−0.244 ***
	(0.014)	(−3.847)
其他控制变量	YES	
观测值	5 472	5 472
R^2/Pseudo R^2	0.066	0.122

注: *** 、** 和 * 分别表示在1%、5%和10%的显著性水平上显著。

第八节　本章小结

投资者通过金融市场进行资源优化配置是实现财产性收入增长和财富保值增值的重要方式。在金融创新层出不穷、财富管理需求不断提高的背景下，缺乏分散化成为投资者资产配置中最突出的非理性行为，单一资产持有引致极端风险积聚，阻碍了投资者实现持有金融资产以最大化收益的目标。基于此，本章探讨了金融教育与投资经验是否有助于纠正投资者资产配置的非理性，并运用2020年中国投资者教育现状调查的微观数据进行了实证检验。研究结论表明：

首先，投资者受金融教育程度的提高有助于降低持股单一化、提高资产组合的分散化。投资经验与持股单一化呈"U"形关系，与投资组合分散化呈倒"U"形关系，表明具备一定经验的投资者会通过分散化的资产配置以有效防范投资风险。

其次，投资者金融教育投入度和接受度的提升都将促进其选择多样化的持股方式和构建多元化的金融投资组合；同时，异质性分析表明，金融教育对于资产配置行为理性的促进作用主要存在于那些在大学阶段没有接受过系统的、专业化金融教育的投资者中。

再次，金融知识和金融能力在金融教育影响资产配置行为中发挥着重要的中介作用。金融教育主要通过提高投资者的金融知识水平和提升投资者的基本投资技能来促进资产配置的分散化，投资经验的传导渠道主要是投资技能的提升，表现出熟能生巧效应。此外，在数字金融发展缺位的区域，金融教育对优化投资者资产配置的边际作用效果更佳。

最后，为克服模型可能存在的遗漏变量或反向因果问题，采用工具变量法估计的回归结果与基准回归结果吻合，且基于更换资产配置非理性行为指标、改变金融教育指数的构建方式、剔除大学阶段专业与经济/金融相关的样本进行稳健性检验的结果也再次验证了本章的研究假设。

第四章 金融教育、投资经验与过度交易

第一节 研究背景

投资大师巴菲特的现代价值投资理论提出注重股票的内在价值，以合理价格买入，耐心等待企业成长，长期持有股票的"价值投资"精髓。可见，价值投资策略的本质是树立长期投资理念。然而，无论是针对成熟资本市场散户投资者的交易行为研究，还是以中国为代表的新兴资本市场个人投资者行为分析，结果都表明，个人投资者的过度交易行为突出。高额的交易量不符合经典金融学理论对股票市场交易的预测。在完美的市场环境下，金融市场不会发生任何交易，即理性是共同知识，一个理性的投资者选择卖出股票，其他理性的投资者并不会购买。那么，投资者为什么会进行交易？

流动性交易需求理论认为，投资者出售股票用于即时消费、减少税收损失以促使税单最小化或个人财富变化导致的流动性资产变现需求等，从而与市场中消息灵通的个人进行交易（Kyle，1985；Foster et al.，1990）。但是，由于单只股票交易的信息不对称程度更高，所支付的交易成本更高，因而理性的投资者应该选择出售股票组合而不是单只股票。因此，流动性交易需求对交易的解释难以令人信服（Subrahmanyam，1991）。事实上，多数的交易都是非理性的，从美国个人投资者买入和卖出的股票在未

来的收益表现来看，从整体上讲，投资者卖出的股票其平均收益率在随后的观测样本期内（4 个月、1 年和 2 年）均高于被买入的股票，且投资者股票买卖所获得的收益并没有显著地高于交易成本，个人投资者产生了不是出于调整投资组合、满足流动性需求或实现目标收益的"过度交易"行为（Odean，1999）。我国的股票投资者也表现出过度交易倾向，在市场的不同阶段以及个人持有的不同金融资产规模下，投资者均呈现过度交易的特征，且市场繁荣时投资者的过度交易程度要比市场低迷时更高（谭松涛等，2006）。

在信息劣势的情况下，激进的交易方式使得投资者难以把握投资机会，过度交易降低了投资者获得正超额收益的可能性（Barber et al.，2009）。此外，非理性的交易行为也使金融市场产生了噪声，干扰了市场信号的传递，阻碍了市场资源配置功能的有效发挥（Sias，1996）。可见，理论研究同样说明了金融市场中的过度交易不仅降低了个人投资者的回报率，也不利于金融市场的稳定运行。因此，深入探讨投资者过度交易的产生机理，分析降低过度交易的有效方式，不仅有利于深化有关过度交易行为的学术研究，同时在实践层面也有助于有针对性地制定促进投资者理性交易的相关政策。

对于教育在纠正投资者交易偏差方面的研究，Liivamägi（2016）基于个人投资者教育数据集发现，在全国性金融教育测试中成绩优异的投资者，股票交易的积极性较低，投资时将更为谨慎。不同学历下，个人投资者的能力存在差异，高学历的投资者过度交易的可能性更低（Pertiwi et al.，2019）。但鲜有文献关注金融教育对于改善投资者过度交易行为的作用。基于金融市场中决策的复杂性，投资者需要运用特定金融知识与信息进行判断，因此应该着重讨论具有特定目标和功能的金融教育对投资者过度交易行为的影响。

从理论上讲，金融教育可能从多个方面对投资者过度交易产生影响。首先，金融教育的内容涵盖个人投资决策所需的基础与专业金融知识，如风险分散的概念、利率与通货膨胀的计算等，使得投资者具备基本的信息分析能力，降低了投资者花费精力和时间对所获取信息的甄别与分析成本

（Dixon et al.，2018），从而投资者能更准确地对交易信息做出判断，有可能抑制由缺乏有效信息引致的非理性交易；其次，从金融教育对储蓄决策、养老规划、投资组合分散化（Kimball et al.，2010；Van Rooij et al.，2011）的影响来看，金融教育会改变投资者对外界环境中各种风险的感受与认识，提高投资者的风险意识和风险感知水平，因此投资者可能会减少盲目的交易，规避由对风险感知的失误引发的择时不当；最后，金融教育也会影响个人的投资能力，提高投资者的决策信心，因而促进投资者以价值为导向的长期持有账户中的股票，最终降低交易频率（庄学敏，2009）。

基于上述分析，本章采用 2020 年中国投资者教育现状调查数据以及与投资者证券账户实现了一一匹配的交易数据，研究了金融教育与投资经验对投资者过度交易行为的影响。

本章的研究贡献在于：第一，就笔者的知识范围内，首次基于中国证券市场个人投资者的调查数据与交易数据分析了金融教育对投资者过度交易的影响，对金融教育有效降低投资者的过度交易获得了稳健可信的证据；第二，挖掘了金融教育影响过度交易的心理学基础，并从个人能力的角度进行了细化的机制分析；第三，探讨了这种影响的群体之间差异性，进一步印证了分类别、针对性金融教育的必要性。

第二节　研究设计

一、数据来源

本章采用的数据来自 2020 年的中国投资者教育现状调查、国内某大型券商提供的个人投资者交易数据以及锐思（RESSET）数据库提供的股票价格日度数据。

二、模型设定

在分析金融教育与投资经验对投资者过度交易行为的影响时，考虑到投资者是否过度交易是一个二值响应变量，本节采用 Probit 模型进行实证分析。对于潜变量 $Trading\_exc_i^*$，当 $Trading\_exc_i^* > 0$ 时，投资者过度交易，$Trading\_exc_i$ 取值为 1，否则为 0。对应的 Probit 模型设置如下：

$$Trading\_exc_i^* = \gamma_0 + \gamma_1 \, Financial\_edu_i + \gamma_2 \, Investment\_exper_i +$$
$$\gamma_3 \, Investment\_exper \, 2_i + \gamma_4 X_i + \sigma_i \tag{4-1}$$

$$Prob(Trading\_exc_i = 1) = Prob(Trading\_exc_i^* > 0) \tag{4-2}$$

其中，$Trading\_exc_i$ 表示投资者 i 是否进行过度交易，$Financial\_edu_i$ 表示投资者 i 的金融教育指数，$Investment\_exper_i$ 表示投资者 i 的投资经验，$Investment\_exper \, 2_i$ 表示投资者 i 的投资经验平方项，X_i 为控制变量，σ_i 为残差项。

本节构建的过度交易程度变量为连续变量，在分析金融教育与投资经验对过度交易程度的影响时，采用如下的多元回归模型：

$$Trading\_deg_i = \eta_0 + \eta_1 \, Financial\_edu_i + \eta_2 \, Investment\_exper_i +$$
$$\eta_3 \, Investment\_exper \, 2_i + \eta_4 X_i + \varrho_i \tag{4-3}$$

其中，$Trading\_deg_i$ 表示投资者 i 的过度交易程度，ϱ_i 为残差项。

三、变量说明

（1）金融教育与投资经验。本节沿用第三章中的金融教育变量构建方法，采用投资者金融教育指数作为金融教育指标，采用投资者的证券投资年限作为投资经验的代理变量。

（2）过度交易。本节借鉴 Barber 和 Odean（2000）基于美国个人交易账户数据研究投资者过度交易问题所构建的指标，将样本期内投资者年度交易次数超过 48 次的投资者识别为具有过度交易特征的投资者，赋值为 1，否则为 0。国内学者路晓蒙等（2020）也运用该指标进行了活跃交易者的特征分析。

（3）过度交易程度。借鉴 Barber 和 Odean（2001）以及廖理等（2013）的研究，本节采用投资者的超额换手率衡量过度交易程度。具体如下：

首先，由锐思（RESSET）数据库获取投资者所持全部股票的开盘价格和收盘价格，并采用向后复权法将股票价格予以复权；确定投资者 i 在

样本期内的交易日 d 日初买入股票 m 的股数 $B_{i,d}^{m}$ 和卖出股票 m 的股数 $S_{i,d}^{m}$；确定投资者 i 在 d 日持有股票 m 的股数 $H_{i,d}^{m}$ 和在 $d-1$ 日持有的股票 m 的股数 $H_{i,d-1}^{m}$。

其次，通过投资者的持仓数据，计算每个投资者 i 在 d 日和 $d-1$ 日末持有股票 m 的市值占其投资组合总市值的比例 $w_{i,d}^{m}$ 和 $w_{i,d-1}^{m}$，计算公式为

$$w_{i,d}^{m} = \frac{P_{i,d}^{m} H_{i,d}^{m}}{\sum_{m=1}^{N_{i,d}} P_{i,d}^{m} H_{i,d}^{m}} \tag{4-4}$$

其中，$P_{i,d}^{m}$ 为投资者 i 在 d 日末所持有的股票 m 的收盘价格，$N_{i,d}$ 为投资者 i 在 d 日末持有的股票数量。

最后，对投资者 i 在 d 日末持有的 N 只股票的换手率进行价值加权，分别求得日买入换手率 $T_{i,d}^{\text{buy}}$ 和日卖出换手率 $T_{i,d}^{\text{sell}}$，即

$$T_{i,d}^{\text{buy}} = \sum_{m=1}^{N_{i,d}} w_{i,d}^{m} \frac{B_{i,d}^{m}}{H_{i,d}^{m} + 1} \tag{4-5}$$

$$T_{i,d}^{\text{sell}} = \sum_{m=1}^{N_{i,d}} w_{i,d-1}^{m} \frac{S_{i,d}^{m}}{H_{i,d-1}^{m} + 1} \tag{4-6}$$

并计算出投资者 i 的日换手率均值 $T_{i,d} = \frac{1}{2}(T_{i,d}^{\text{buy}} + T_{i,d}^{\text{sell}})$，加总样本期内的所有交易日得到投资者 i 的年均值换手率 $T_{i,y}$。投资者 i 的过度交易程度计算公式为年均值换手率 $T_{i,y}$ 加 1 的对数值与样本投资者年均值换手率的中位数 Median 加 1 的对数值之差：

$$\text{Trading\_exc\_degree}_i = \ln(T_{i,y} + 1) - \ln(\text{Median} + 1) \tag{4-7}$$

（4）控制变量。本章的控制变量有：

①投资者人口特征变量，包括性别（男性为 1，否则为 0）、年龄、年龄平方/100、婚姻状况（已婚为 1，否则为 0）、文化程度（共三类，高中、中专或职高及以下为 1，否则为 0；大专为 1，否则为 0；本科及以上为 1，否则为 0）、职业特征（企业人员为 1，否则为 0）、风险态度（共三类，风险爱好、风险中性与风险厌恶）。

②投资者经济特征变量，包括投资者个人月收入（共三类，月收入 5 000 元以下、月收入 5 000~10 000 元、月收入 10 000 元以上）、金融资

产规模（金融资产10万元以下、金融资产10万~50万元、金融资产50万元以上）。

③投资心理特征变量，包括股价上涨外推和股价下跌外推。在CIFES（2020）问卷中"您对以下描述的认可程度"，对于选项"当股票价格持续上涨，我认为它在未来会进一步上涨"选择了"非常同意"或"比较同意"，表明投资者具有股价上涨外推的预期，赋值为1，否则为0；对于选项"当股票价格持续下跌，我认为它在未来会进一步下跌"选择了"非常同意"或"比较同意"，表明投资者具有股价下跌外推的预期，赋值为1，否则为0。

④宏观环境变量，包括区域特征（东部地区、中部地区、西部地区）、所在省份经济发展水平（以人均GDP指标代表）、所在省份金融发展水平（以省份存贷款余额与GDP的比重度量）。

四、描述性统计

表4-1列示了本章主要变量的描述性统计分析结果。过度交易的投资者比例为38%，近四成投资者在样本期的年交易次数超过48。过度交易程度的均值0.270大于中位数0.020，表明右偏明显，过度交易程度较高的长尾群体在右侧。在投资者对股票价格的外推预期中，分别有41%和36%的投资者认为股价上涨和股价下跌具有持续性。

表4-1　主要变量的描述性统计分析结果

变量	均值	标准差	最小值	中位数	最大值
被解释变量	—	—	—	—	—
过度交易	0.380	0.490	0	0	1
过度交易程度	0.270	1.250	-4.880	0.020	6.520
关注变量	—	—	—	—	—
金融教育指数	0	0.820	-1.990	0.030	1.730
投资经验	7.950	6.420	0.010	5.700	28.200
投资经验平方/100	1.040	1.490	0	0.320	7.950

表4-1(续)

变量	均值	标准差	最小值	中位数	最大值
控制变量	—	—	—	—	—
男性	0.550	0.500	0	1	1
年龄	45	12.460	18.430	44.300	91.280
年龄平方/100	21.800	12.130	3.400	19.620	83.320
已婚	0.850	0.360	0	1	1
高中、中专或职高及以下	0.300	0.460	0	0	1
大专	0.310	0.460	0	0	1
本科及以上	0.390	0.490	0	0	1
企业人员	0.360	0.480	0	0	1
非企业人员	0.640	0.480	0	1	1
月收入5 000元以下	0.320	0.470	0	0	1
月收入5 000~10 000元	0.410	0.490	0	0	1
月收入10 000元以上	0.260	0.440	0	0	1
金融资产10万元以下	0.260	0.440	0	0	1
金融资产10万~50万元	0.470	0.500	0	0	1
金融资产50万元以上	0.270	0.450	0	0	1
风险爱好	0.430	0.490	0	0	1
风险中性	0.420	0.490	0	0	1
风险厌恶	0.150	0.360	0	0	1
股价上涨外推	0.410	0.490	0	0	1
股价下跌外推	0.360	0.480	0	0	1
东部地区	0.810	0.390	0	1	1
中部地区	0.140	0.350	0	0	1
西部地区	0.050	0.220	0	0	1
人均GDP	13.540	38.890	3.290	9.350	325.200
金融发展水平	8.970	39.420	2.280	3.940	325.200

第三节　实证结果分析

一、基准模型

（一）金融教育、投资经验与过度交易

表4-2报告了金融教育与投资经验对过度交易行为影响的基本结果。其中，列（1）和列（2）的主要解释变量为金融教育，可以看出，投资者金融教育指数显著为负，金融教育的提升减小了投资者频繁交易的倾向。列（3）和列（4）的关注变量为投资经验，一次项系数在1%水平下均显著为正，二次项系数则显著为负，表明投资经验与过度交易呈倒"U"形。实证结果显示，那些"跃跃欲试"新进入市场的投资者，在积累了一定实践经验后，可能不是出于调整资产组合或者实现投资收益的需求而盲目地买入与卖出，具有较高的换手率。随着投资经验的不断积累，老练的投资者对市场了解更全面，对信息判断更准确，将减少交易频率，活跃交易的可能性降低。列（5）同时加入了金融教育变量和投资经验变量，系数符号均保持不变，金融教育促进投资者理性交易的效应依然显著，投资经验对过度交易的短期促进效应和长期抑制效应同样显著。

表4-2　金融教育与投资经验对过度交易行为影响的基本结果

变量	（1）	（2）	（3）	（4）	（5）
	Probit	Probit	Probit	Probit	Probit
	过度交易	过度交易	过度交易	过度交易	过度交易
金融教育	-0.050^{***} (0.006)	-0.058^{***} (0.006)	—	—	-0.058^{***} (0.006)
投资经验	—	—	0.013^{***} (0.003)	0.013^{***} (0.003)	0.013^{***} (0.003)
投资经验平方项	—	—	-0.039^{***} (0.012)	-0.040^{***} (0.012)	-0.037^{***} (0.012)
男性	0.071^{***} (0.011)	0.070^{***} (0.011)	0.068^{***} (0.011)	0.067^{***} (0.011)	0.070^{***} (0.011)
年龄	0.013^{***} (0.003)	0.013^{***} (0.004)	0.009^{***} (0.003)	0.010^{***} (0.003)	0.010^{***} (0.003)

表4-2(续)

变量	(1)	(2)	(3)	(4)	(5)
	Probit	Probit	Probit	Probit	Probit
	过度交易	过度交易	过度交易	过度交易	过度交易
年龄平方/100	-0.018***	-0.011***	-0.008***	-0.009***	-0.009***
	(0.003)	(0.003)	(0.003)	(0.003)	(0.003)
已婚	0.008	0.007	0.004	0.004	0.001
	(0.016)	(0.016)	(0.016)	(0.016)	(0.016)
大专学历	0.012	0.012	0.004	0.004	0.009
	(0.014)	(0.014)	(0.014)	(0.014)	(0.014)
本科及以上学历	0.041***	0.046***	0.027**	0.030**	0.040***
	(0.013)	(0.013)	(0.013)	(0.013)	(0.013)
企业人员	-0.020*	-0.020*	-0.020*	-0.020*	-0.020*
	(0.011)	(0.011)	(0.011)	(0.011)	(0.011)
月收入5 000~10 000元	0.004	0.002	0.005	0.002	0.003
	(0.013)	(0.013)	(0.014)	(0.014)	(0.014)
月收入10 000元以上	0.034**	0.032**	0.032**	0.029**	0.032**
	(0.015)	(0.015)	(0.015)	(0.015)	(0.015)
金融资产10万~50万元	0.205***	0.203***	0.206***	0.205***	0.202***
	(0.013)	(0.014)	(0.013)	(0.013)	(0.013)
金融资产50万元以上	-0.013	-0.012	-0.011	-0.010	-0.013
	(0.016)	(0.016)	(0.016)	(0.016)	(0.016)
风险爱好	0.127***	0.130***	0.133***	0.136***	0.131***
	(0.011)	(0.011)	(0.011)	(0.011)	(0.011)
风险厌恶	-0.004	-0.001	-0.002	0.001	-0.001
	(0.016)	(0.016)	(0.016)	(0.016)	(0.012)
股价上涨外推	—	0.084***	—	0.046***	0.083***
		(0.013)		(0.013)	(0.013)
股价下跌外推	—	0.020	—	0.015	0.020
		(0.014)		(0.014)	(0.014)
东部地区	—	-0.043	—	-0.044	-0.053*
		(0.029)		(0.028)	(0.028)
中部地区	—	-0.037	—	-0.036	-0.046
		(0.030)		(0.030)	(0.030)
人均GDP	—	0.012***	—	0.012***	0.012***
		(0.002)		(0.002)	(0.002)
金融发展水平	—	-0.012***	—	-0.012***	-0.012***
		(0.002)		(0.002)	(0.002)
观测值	7 627	7 627	7 627	7 627	7 627
R^2/Pseudo R^2	0.073	0.085	0.071	0.088	0.088

注：***、**和*分别表示在1%、5%和10%的显著性水平上显著。

（二）金融教育、投资经验与过度交易程度

本部分以超额换手率度量投资者的过度交易程度，采用某证券公司提供的投资者账户数据计算了超额换手率，进一步分析了金融教育与投资经验对过度交易程度的影响。

表4-3报告了所有回归的估计结果。其中，列（1）和列（2）中金融教育的边际效应显著为负，表明投资者受金融教育程度的提高将减小超额换手率，过度交易程度下降。列（3）和列（4）的结果显示，投资经验一次项系数显著为正，二次项次数显著为负。新进入市场的投资者可能对个人金融知识水平认知存在偏差或者对个人金融能力过于自信，从而导致其在理性交易动机之外的过度交易行为。而在证券投资年限超过某个阈值后，投资者通过在实践中学习，提高了投资分析能力，投资行为趋于理性，过度交易程度变低。列（5）添加了所有控制变量，关注变量的系数符号保持不变。

表4-3　所有回归的估计结果

变量	（1）	（2）	（3）	（4）	（5）
	OLS	OLS	OLS	OLS	OLS
	过度交易程度	过度交易程度	过度交易程度	过度交易程度	过度交易程度
金融教育	-0.284*** (-17.005)	-0.300*** (-17.813)	—	—	-0.301*** (-17.890)
投资经验	—	—	0.027*** (3.583)	0.028*** (3.729)	0.026*** (3.511)
投资经验平方项	—	—	-0.069** (-2.157)	-0.073** (-2.277)	-0.060* (-1.895)
男性	0.276*** (9.980)	0.274*** (9.924)	0.262*** (9.303)	0.260*** (9.252)	0.270*** (9.784)
年龄	0.024*** (3.475)	0.025*** (3.535)	0.016** (2.146)	0.016** (2.158)	0.017** (2.454)
年龄平方/100	-0.025*** (-3.575)	-0.026*** (-3.624)	-0.019*** (-2.654)	-0.020*** (-2.669)	-0.021*** (-2.967)
已婚	-0.014 (-0.330)	-0.023 (-0.554)	-0.015 (-0.357)	-0.021 (-0.487)	-0.036 (-0.846)
大专学历	0.052 (1.440)	0.048 (1.335)	0.020 (0.557)	0.016 (0.436)	0.040 (1.107)

表4-3(续)

变量	(1) OLS 过度交易程度	(2) OLS 过度交易程度	(3) OLS 过度交易程度	(4) OLS 过度交易程度	(5) OLS 过度交易程度
本科及以上学历	0.006 (0.169)	0.006 (0.184)	−0.053 (−1.507)	−0.058 (−1.620)	−0.009 (−0.248)
企业人员	−0.012 (−0.404)	−0.015 (−0.509 1)	−0.013 (−0.432 3)	−0.015 (−0.500 9)	−0.014 (−0.500)
月收入 5 000~10 000 元	−0.006 (−0.185)	−0.009 (−0.279)	−0.006 (−0.176)	−0.008 (−0.242)	−0.008 (−0.247)
月收入 10 000 元以上	0.048 (1.245)	0.046 (1.200)	0.031 (0.790)	0.029 (0.738)	0.048 (1.244)
金融资产 10 万~50 万元	0.391 *** (11.332)	0.387 *** (11.253)	0.399 *** (11.370)	0.397 *** (11.309)	0.385 *** (11.215)
金融资产 50 万元以上	−0.033 (−0.826)	−0.031 (−0.763)	−0.027 (−0.652)	−0.024 (−0.595)	−0.033 (−0.822)
风险爱好	0.179 *** (5.980)	0.185 *** (6.210)	0.210 *** (6.926)	0.216 *** (7.130)	0.188 *** (6.303)
风险厌恶	0.049 (1.187)	0.053 (1.290)	0.061 (1.455)	0.064 (1.522)	0.054 (1.304)
股价上涨外推	—	0.070 * (1.958)	—	0.020 (0.548)	0.075 * (1.878)
股价下跌外推	—	0.147 *** (4.047)	—	0.118 *** (3.183)	0.148 *** (4.082)
东部地区	—	−0.175 ** (−2.391)	—	−0.159 ** (−2.126)	−0.203 *** (−2.773)
中部地区	—	−0.121 (−1.562)	—	−0.098 (−1.234)	−0.147 * (−1.891)
人均 GDP	—	0.015 *** (2.847)	—	0.015 *** (2.821)	0.015 *** (2.866)
金融发展水平	—	−0.015 *** (−2.789)	—	−0.015 *** (−2.712)	−0.015 *** (−2.776)
观测值	7 627	7 627	7 627	7 627	7 627
R^2/Pseudo R^2	0.085	0.092	0.054	0.058	0.096

注：***、** 和 * 分别表示在 1%、5% 和 10% 的显著性水平上显著。

二、内生性处理

在研究金融教育与投资经验对投资者过度交易行为的影响时也可能存在内生性问题。本章采用投资者对各金融教育主体的了解程度（知悉度）作为金融教育指标的工具变量，选取投资者 2020 年前累计持有过的股票数量作为投资经验的工具变量。

工具变量的回归结果如表 4-4 所示，回归还控制了投资者的金融可及性，以尽可能地减小遗漏变量带来的估计偏差。Panel A 的列（3）和 Panel B 的列（3）报告了第一阶段的回归结果，可以看出，投资者对各金融教育主体的知悉度越高，投资者的金融教育指数越高。投资者样本期前累计持有过的股票数量越多，所了解和研究过的股票范围越大，通过观察股价走势积累的投资经验可能就越丰富，工具变量符合相关性的要求。Durbin-Wu-Hausan 检验的内生性结果和 P 值均拒绝了原模型不存在内生性的假设。第一阶段 F 值大于 10，工具变量的 t 值分别为 40.760 和 25.660，表明所选取的工具变量不存在弱工具变量问题。Panel A 的列（1）和列（2）采用金融教育工具变量的估计结果显示，投资者金融教育指数的提升将显著降低过度交易的倾向和过度交易的程度。Panel B 的列（1）和列（2）的回归结果也表明，投资经验对投资者过度交易倾向和过度交易程度的影响与基准回归的结果一致。由上述估计结果可知，投资者通过接受金融教育与积累投资经验的学习效应，有效地纠正了交易中的行为偏差。

表 4-4　金融教育、投资经验与过度交易行为（工具变量法）

变量	Panel A		
	（1）	（2）	（3）
	IV-Probit	2SLS	一阶段
	过度交易	过度交易程度	金融教育
金融教育	-0.138 ***	-0.340 ***	—
	（0.042）	（-8.594）	
IV（金融教育）	—	—	0.352 ***
			（40.730）

表4-4(续)

		Panel A		
		(1)	(2)	(3)
变量		IV-Probit	2SLS	一阶段
		过度交易	过度交易程度	金融教育
投资经验		0.036***	0.026***	—
		(0.008)	(3.450)	
投资经验平方		-0.109***	-0.058*	—
		(0.035)	(-1.824)	
控制变量		YES	YES	YES
观测值		7 627	7 627	7 627
一阶段 F 值		—	—	94.260
工具变量 t 值		—	—	40.760
Wald/DWH 检验		9.170	5.570	—
(P-value)		(0.003)	(0.018)	
		Panel B		
		(1)	(2)	(3)
变量		IV-Probit	2SLS	一阶段
		过度交易	过度交易程度	投资经验
金融教育		-0.137***	-0.273***	—
		(0.035)	(-10.516)	
投资经验		1.136***	0.778***	—
		(0.073)	(16.073)	
投资经验平方		-4.541***	-3.094***	—
		(0.294)	(-15.791)	
IV(投资经验)		—	—	1.541***
				(25.661)
控制变量		YES	YES	YES
观测值		7 627	7 627	7 627
一阶段 F 值		—	—	151.210
工具变量 t 值		—	—	25.660
Wald/DWH 检验		166.750	246.930	—
(P-value)		0.000	0.000	

注:***、**和*分别表示在1%、5%和10%的显著性水平上显著。

三、赌博偏好与感觉寻求对过度交易的影响

已有研究证实了博彩行为广泛存在于金融市场中，投资者以赌博或投机的心态对待股票投资。具有赌博偏好的投资者往往过于追逐小概率异常收益，基于"以小博大"的博彩心理盲目追涨（Kumar，2009）。基于此，本部分考察了具有赌博偏好和感觉寻求的投资者的股票交易行为，并探讨了金融教育与投资经验在这些心理因素到行为偏差传导路径中的作用。为有效识别出具有赌博偏好和感觉寻求的投资者，根据 CIFES（2020）问卷，对于"我会把股票看作彩票，愿意接受小损失换取可能的大幅上涨"的认可程度选择"非常同意"或"比较同意"的投资者，赌博偏好赋值为 1，否则为 0；对于"了解新股票和新公司让我感到很兴奋"的认可程度选择"非常同意"或"比较同意"，感觉寻求好赋值为 1，否则为 0。

表 4-5 报告了赌博偏好与感觉寻求对投资者过度交易行为的影响。Panel A 的列（1）和列（2）的回归结果显示，赌博偏好与感觉寻求显著地增加并提高了投资者的过度交易倾向和过度交易程度，寻求刺激的心理因素在交易决策中起重要作用。这可能是因为赌博心理较强的"韭菜"型散户投资者更容易受到市场波动的影响，高估小概率事件发生的可能性，在股价变动的过程中期望通过频繁买卖来获取收益，而事实上却由于过度交易，不能获得价值投资所带来的成长性收益。Panel B 的列（1）和列（2）讨论了金融教育与投资经验对投资者心理偏差的影响，可以看出，金融教育的边际效应在 5% 水平下显著为负，即受金融教育程度更高的投资者，具有赌博偏好和感觉寻求的可能性更低。由此体现了投资者在接受金融教育过程中系统地、有针对性地学习，可以改善自身固有的心理偏差。投资经验的系数均不显著，说明经验总结式的简单学习行为在促进投资者非理性决策心理转变方面的效应较弱。为了验证所得结果的稳健性，本章采用工具变量法再次回归，所得结果如 Panel B 的列（3）和列（4）所示，关注变量的系数符号没有变化。可见，金融教育与投资经验对投资者的决策心理的确存在差异性影响。此外，本部分的实证结果也展现了金融教育

对于纠正投资者非理性行为的心理学基础，体现了"金融教育—投资者心理—投资者决策"的链式传导机制。

表 4-5　赌博偏好与感觉寻求对投资者过度交易行为的影响

	Panel A		
	（1）	（2）	（3）
变量	Probit	OLS	Probit
	过度交易	过度交易程度	赌博偏好
赌博偏好	0.053***	0.082**	—
	(0.013)	(2.340)	
感觉寻求	0.039***	0.146 4**	—
	(0.013)	(4.130)	
IV（金融教育）	—	—	0.352***
			(40.760)
其他控制变量	YES	YES	YES
观测值	7 627	7 627	7 627
R^2/Pseudo R^2	0.081	0.060	0.207
	Panel B			
	（1）	（2）	（3）	（4）
变量	Probit	Probit	IV-Probit	IV-Probit
	赌博偏好	感觉寻求	赌博偏好	感觉寻求
金融教育	-0.012**	-0.013**	-0.169***	-0.254***
	(0.006)	(0.006)	(0.037)	(0.035)
投资经验	0.001	0.003	0.002	0.008
	(0.003)	(0.003)	(0.009)	(0.008)
投资经验平方	-0.008	-0.016	-0.021	-0.032
	(0.011)	(0.011)	(0.037)	(0.036)
其他控制变量	YES	YES	YES	YES
观测值	7 627	7 627	7 627	7 627
R^2/Pseudo R^2	0.181	0.187	—	—
Wald/DWH 检验	—	—	20.440	144.620
（P-value）	—	—	0.000	0.000

注：***、**和*分别表示在1%、5%和10%的显著性水平上显著。

四、金融信息解读能力与过度交易

随着互联网技术的飞速发展和大数据时代的到来，个人投资者面临海量的市场信息。然而，注意力是一种稀缺的资源，大量的信息导致了人们关注的匮乏（Simon，1973）。个人投资者不能全面地搜寻所有的股票投资信息，有限的关注力使得投资者需要集中精力充分理解和分析可获得的信息（Aboody et al.，2010）。特别是在引发市场关注的大事件发生后，若投资者积极筛选并解读所持股票的相关信息，这将在一定程度上降低市场的信息不对称（冯旭南，2014）。在投资者关注度有限的情况下，如何提升投资者的信息解读能力就显得尤为重要。本部分考察了金融教育与投资经验对投资者信息解读能力的影响，并分析了投资者的有效信息解读是否能降低过度交易的倾向和程度。CIFES（2020）问卷询问了投资者"您具备以下哪些股票投资技能"，将选择"股市或者个股发生异常波动后，能自主查询并分析其原因"的投资者赋值为1，表明投资者具有信息解读能力，否则为0。也就是说，主动搜寻金融信息并自主挖掘相关信息含量的投资者，具有信息解读的能力。

表4-6报告了回归估计的结果。列（1）中因变量为信息解读能力，金融教育的边际效应在1%水平下显著为正，可见金融教育提升了投资者的金融信息解读能力。投资经验的系数也显著，表明经验积累同样有助于投资者解析出有价值的信息。列（2）和列（3）分析了投资者的金融信息解读能力对交易行为的影响，回归结果显示信息解读能力的回归系数均为负，均在1%水平下显著，这说明具有信息解读能力的投资者，过度交易的可能性以及过度交易程度较低。投资者有可能在信息解读的过程中，过滤出没有决策价值的冗余信息，从而将有限的精力和注意力集中于能优化自身决策的有效信息，减少无效交易。通过上述实证研究的结果可以得出结论，金融教育与投资经验通过提高投资者的金融信息解读能力，抑制了投资者的过度交易行为。

表 4-6 信息解读能力与过度交易的回归估计结果

变量	（1）Probit 信息解读能力	（2）Probit 过度交易	（3）OLS 过度交易程度
金融教育	0.179*** (0.006)	-0.041*** (0.007)	-0.253*** (-14.316)
投资经验	0.016*** (0.003)	0.014*** (0.003)	0.030*** (4.051)
投资经验平方	-0.023** (0.011)	-0.039*** (0.012)	-0.064** (-2.054)
信息解读能力	—	-0.090*** (0.012)	-0.275*** (-8.762)
控制变量	YES	YES	YES
观测值	7 627	7 627	7 627
R^2/Pseudo R^2	0.116	0.093	0.106

注: ***、** 和 * 分别表示在 1%、5% 和 10% 的显著性水平上显著。

五、金融风险感知能力与过度交易

风险是金融市场研究的永恒主题，投资者的金融决策建立在对风险的评估和判断的基础上。在心理学的研究中，风险感知是个人对风险事件的直觉判断和主观感受（Slovic，1982），更广泛意义上还包含对可能发生的损失和收益的态度、信念、情绪及反应等（谢晓非 等，1995）。金融领域对风险感知影响个人风险决策的研究结论有两类：其一是认为投资者的风险感知与风险行为呈负相关关系，即投资者对风险事件的感知能力越高，其风险倾向就越低，随后出现风险行为的可能性也越低（Clarke et al.，2000）；其二是认为风险感知与风险行为是正相关的。受限于时间、能力等因素，风险事件发生后，具有风险感知的投资者通常采用直观推断的方式，与客观的真实风险存在一定的差距，致使风险决策行为具有极大的盲目性（Baron，1998）。本部分以过度交易为例，深入探究投资者风险感知与风险行为的关系，并考察个人投资者是否通过接受金融教育与积累投资经验改变自身风险感知，进而影响风险决策行为。

风险感知有关研究的一个重要问题是如何准确的测度。心理测量范式认为，基于风险感知的个体主观性，可以采用表述优先法获得实验者的有关信息，通过传统的问卷形式设计程度量表，询问个体对不同风险事件的感受并做出判断，按照实验者填写的可控性程度特征，量化风险感知（Slovic，1987；Windschitl et al.，1996）。据此，为准确测度投资者的风险感知能力，参考 Vlaev 等（2009）的研究，再结合金融市场风险事件的实际情况，CIFES（2020）问卷设计了有关问题，询问投资者"您认为如下事件是否可能给投资者带来损失，如果是，您认为自己是否有能力规避这种损失"，设置的金融市场风险事件有：央行提高基准利率、所投资的行业发布利空消息、所投资的公司发布利空业绩公告、买入短期内涨跌幅均较大的股票。回答"否"，赋值为1，表明投资者的风险感知能力较差；回答"是，且无法规避"，赋值为2，表明投资者风险感知能力适中；回答"是，但可以规避"，表明投资者风险感知能力较好，赋值为3。

表4-7报告了回归结果。列（1）分析了金融教育与投资经验对投资者风险感知的影响，可以发现，金融教育的系数在1%水平下显著为正，表明金融教育提高了投资者对金融市场风险事件的感知能力。这也从侧面说明了接受更多专业化金融教育的投资者，能在市场实践中更灵活地运用风险知识提高风险判断能力。投资经验的一次项系数显著为正，表明投资者通过在经验中学习，提高自身对金融市场风险事件的敏感性。二次项系数为负且显著，说明证券投资年限较长的投资者会出现对风险的"熟视无睹"，这可能是因为随着风险事件的不断涌现，个人的风险感知将变得迟钝（Sjöberg，1998）。因此，具有一定成熟度的投资者随着投资经验的积累反而降低了对金融市场风险的重视和警惕。列（2）和列（3）为风险感知对交易行为的影响分析，回归结果显示，风险感知能力较高的投资者，过度交易的倾向和过度交易的程度均较低，表明股价变动存在较大不确定时，感知风险能力较强的投资者将减少盲目的交易，以弱化风险事件对自身的影响。综上，验证了金融教育与投资经验通过投资者的风险感知影响交易行为，并实证发现风险感知与风险行为的负相关关系，风险感知能力较高的投资者会将减少投机行为。

表 4-7　风险感知能力与过度交易的回归结果

变量	（1）	（2）	（3）
	OLS	Probit	OLS
	风险感知能力	过度交易	过度交易程度
金融教育	0.485***	-0.046***	-0.275***
	(15.173)	(0.007)	(-16.221)
投资经验	0.202***	0.017***	0.037***
	(14.415)	(0.003)	(4.981)
投资经验平方	-0.528***	-0.049***	-0.089***
	(-8.826)	(0.012)	(-2.824)
风险感知能力	—	-0.024***	-0.060***
		(0.002)	(-9.315)
控制变量	YES	YES	YES
观测值	7 627	7 627	7 627
R^2/Pseudo R^2	0.121	0.099	0.152

注：***、**和*分别表示在1%、5%和10%的显著性水平上显著。

六、群体之间的差异性分析

由于不同投资者的学习能力存在差异，金融教育对投资者过度交易行为的作用效果可能受到个体特征的异质性影响。本部分将投资者按照年龄、学历和收入分类，以考察不同类别的影响差异。在表4-8的列（1）和列（2）中加入了投资者年龄与金融教育的交互项，以50岁以上的投资者为参照组，可以看出，相比于其他年龄段的投资者，年龄为18~35岁的投资者接受针对性的金融教育，过度交易倾向和过度交易程度的下降幅度更大。这可能是因为中青年投资者的学习热情与认知能力相对较高，也可能与该年龄段的投资者对创新型金融产品与金融服务的接受度较高有关。列（3）和列（4）为不同学历下的金融教育与过度交易行为分析，按照学历类型，结合样本特征，分为高中及以下、专科、本科及以上三个组别。以学历为本科及以上的投资者为参照组，回归结果表明，金融教育与高中及以下学历的交互项系数显著，金融教育与大专学历的交互项系数不显著，说明相较于其他学历的投资者，高中及以下学历的投资者对金融教育的时间与资金投入有所增加，同时提高了对各项金融教育内容的学习频率，其非理性的交易行为将得到较大改善。该结果体现了较低学历的投资者从金融教育中获益更多。列（5）和列（6）分析了金融教育对不同收入群体的交易行为影响，以较低收入（月收入 5 000 元以下）的投资者为参照组，在回归中添加了金融教育和中等收入（月收入 5 000~10 000 元）的交互项、金融教育和较高收入（10 000 元以上）的交互项后可以发现，金融教育水平的提高显著降低了中等收入投资者的投机倾向。

表 4-8　金融教育、投资经验与过度交易行为（异质性分析）

变量	（1） Probit 过度交易	（2） OLS 过度交易程度	（3） Probit 过度交易	（4） OLS 过度交易程度	（5） Probit 过度交易	（6） OLS 过度交易程度
金融教育	−0.054 *** (0.011)	−0.251 *** (−9.601)	−0.044 *** (0.010)	−0.246 *** (−8.771)	−0.029 *** (0.011)	−0.198 *** (−7.101)
投资经验	0.013 *** (0.003)	0.026 *** (3.508)	0.013 *** (0.003)	0.026 *** (3.497)	0.013 *** (0.003)	0.026 *** (3.495)
投资经验平方	−0.039 *** (0.012)	−0.060 * (−1.913)	−0.037 *** (0.012)	−0.064 ** (−2.023)	−0.038 *** (0.012)	−0.061 * (−1.935)
金融教育×18~35 岁	−0.034 * (0.018)	−0.132 *** (−3.303)	—	—	—	—
金融教育×36~50 岁	0.008 (0.014)	−0.041 (−1.005)	—	—	—	—
金融教育×高中及以下	—	—	−0.050 *** (0.015)	−0.211 *** (−4.723)	—	—
金融教育×大专	—	—	0.003 (0.016)	−0.018 (−0.485)	—	—
金融教育×月收入 （5 000~10 000 元）	—	—	—	—	−0.086 *** (0.015)	−0.272 *** (−7.180)
金融教育×月收入 （10 000 元以上）	—	—	—	—	0.026 (0.017)	0.032 (0.730)
控制变量	YES	YES	YES	YES	YES	YES
观测值	7 627	7 627	7 627	7 627	7 627	7 627
R^2/Pseudo R^2	0.088	0.100	0.089	0.099	0.093	0.106

注：*** 、** 和 * 分别表示在 1%、5% 和 10% 的显著性水平上显著。

七、进一步分析：过度交易、投资经验与投资收益

有关交易频率与投资收益的研究表明，个人投资者的频繁交易会导致投资回报降低（Barber et al., 2005），活跃的交易者不仅需要负担高额的交易成本，也会受到业绩惩罚。美国经纪公司的个人投资者交易数据显示，交易最活跃的投资者其平均回报率比市场平均回报率低6.5%（Barber et al., 2000），高频率的交易导致投资者的财富受损。李心丹等（2002）将投资者的交易次数分为高、中、低三组，结果表明，高频交易者的收益率为负，中长线投资者大多取得了良好收益。基于现有研究，本部分讨论了投资者过度交易对投资收益的影响，并分析了个人投资者是否通过在实践经验中学习以降低交易频率，提高投资回报。

参考Barber和Odean（2000）对换手率的计算，构建投资者日换手率均值指标。在进行估计前，将证券投资年限超过10年的投资者设为基准组，加入了日换手率均值与缺乏投资经验、投资经验适中的交互项。为了确保估计结果的稳健性，按照投资经验分类，对缺乏投资经验、投资经验适中和投资经验丰富的子样本分别进行了回归分析。表4-9列示了回归估计结果。在列（1）中，日换手率均值的系数为-0.081，在1%水平下显著，表明投资者日换手率均值越高，股票盈利的概率越低。同时，日换手率均值与缺乏投资经验、日换手率均值与投资经验适中的交互项的边际效应也均显著为负，说明与经验丰富的投资者相比，投资经验相对不足的投资者具有较高的换手率且更难以盈利。列（2）~列（4）为分样本回归结果，日换手率均值的边际效应分别为-0.227、-0.171和-0.086，均在1%水平下显著，说明频繁交易损害投资收益的结论稳健。此外，对不同投资经验组别中换手率变量的系数差异进行统计检验（SUR检验），结果显示，不同证券投资年限下，换手率对投资者股票盈利的影响存在差异，对于缺乏经验和经验适中的投资者，频繁的买入与卖出对收益损害的影响更大。综上可以发现，初入市场过度交易的投资者，更难以在股市中盈利。

表 4-9　过度交易、投资经验与投资收益的回归结果

变量	（1）Probit 股票投资盈利 全样本	（2）Probit 股票投资盈利 缺乏投资经验	（3）Probit 股票投资盈利 投资经验适中	（4）Probit 股票投资盈利 投资经验丰富
日换手率均值	-0.081*** (0.006)	-0.227*** (0.004)	-0.171*** (0.006)	-0.086*** (0.007)
缺乏投资经验	0.032* (0.018)	—	—	—
投资经验适中	0.021 (0.018)	—	—	—
日换手率均值×缺乏 投资经验	-0.18*** (0.010)	—	—	—
日换手率均值×投资 经验适中	-0.079*** (0.010)	—	—	—
SUR 检验		P = 0.000		
SUR 检验	—	—	P = 0.000	
是否控制其他变量	YES	YES	YES	YES
观测值	7 627	7 627	7 627	7 627
Pseudo R^2	0.221	0.327	0.181	0.075

注：***、** 和 * 分别表示在 1%、5% 和 10% 的显著性水平上显著。

第四节　稳健性检验

在稳健性检验中，本部分首先对遗漏变量问题进行了再讨论，通过构建无约束模型和有约束模型计算出偏误系数值，判断遗漏变量带来的偏误大小；其次，改变对核心变量金融教育的测度方式，使用变异系数法合成投资者的金融教育指数，再次回归进行稳健性检验；最后，采用分样本回归的方式，按照投资者持有的金融资产总量分类，对不同子样本展开分析。

一、遗漏变量检验

本部分在内生性处理部分采用工具变量法解决回归分析中的遗漏变量问题，在稳健性检验中，参考了 Altonji 等（2005）和 Oster（2019）的研

究，通过引入不同的不可观测变量，计算出估计系数的变化，从而间接估计遗漏变量偏误所导致的模型偏误大小。依据该检验的步骤，首先，构建两个受约束的模型，受约束模型1的回归中仅加入核心解释变量金融教育与投资经验，受约束模型2的回归中还加入了人口特征控制变量、经济特征控制变量、心理特征控制变量和宏观环境控制变量，分别估计出两个受约束模型的估计系数值；其次，构建两个不受约束的模型，在受约束模型1和模型2的基础上，加入投资者2019年买入股票和卖出股票的平均交易次数、投资者情绪特征（后悔与庆幸情绪）等可能遗漏的变量，并分别估计出两个不受约束模型的估计系数值；最后，根据Altonji等（2005）的做法，计算出遗漏变量偏误系数值[①]。从表4-10的结果可以看出，估计系数得到的σ值均大于1，表明不可观测的因素对基准模型的影响很小，遗漏变量导致的估计系数偏差较小。此外，在不同控制变量下的回归结果中，核心解释变量金融教育与投资经验的系数符号与主回归保持一致，也再次验证研究结果是稳健的。

表4-10　金融教育、投资经验与过度交易行为（遗漏变量检验）

变量	（1）	（2）	（3）	（4）
	Probit	Probit	Probit	Probit
	受约束模型1	不受约束模型1	受约束模型2	不受约束模型2
金融教育	−0.143 ** (0.018)	−0.141 *** (0.018)	−0.058 *** (0.006)	−0.068 *** (0.009)
投资经验	0.043 *** (0.008)	0.043 *** (0.008)	0.013 *** (0.003)	0.016 *** (0.008)
投资经验平方	−0.126 *** (0.033)	−0.127 *** (0.033)	−0.037 *** (0.012)	−0.037 *** (0.035)
人口特征变量	—	—	YES	YES
经济特征变量	—	—	YES	YES
心理特征变量	—	—	YES	YES
宏观环境变量	—	—	YES	YES

---

① 遗漏变量偏误系数计算公式：$\sigma = \left| \dfrac{\beta^{UC}}{\beta^{C} - \beta^{UC}} \right|$（Altonji et al.，2005）。

表4-10(续)

变量	（1）	（2）	（3）	（4）
	Probit	Probit	Probit	Probit
	受约束模型 1	不受约束模型 1	受约束模型 2	不受约束模型 2
其他控制变量	—	YES	—	YES
σ 值是否大于 1	YES		YES	
观测值	7 627	7 627	7 627	7 627
R^2/Pseudo R^2	0.012	0.012	0.088	0.089

注：***、** 和 * 分别表示在 1%、5% 和 10% 的显著性水平上显著。

二、核心变量的不同测度方式

对于本书的关键解释变量金融教育，本部分再次采用变异系数法合成投资者的金融教育指数，通过变换核心变量的测度方式进行稳健性检验。表 4-11 汇报了回归结果，金融教育的边际效应在 1% 水平下均显著为负，表明金融教育对过度交易行为的抑制作用显著，研究结论保持不变。

表 4-11　金融教育、投资经验与过度交易行为（核心变量不同测度方式）

变量	（1）	（2）
	Probit	OLS
	过度交易	过度交易程度
金融教育（变异系数法）	−0.072 ***	−0.249 ***
	(0.008)	(−11.267)
投资经验	0.013 ***	0.028 ***
	(0.003)	(3.768)
投资经验平方	−0.039 ***	−0.071 **
	(0.012)	(−2.233)
其他控制变量	YES	
观测值	7 627	7 627
R^2/Pseudo R^2	0.087	0.073

注：***、** 和 * 分别表示在 1%、5% 和 10% 的显著性水平上显著。

三、分样本回归分析

稳健性检验的常见方法还有分样本回归分析。按照投资者持有的金融资产总量进行分类，划分为 10 万元以下、10 万~50 万元、50 万元以上三个组别，分组回归的结果如表 4-12 所示。可以看到，在三个子样本的回归中，金融教育与投资经验的系数符号均与基准回归一致，投资者在金融教育和实践经验中的学习效应存在，在不同金融资产持有量下没有差异性影响，均表现出对理性交易的促进作用。

表 4-12　金融教育、投资经验与过度交易行为（分样本回归分析）

Panel A			
变量	(1)	(2)	(3)
	Probit	Probit	Probit
	过度交易 10 万元以下	过度交易 10 万~50 万元	过度交易 50 万元以上
金融教育	-0.040 ***	-0.072 ***	-0.050 ***
	(0.012)	(0.010)	(0.012)
投资经验	0.018 ***	0.011 **	0.010 **
	(0.005)	(0.004)	(0.005)
投资经验平方	-0.056 **	-0.031 *	-0.029
	(0.022)	(0.019)	(0.023)
控制变量	YES	YES	YES
观测值	1 976	3 562	2 089
R^2/Pseudo R^2	0.062	0.049	0.050
Panel B			
变量	(1)	(2)	(3)
	OLS	OLS	OLS
	过度交易程度 10 万元以下	过度交易程度 10 万~50 万元	过度交易程度 50 万元以上
金融教育	-0.258 ***	-0.263 ***	-0.208 ***
	(-6.189)	(-7.623)	(-5.326)
投资经验	0.033 **	0.038 ***	0.010
	(2.405)	(3.162)	(0.787)
投资经验平方	-0.098 *	-0.104 **	0.001
	(-1.657)	(-2.063)	(0.023)
控制变量	YES	YES	YES
观测值	1 976	3 562	2 089
R^2/Pseudo R^2	0.046	0.052	0.039

注：*** 、** 和 * 分别表示在 1%、5% 和 10% 的显著性水平上显著。

第五节　本章小结

金融市场过高的股票交易量和个人投资者的频繁交易表明，投资者背离了传统金融理论框架下对交易的描述，存在过度交易现象。本章采用2020年中国投资者教育现状调查数据与投资者证券账户对应匹配的交易数据，研究了金融教育与投资经验对投资者过度交易行为的影响。

研究发现，提高投资者的金融教育水平有助于降低投资者的过度交易倾向和过度交易程度。投资经验与过度交易的倒"U"形表明，入市后具有一定实践经验的投资者倾向于过度交易，而随着投资经验的不断积累，老练投资者将选择适当的交易频率，降低过度交易倾向和过度交易程度。在机制分析中发现，金融教育纠正非理性交易行为的心理学基础是降低了投资者的赌博偏好与感觉寻求，金融能力机制是提升了投资者的信息解读能力和风险感知能力。此外，年龄为18~35岁、学历为高中及以下的中等收入投资者接受金融教育后，频繁交易倾向与程度下降幅度更大。本章还发现，初入市场即投资经验较为匮乏的投资者过度交易，更难以在金融市场中获得收益。本章的研究结果显示，金融教育是降低投资者过度交易的有效措施，通过引导投资者转变赌博偏好、感觉寻求的交易动机，提升对金融市场信息的解读能力和感知市场风险的能力，可以促进投资者由盲目性的投机转变为理性的投资。

第五章 金融教育、投资经验与处置效应

第一节 研究背景

对个人投资者交易账户中所买卖资产的收益进行分析时，Shefrin 和 Statman（1985）发现，多数投资者持有的资产在未来一段时期内的收益率持续为负，而卖出的资产其回报率反而在随后不断增长，即投资者过早卖出盈利股票却长期持有亏损的股票，并称此现象为"处置效应（disposition effect）"。在行为金融学的理论框架下，处置效应是一种典型的非理性投资行为，过早卖出盈利股票导致投资者没有充分获得动能效应所带来的投资收益（Jegadeesh et al., 1993），没有及时止损也使得投资者被持续下跌的股票深度"套牢"，投资绩效受到损害（李学锋 等，2013）。与成熟资本市场的投资者相比，中国个人投资者更倾向于长期持有亏损股票，更愿意较快卖出盈利股票以获取收益，这在一定程度上表明，中国投资者的股票卖出决策更加"不理性"（赵学军 等，2001）。个人投资者持续的售盈持亏也会进一步推动"赢家股票"价格的上涨，容易形成资产价格泡沫，加剧金融市场波动，影响市场的稳健运行（武佳薇 等，2020）。

本章从处置效应形成机理的角度，基于中国投资者教育现状调查数据和投资者账户层面的交易数据，分析了金融教育与投资经验是否有助于改善投资者的处置效应，既是对金融教育与个人投资者非理性行为研究这一

领域的有益探索，也有利于理解个人投资者的实际交易逻辑，为从监管层面有针对性地制定政策引导投资者更好的择时提供理论依据。

第二节　理论分析与研究假设

国内外诸多实证研究和实验研究表明，不同金融市场的各类投资主体均普遍存在处置效应，个人投资者和专业机构投资者都具有显著的处置效应（Grinblatt et al.，2001），并没有做到"及时止损，让利润奔跑"的投资准则。若当前表现较差的股票在随后持续下跌，投资者也并不是出于重新平衡投资组合的目的或为了避免低价股票的高交易成本而选择售盈保亏，说明其对股票价格的未来预期是非理性的，处置效应降低了投资者获取高超额收益的可能性（Odean，1998a）。

从处置效应产生机理的研究现状来看，投资者忽略了对股票内在价值的判断，过度倚重从资产价格与参考价格的偏差中获取决策信息。这可能是因为决策者本身不具备基本的金融经济知识，缺乏对金融产品的了解，低估了股价持续下跌所带来的金融风险。针对金融知识与金融决策行为的系列研究也表明，金融知识水平的提升，提高了投资者的股票择时能力（Arrondel et al.，2015），增强了投资者对金融活动的把握感，从而有助于纠正投资者对自身风险态度的错误认知，并促进其更有效地选择决策方案（朱涛 等，2016）。同时，金融知识更高的投资者在利率下行时更善于选择低成本的贷款方式，如进行抵押贷款再融资的概率更高（Campbell，2006），而金融知识较低的投资者往往呈现"过度贷款"的特征（Lusardi et al.，2009）。可见，金融知识有助于改善投资者在风险决策中的错误金融行为，降低投资者在处于"损失状态"时的风险偏好。基于此，缺乏金融知识可能是致使投资者产生处置效应的一个因素，故本章提出研究假设 H1。

H1：金融教育通过提高投资者的金融知识水平降低了投资者的处置效应。

金融教育也可能通过信息获取渠道作用于投资者的处置效应。由于个人投资者处于信息弱势,无法获取或难以准确解读市场信息,从而不能排除噪音干扰,及时抛售长期亏损股票。已有研究表明,投资者并不是被动的接收所有市场信息,除了通过上市公司公告、财经新闻等途径接受"硬信息"外,证券投资者还会通过主动地搜寻提高决策效率的"软信息",以便在交易中取得优势(冯旭南,2014)。投资者的信息获取行为能够显著影响投资者的预期与投资决策(Drake et al.,2012),提升投资者对经济、金融类信息的关注度,促进投资者及时获取有价值的信息,有利于提高决策有效性。在控制了投资者的社会网络后,Agnew 等(2011)发现,金融教育与投资者从财经媒体获取金融信息显著正相关,金融教育帮助投资者缓解了市场信息不对称导致的非理性偏差(Tan et al.,2014)。因此,本章提出研究假设 H2。

H2:金融教育通过提高投资者的信息获取能力降低了投资者的处置效应。

第三节　研究设计

一、数据来源

本章的数据来自 2020 年的中国投资者教育现状调查、国内某大型券商提供的交易数据以及锐思数据库提供的股票价格日度数据。

二、模型设定

本章采用 Probit 模型检验金融教育与投资经验对处置效应的影响。对于二元离散变量 Y,存在对应的潜变量 Y^*,满足

$$Y^* = \alpha_0 + X'\beta + \varepsilon \tag{5-1}$$

其中,$\varepsilon \sim N(0, 1)$,X 与 ε 相独立,向量 X 决定了投资者对股票的处置决策,且 Y 与 Y^* 之前的关系为

$$Y = \begin{cases} 1, & Y^* \geq 0 \\ 0, & Y^* < 0 \end{cases} \quad (5-2)$$

$$\text{Prob}(Y = 1 \mid X) = \text{Prob}(Y^* \geq 0)$$

$$= \int_{-\infty}^{Y^*} \frac{1}{\sqrt{2\pi}} \exp\left\{ -\frac{\mu^2}{2} \right\} d\mu$$

$$= \Phi(\beta_0 + X'\beta) \quad (5-3)$$

其中，$\Phi(\cdot)$ 是标准正态的累计分布函数，$\text{Prob} \in (0, 1)$。

根据 Probit 模型的设定，则

$$\text{Prob}(\text{Disposition\_eff}_i = 1) = \text{Prob}(\text{Disposition\_eff}_i^* > 0)$$

$$= \Phi(\lambda_0 + \lambda_1 \text{ Financial\_edu}_i +$$

$$\lambda_2 \text{ Investment\_exper}_i +$$

$$\lambda_3 \text{ Investment\_exper 2}_i + \lambda_4 X_i) \quad (5-4)$$

其中，Disposition_eff_i 表示投资者 i 是否具有处置效应，当 $\text{Disposition\_eff}_i^* > 0$ 时，投资者 i 具有处置效应，Disposition_eff_i 取值为 1，否则为 0。Financial_edu_i 表示投资者 i 的金融教育指数，$\text{Investment\_exper}_i$ 表示投资者 i 的投资经验，$\text{Investment\_exper 2}_i$ 表示投资者 i 的投资经验平方项，X_i 为控制变量。

三、变量定义与描述统计

（一）金融教育与投资经验

（1）金融教育。本章对金融教育变量的构建依然沿用第三章的方法，结合金融教育的主观投入度和客观接受度计算投资者的金融教育指数。

（2）投资经验。由 Seru 等（2010）、谭松涛和陈玉宇（2012）的实证研究中对投资经验指标的选取，采用投资者的证券投资年限作为投资经验的代理变量。根据投资者的证券账户数据获得投资者的开户时间，从投资者开户起到问卷发放日，计算投资者的证券投资年限。

（二）投资者的处置效应

（1）客观处置效应。根据 Shefrin 和 Statman（1985）对处置效应的定义，处置效应是投资者过早卖出盈利股票而不愿出售亏损股票的行为。该定义具有两重含义：一是股票的盈利与亏损是相对参考价格而言的，选择不同的参考价格，投资者的盈利与亏损不同；二是投资者的卖出时机决定了是过早或者过晚，该定义强调投资者更倾向于出售已经取得盈利的股票，而继续持有对最佳卖出时点而言属于亏损的股票。根据处置效应的内涵，Odean（1998a）采用经纪账户的个人投资者交易数据构建了处置效应变量。借鉴此方法衡量投资者的客观处置效应，具体如下：

首先，以投资者首次购买所持股票的买入价格作为参考价格。根据投资者对所持股票的不同处置方式，对于拟卖出的股票，若股票的卖出价格高于参考价格，记为已实现盈利（realized gain，RG）；若股票的卖出价格低于参考价格，记为已实现亏损（realized loss，RL）。对于继续持有的股票，若该股票的市场价格高于参考价格，记为账面盈利（paper gain，PG），若所持股票的市场价格低于参考价格，记为账面亏损（paper loss，PL）。由此，定义了两类盈利与亏损的计算方式。

其次，对于投资者 i 在样本期内的所有交易日 t 处置股票 j，归类计算投资者对应项的盈利与亏损。将投资者卖出盈利股票和亏损股票计数为

$$RG_{i,j,\,t} = \begin{cases} 1, & \text{当} S_{i,j,\,t} > S_{i,j,\,0} \\ 0, & \text{other wise} \end{cases} \tag{5-5}$$

$$RL_{i,j,\,t} = \begin{cases} 1, & \text{当} S_{i,j,\,t} < S_{i,j,\,0} \\ 0, & \text{other wise} \end{cases} \tag{5-6}$$

其中，$S_{i,j,\,t}$ 表示投资者 i 在交易日 t 卖出股票 j 的卖出价格，$S_{i,j,\,0}$ 表示投资者 i 对股票 j 的参考买进价格，参考买进价格是股票以成交量加权计算的平均成交价格。

投资者账户盈利股票和亏损股票计数为

$$PG_{i,j,\,t} = \begin{cases} 1, & \text{当} P_{i,j,\,t}^{L} > S_{i,j,\,0} \\ 0, & \text{other wise} \end{cases} \tag{5-7}$$

$$PL_{i,j,\,t} = \begin{cases} 1, & \text{当} P_{i,j,\,t}^{H} < S_{i,j,\,0} \\ 0, & \text{other wise} \end{cases} \tag{5-8}$$

其中，$P_{i,j,\,t}^{L}$ 表示投资者 i 在交易日 t 持有的股票 j 的最低价格，$P_{i,j,\,t}^{H}$ 表示投

资者 i 在交易日 t 持有的股票 j 的最高价格。

最后，加总投资者在样本期内处置所持股票的盈利与亏损次数，并计算投资者实际卖出盈利股票的比率和卖出亏损股票的比率：

$$NRG_{RG}^{i} = \sum_{j,\ t} RG_{i,j,\ t} \tag{5-9}$$

$$NRL_{RL}^{i} = \sum_{j,\ t} RL_{i,j,\ t} \tag{5-10}$$

$$NPG_{PG}^{i} = \sum_{j,\ t} PG_{i,j,\ t} \tag{5-11}$$

$$NPL_{PL}^{i} = \sum_{j,\ t} PL_{i,j,\ t} \tag{5-12}$$

其中，NRG_{RG}^{i} 和 NRL_{RL}^{i} 分别表示投资者 i 在样本期所有交易日内卖出盈利股票和卖出亏损股票的总次数；NPG_{PG}^{i} 和 NPL_{PL}^{i} 分别表示投资者 i 在样本期所有交易日内账面盈利股票和账面亏损股票的总次数。

如下式计算得到投资者的处置效应：

$$PGR^{i} = \frac{N_{RG}^{i}}{N_{RG}^{i} + N_{PG}^{i}} \tag{5-13}$$

$$PLR^{i} = \frac{N_{RL}^{i}}{N_{RL}^{i} + N_{PL}^{i}} \tag{5-14}$$

$$DE^{i} = PGR^{i} - PLR^{i} \tag{5-15}$$

其中，PGR^{i} 和 PLR^{i} 分别表示投资者 i 实际卖出盈利股票和卖出亏损股票的比率。DE^{i} 为投资者 i 的处置效应程度，即卖出盈利股票与卖出亏损股票的比率差值。若 PGR^{i} 大于 PLR^{i}，表示投资者 i 更倾向于卖出浮盈的股票而持有浮亏的股票，则该投资者 i 的客观处置效应 DE 值为 1，否则为 0。

（2）主观处置效应（处置效应的自我感知）。对于投资者的主观处置效应，根据处置效应的定义，在 CIFES（2020）问卷中设置了问题"您对以下描述的认可程度为"，选项"我总是过早卖出上涨的股票，而长期持有亏损的股票"描述了投资者的处置效应倾向，选择"非常同意"或"比较同意"的投资者被认为具有处置效应倾向，主观处置效应赋值为 1，否则为 0。

（三）控制变量

参照已有的文献，本章包括如下控制变量：

（1）投资者人口特征变量，包括性别（男性为1，否则为0）、年龄、年龄平方/100、婚姻状况（已婚为1，否则为0）、文化程度（共三类，高中、中专或职高及以下为1，否则为0；大专为1，否则为0；本科及以上为1，否则为0）、职业特征（企业人员为1，否则为0）、风险态度（共三类，风险爱好、风险中性与风险厌恶）。

（2）投资者经济特征变量，包括投资者个人月收入（共三类，月收入5 000元以下、月收入5 000~10 000元、月收入10 000元以上）、金融资产规模（金融资产10万元以下、金融资产10万~50万元、金融资产50万元以上）。

（3）投资心理特征变量，包括后悔情绪和庆幸情绪。在CIFES（2020）问卷中"回顾您的股票交易经历，您对以下情况的后悔程度为多少？（1为不会感到后悔，5为非常后悔）"，对于选项"若您卖出后，该股票持续上涨"和"若您买入后，该股票持续下跌"选择了4或5，表明投资者具有后悔情绪，赋值为1，否则为0。在CIFES（2020）问卷中"回顾您的股票交易经历，您对以下情况的庆幸程度为多少？（1为不会感到庆幸，5为非常庆幸）"，对于选项"若您卖出后，该股票持续下跌"和"若您买入后，该股票持续上涨"选择了4或5，表明投资者具有庆幸情绪，赋值为1，否则为0。

（4）宏观环境变量，包括区域特征（东部地区、中部地区、西部地区）、所在省份经济发展水平（以人均GDP指标代表）、所在省份金融发展水平（以省份存贷款余额与GDP的比重度量）。

（四）描述统计

从表5-1展示的主要变量的描述性统计来看，40.5%的投资者在交易中表现出长期持有亏损股票的处置效应，41%的投资者认可"我总是过早卖出上涨的股票，而长期持有亏损的股票"，自我感知的处置效应（主观处置效应）为1。此外，21%的投资者具有后悔情绪，36%的投资者具有庆幸情绪。

表 5-1　主要变量的描述性统计

变量	均值	标准差	最小值	中位数	最大值
被解释变量	—	—	—	—	—
处置效应	0.405	0.490	0	0	1
处置效应的自我感知	0.410	0.490	0	0	1
关注变量	—	—	—	—	—
金融教育指数	0	0.820	-1.990	0.030	1.730
金融教育接受度	0	1	-2.470	0.080	2.460
金融教育投入度	0	1	-2.670	0.010	2.350
投资经验	7.950	6.420	0.010	5.700	28.200
投资经验平方/100	1.040	1.490	0	0.320	7.950
控制变量	—	—	—	—	—
男性	0.550	0.500	0	1	1
年龄	45	12.460	18.430	44.300	91.280
年龄平方/100	21.800	12.130	3.400	19.620	83.320
已婚	0.850	0.360	0	1	1
高中、中专或职高及以下	0.300	0.460	0	0	1
大专	0.310	0.460	0	0	1
本科及以上	0.390	0.490	0	0	1
企业人员	0.360	0.480	0	0	1
非企业人员	0.640	0.480	0	1	1
月收入 5 000 元以下	0.320	0.470	0	0	1
月收入 5 000~10 000 元	0.410	0.490	0	0	1
月收入 10 000 元以上	0.260	0.440	0	0	1
金融资产 10 万元以内	0.260	0.440	0	0	1
金融资产 10 万~50 万元	0.470	0.500	0	0	1
金融资产 50 万元以上	0.270	0.450	0	0	1
风险爱好	0.430	0.490	0	0	1
风险中性	0.420	0.490	0	0	1
风险厌恶	0.150	0.360	0	0	1
后悔情绪	0.210	0.410	0	0	1

表5-1(续)

变量	均值	标准差	最小值	中位数	最大值
庆幸情绪	0.360	0.480	0	0	1
东部地区	0.810	0.390	0	1	1
中部地区	0.140	0.350	0	0	1
西部地区	0.050	0.220	0	0	1
人均 GDP	13.540	38.890	3.290	9.350	325.200
金融发展水平	8.970	39.420	2.280	3.940	325.200

第四节　实证结果分析

一、金融教育、投资经验与处置效应

表 5-2 报告了金融教育与投资经验对投资者处置效应的回归结果。列（1）和列（2）为金融教育对处置效应的影响分析，结果表明，金融教育指数在 1% 水平下显著为负。这一结果不能被投资者的人口学特征、经济特征、心理特征和宏观环境特征等方面存在的差异所解释，说明受金融教育程度较高的投资者具有处置效应的可能性更低，更倾向于选择卖出亏损股票，采取及时止损的投资策略。列（3）和列（4）为投资经验对投资者处置效应的回归结果，可以看出，投资经验对处置效应的影响并不是单调下降的，而是表现为先下降后上升的动态变化过程。一次项系数显著为负，表明随着投资经验的增加，投资者具有处置效应的可能性降低。二次项系数在 1% 水平下显著为正，意味着投资经验与处置效应的关系呈"U"形，即经验匮乏和经验丰富的投资者都倾向于卖出盈利股票，长期持有亏损股票。研究发现，证券投资年限较长的"老练"投资者并没有克服处置效应这种行为偏差，与新手投资者一样，被亏损股票所"套牢"，后文将从投资者心理偏差的角度尝试着进行解释。列（5）的回归中同时包括了金融教育变量和投资经验变量，回归系数符号保持不变。

表 5-2 金融教育与投资经验对投资者处置效应的回归结果

变量	（1） Probit 客观处置 效应	（2） Probit 客观处置 效应	（3） Probit 客观处置 效应	（4） Probit 客观处置 效应	（5） Probit 客观处置 效应
金融教育	-0.026*** (0.007)	-0.023*** (0.007)	—	—	-0.023*** (0.007)
投资经验	—	—	-0.016*** (0.003)	-0.020*** (0.003)	-0.020*** (0.003)
投资经验平方项	—	—	0.050*** (0.013)	0.061*** (0.012)	0.062*** (0.012)
男性	0.036*** (0.011)	0.032*** (0.011)	0.036*** (0.011)	0.033*** (0.011)	0.034*** (0.011)
年龄	-0.011*** (0.003)	-0.012*** (0.003)	-0.007*** (0.003)	-0.008*** (0.003)	-0.008*** (0.003)
年龄平方/100	0.009*** (0.003)	0.010*** (0.003)	0.007** (0.003)	0.007*** (0.003)	0.007** (0.003)
已婚	-0.004 (0.017)	-0.005 (0.016)	0.005 (0.017)	0.005 (0.016)	0.005 (0.016)
大专学历	-0.020 (0.014)	-0.022 (0.014)	-0.019 (0.014)	-0.019 (0.014)	-0.017 (0.014)
本科及以上学历	-0.017 (0.014)	-0.020 (0.014)	-0.015 (0.014)	-0.015 (0.014)	-0.010 2 (0.014)
企业人员	0.005 (0.011)	0.004 (0.011)	0.005 (0.011)	0.004 (0.011)	0.004 (0.011)
月收入 5 000~10 000 元	0.005 (0.013)	0.005 (0.013)	0.004 (0.013)	0.004 (0.013)	0.004 (0.013)
月收入 10 000 元以上	0.041*** (0.015)	0.040*** (0.015)	0.039** (0.015)	0.037** (0.015)	0.038*** (0.015)
金融资产 10 万~50 万元	0.211*** (0.013)	0.204*** (0.013)	0.214*** (0.013)	0.206*** (0.013)	0.206*** (0.013)
金融资产 50 万元以上	-0.007 (0.016)	-0.005 (0.016)	-0.005 (0.016)	-0.002 (0.016)	-0.003 (0.016)
风险爱好	0.051*** (0.012)	0.047*** (0.012)	0.052*** (0.012)	0.047*** (0.012)	0.045*** (0.012)
风险厌恶	0.173*** (0.016)	0.164*** (0.016)	0.174*** (0.016)	0.164*** (0.016)	0.163*** (0.016)

表5-2(续)

变量	(1) Probit 客观处置效应	(2) Probit 客观处置效应	(3) Probit 客观处置效应	(4) Probit 客观处置效应	(5) Probit 客观处置效应
后悔情绪	—	0.120*** (0.014)	—	0.123*** (0.014)	0.129*** (0.014)
庆幸情绪		−0.165*** (0.011)		−0.178*** (0.011)	−0.175*** (0.011)
东部地区		0.092*** (0.030)		0.112*** (0.030)	0.111*** (0.030)
中部地区		0.050 (0.031)		0.070** (0.031)	0.064** (0.031)
人均GDP		−0.006*** (0.002)		−0.007*** (0.002)	−0.007*** (0.002)
金融发展水平	—	0.007*** (0.002)		0.007*** (0.002)	0.007*** (0.002)
观测值	7 627	7 627	7 627	7 627	7 627
R^2/Pseudo R^2	0.053	0.078	0.055	0.084	0.085

注：***、**和*分别表示在1%、5%和10%的显著性水平上显著。

二、金融教育、投资经验与处置效应的自我感知

关于金融教育与投资经验对投资者主观处置效应的影响，以投资者在问卷中填写的处置效应自我感知程度为被解释变量，回归结果如表5-3所示。列（1）和列（2）的解释变量为金融教育，可以看出，金融教育变量的回归系数均在1%水平下显著为负，即投资者受金融教育的程度越高，认为自己具有处置效应的可能性更低。这与金融教育对投资者客观处置效应的影响一致，表明金融教育不仅有助于纠正投资者实际的决策行为偏差，在改善投资者自我认知偏差和提升自我判断能力方面同样具有重要作用。列（3）和列（4）的结果显示，在控制了投资者特征和宏观环境后，投资经验对自我感知的处置效应具有短期的负向影响，与客观处置效应的系数符号相同，这也意味着在交易经验中不断学习的投资者对自我处置效应的评估更加精准。投资经验二次项的系数显著为正，表明证券投资年限

较长的投资者也意识到自身存在股票卖出决策的行为偏差，容易忽视市场风险，缺乏对所持股票基本面的客观分析，从而非理性地长期持有一些持续亏损的股票，处置效应严重。

表5-3 金融教育、投资经验与处置效应的自我感知

变量	（1） Probit 主观处置效应	（2） Probit 主观处置效应	（3） Probit 主观处置效应	（4） Probit 主观处置效应	（5） Probit 主观处置效应
金融教育	−0.081*** （0.007）	−0.074*** （0.007）	—	—	−0.075*** （0.007）
投资经验	—	—	−0.016*** （0.003）	−0.022*** （0.003）	−0.023*** （0.003）
投资经验平方项	—	—	0.054*** （0.013）	0.069*** （0.012）	0.073*** （0.012）
男性	0.005 （0.011）	0.001 （0.011）	0.004 （0.011）	0.001 （0.011）	0.003 （0.011）
年龄	−0.005* （0.003）	−0.007** （0.003）	−0.002 （0.003）	−0.002 （0.003）	−0.002 （0.003）
年龄平方/100	0.005 （0.003）	0.006** （0.003）	0.002 （0.003）	0.003 （0.003）	0.002 （0.003）
已婚	−0.040** （0.017）	−0.042** （0.017）	−0.030* （0.017）	−0.029* （0.017）	−0.032* （0.017）
大专学历	−0.006 （0.014）	−0.011 （0.014）	−0.010 （0.015）	−0.014 （0.014）	−0.006 （0.014）
本科及以上学历	0.014 （0.014）	0.005 7 （0.014）	0.007 （0.014）	0.001 （0.014）	0.016 （0.014）
企业人员	0.010 （0.012）	0.010 （0.011）	0.010 （0.012）	0.010 （0.011）	0.010 （0.011）
月收入 5 000~10 000 元	0.018 （0.013）	0.019 （0.013）	0.017 （0.013）	0.017 （0.013）	0.018 （0.013）
月收入 10 000 元以上	0.017 （0.016）	0.014 （0.015）	0.011 （0.016）	0.008 （0.015）	0.013 （0.015）
金融资产 10 万~50 万元	0.095*** （0.014）	0.084*** （0.013）	0.10*** （0.014）	0.089*** （0.014）	0.086*** （0.013）
金融资产 50 万元以上	−0.005 （0.016）	−0.002 （0.016）	−0.001 （0.016）	0.003 （0.016）	0.001 （0.016）

表5-3(续)

变量	(1)	(2)	(3)	(4)	(5)
	Probit	Probit	Probit	Probit	Probit
	主观处置效应	主观处置效应	主观处置效应	主观处置效应	主观处置效应
风险爱好	0.029**	0.024**	0.036***	0.029**	0.021*
	(0.012)	(0.012)	(0.012)	(0.012)	(0.012)
风险厌恶	0.103***	0.092***	0.107***	0.094***	0.090***
	(0.017)	(0.016)	(0.017)	(0.016)	(0.016)
后悔情绪	—	0.130***	—	0.121***	0.140***
		(0.014)		(0.014)	(0.014)
庆幸情绪	—	−0.231***	—	−0.253***	−0.242***
		(0.011)		(0.011)	(0.011)
东部地区	—	0.118***	—	0.144***	0.139***
		(0.031)		(0.031)	(0.030)
中部地区	—	0.114***	—	0.140***	0.130***
		(0.032)		(0.032)	(0.031)
人均GDP	—	−0.003	—	−0.004	−0.004*
		(0.002)		(0.002)	(0.002)
金融发展水平	—	0.003	—	0.004*	0.004*
		(0.002)		(0.002)	(0.002)
观测值	7 627	7 627	7 627	7 627	7 627
R^2/Pseudo R^2	0.027	0.071	0.017	0.066	0.079

注：***、**和*分别表示在1%、5%和10%的显著性水平上显著。

三、投资经验、过度自信与处置效应

投资者在不确定条件下的判断和决策受到认知因素和心理状态的重要影响。心理学的实验研究发现，人们大多时候过分肯定自身的判断能力，对自我的评价往往高于平均水平，存在过度自信的心理偏差。有关过度自信对投资决策的影响分析表明，高估个人能力的投资者往往过度交易（Odean，1998b），与被卖出的股票相比，投资者选择继续持有的股票其未来收益率反而更低（Barber et al.，2001）。本部分考察了过度自信对投资者主观和客观处置效应的影响。2020年的中国投资者教育现状调查问卷中测验了投资者的专业金融知识，并设置了对应的题目测度投资者是否对自

身的专业金融知识过度自信①。若投资者自我感知的专业金融知识分数大
于客观专业金融知识分数，过度自信取值为1，否则为0。以控制变量和交
叉项加入模型的回归结果列示在表5-4，其中列（1）和列（2）显示，在
控制了投资者的过度自信之后，金融教育与投资经验的系数符号与基准回
归一致。过度自信在1%水平上显著为正，表明对自身专业金融知识水平
过度自信的投资者，无论是在实际的交易行为中，还是在自我评估中，具
有处置效应的可能性均更高。

表5-4　投资经验、过度自信与处置效应

变量	（1）Probit 客观处置效应	（2）Probit 主观处置效应	（3）Probit 客观处置效应	（4）Probit 客观处置效应
金融教育	−0.021 *** (0.007)	−0.074 *** (0.007)	−0.020 *** (0.007)	−0.073 *** (0.007)
投资经验	−0.020 *** (0.003)	−0.023 *** (0.003)	−0.029 *** (0.003)	−0.028 *** (0.003)
投资经验平方项	0.062 *** (0.012)	0.073 *** (0.012)	0.060 *** (0.012)	0.072 *** (0.012)
过度自信	0.067 *** (0.011)	0.035 *** (0.011)	0.023 * (0.013)	0.010 (0.013)
过度自信×投资经验	—	—	0.012 *** (0.027)	0.006 *** (0.002)
其他控制变量	YES	YES	YES	YES
观测值	7 627	7 627	7 627	7 627
R^2/Pseudo R^2	0.088	0.080	0.081	0.081

注：***、**和*分别表示在1%、5%和10%的显著性水平上显著。

过度自信是一种普遍的心理偏差，投资经验的提高可能加剧投资者的
过度自信（Glaser et al.，2007）。通过积累投资经验，"干中学"的短期效
应降低了投资者长期持有亏损股票的概率，但长期效应显示，投资经验丰

---

① 参考 Anderson 等（2017）的做法，CIFES（2020）问卷设计了测度投资者过度自信的题
目。该问卷题目为"对于前5个专业金融知识选择题，请您为以下每一个可能的结果分配一个比
重，比重之和为100%"，选项为回答正确题目个数为5、回答正确题目个数为4、回答正确题目个
数为3、回答正确题目个数为2、回答正确题目个数为1、回答正确题目个数为0。

富的投资者仍然保留亏损股票，这种资产持有的非理性行为并没有通过投资者在交易中学习而降低。那么，是否存在这样一种可能性，对自身金融知识水平过度自信的投资者，随着投资经验的增加，认为自己成功的概率会更高，从而避免卖出亏损的股票，其一方面不愿意承认失误决策导致的亏损，另一方面又总是自信地认为所持股票将在未来上涨。该假设符合过度自信对投资者信息处理的影响研究，过度自信使投资者注重能提升个人决策自信的信息，忽视有损投资自信的信息，从而不愿意卖出持续亏损的股票，因为实现损失将伤害个人的决策自信心（Cho et al.，2006）。

列（3）和列（4）加入交叉项的估计结果显示，投资经验与过度自信的交叉项系数显著为正，说明过度自信会降低投资者通过交易中学习以改善处置效应的作用效果，投资经验对处置效应的影响是有限的，受到投资者固有心理偏差的调节作用。这也从侧面反映了单纯依靠投资者在金融市场的实践经验无法克服股票卖出的非理性行为。

接着，以投资者是否过度自信为分组依据，分组检验金融教育与投资经验对处置效应的影响。表5-5展示了分组回归的结果。首先，不同分组下，金融教育仍然显著地降低投资者的主观处置效应和客观处置效应，投资经验对处置效应的作用效果同样存在长期和短期的影响。其次，过度自信的投资者接受金融教育的程度提高，处置效应的改善效果更好。过度自信为1的投资者，其金融教育的边际效应绝对值分别为0.019（客观处置效应）和0.072（主观处置效应）；不具有过度自信的投资者，其金融教育的边际效应绝对值分别为0.005（客观处置效应）和0.069（主观处置效应）。回归结果体现了金融教育具有降低投资者行为偏差和心理偏差的双重效应。最后，分组回归的结果同样表明，投资者的过度自信会降低投资经验积累对处置效应的改善作用。相比于过度自信为1的投资者群体，投资经验对处置效应的边际效应绝对值在过度自信为0的分组中更高，分别为0.052（客观处置效应）和0.041（主观处置效应）。因此，投资者在交易中的简单学习效应并不能纠正诸如过度自信的心理偏差，而金融教育同时对心理偏差和行为偏差产生影响。

表5-5　过度自信的异质性影响分析

变量	（1）	（2）	（3）	（4）
	Probit	Probit	Probit	Probit
	客观处置效应	客观处置效应	主观处置效应	主观处置效应
	过度自信=1	过度自信=0	过度自信=1	过度自信=0
金融教育	-0.019 **	-0.005 ***	-0.072 ***	-0.069 ***
	(0.008)	(0.011)	(0.008)	(0.012)
投资经验	-0.027 ***	-0.052 ***	-0.021 ***	-0.041 ***
	(0.003)	(0.005)	(0.004)	(0.005)
投资经验平方项	0.079 ***	0.219 ***	0.043 ***	0.186 ***
	(0.014)	(0.021)	(0.015)	(0.023)
其他控制变量	YES	YES	YES	YES
观测值	7 627	7 627	7 627	7 627
R^2/Pseudo R^2	0.092	0.127	0.094	0.085

注：*** 、** 和 * 分别表示在1%、5%和10%的显著性水平上显著。

四、传导渠道分析：金融知识与处置效应

个人投资者在国民教育阶段获得的普及型知识已经无法很好地解释投资者行为之间的差异，特定于金融方面的知识成为学者们研究的重点。金融知识体现了投资者对基本经济概念的理解和对金融产品相关信息的解读。针对金融市场的证券投资者，本部分细分了投资者的基础金融知识和专业金融知识，检验了金融教育与投资经验对处置效应的影响是否通过金融知识传导。表5-6是机制分析的回归结果。从列（1）和列（2）可以看出，金融教育的系数均显著为正，投资经验的系数均不显著，表明接受金融教育直接提高了投资者的基础金融知识水平和专业金融知识水平，而在金融市场中经验积累式的简单重复实践，对于提升投资者的综合金融知识（基础金融知识和专业金融知识）作用有限。

金融知识对客观处置效应的回归结果为列（3）和列（4），结果表明，基础金融知识和专业金融知识的系数均显著为负，金融知识水平越高的投资者在实际交易中表现出处置效应的可能性越低，即金融知识促进了投资者更为理性地持有股票。金融知识对主观处置效应的回归为列（5）和列（6），

金融知识的估计系数均在1%水平下显著为负，这表明提高投资者的金融知识水平，将降低投资者自我感知的处置效应（主观处置效应），投资者认为自身在股票卖出决策中趋于理性。实证结果与现有关于金融知识对投资者金融决策的研究结论一致，即金融知识有助于改善投资者非理性或错误的经济行为，减少投资决策失误，提升投资者运用金融工具管理和配置资源的能力。

表5-6 基于金融知识的机制分析

变量	（1）	（2）	（3）	（4）	（5）	（6）
	OLS	OLS	Probit	Probit	Probit	Probit
	基础金融知识	专业金融知识	客观处置效应	客观处置效应	主观处置效应	主观处置效应
金融教育	0.159*** (7.903)	0.320*** (16.104)	—	—	—	—
投资经验	−0.006 (−0.672)	0.003 (0.329)				
投资经验平方项	0.023 (0.623)	0.028 (0.747)				
基础金融知识	—	—	−0.006* (0.004)	—	−0.012*** (0.004)	—
专业金融知识	—	—	—	−0.012*** (0.004)	—	−0.011*** (0.004)
其他控制变量	YES	YES	YES	YES	YES	YES
观测值	7 627	7 627	7 627	7 627	7 627	7 627
R^2/Pseudo R^2	0.042	0.057	0.076	0.076	0.058	0.058

注：***、** 和 * 分别表示在1%、5%和10%的显著性水平上显著。

五、传导渠道分析：金融信息获取与处置效应

信息是解开证券市场"黑匣子"的一把钥匙，金融信息的获取对投资者的财务决策发挥着关键作用。有效市场理论最初的假说中，投资者被认为能及时获取并准确解读市场的所有公开信息。但现实中，散户投资者在资本市场中处于信息劣势，与机构投资者相比，他们不具备专业的证券分析能力，信息的搜寻与处理成本较高，个人在有限的信息下不能做出完全

理性的投资决策。基于此，本部分深入探讨了"金融教育—信息获取—投资者行为"的微观机理，以考察金融教育影响处置效应的信息获取渠道是否显著。

借鉴黄方亮等（2019）的研究，本部分将投资者的金融信息获取意识界定为个人具有通过实地调研、媒体报道或网络检索等渠道获得辅助投资决策有关金融信息的倾向。根据 CIFES（2020）可构建投资者金融信息获取意识这一虚拟变量，若投资者关于"您具备以下哪些股票投资技能"这一问题，选择了"自助查询相关政策法规、行业动态和公司公告"，则投资者具有金融信息获取意识，该变量取值为 1，否则为 0。随后，构建投资者金融信息获取能力指标。在"您通过哪些渠道接受投资者教育"这一问题中，对各渠道①选择"经常"和"一般"的投资者，该信息渠道赋值为1，否则为 0，加总投资者所有信息获取渠道的数值，得到投资者金融信息获取能力变量。

表 5-7 是基于金融信息获取的机制分析。Panel A 的列（1）和列（2）以投资者金融信息获取意识和金融信息获取能力为被解释变量，回归结果显示，金融教育和投资经验显著提升了投资者获取金融信息的意识和能力。Panel A 的列（3）和 Panel B 的列（1）的估计结果表明，金融信息获取意识和金融信息获取能力的系数均在 1% 水平下显著为负，即有意识地主动搜寻金融信息、信息获取能力高的投资者，在交易中长期持有亏损股票的可能性更低。从投资者处置效应的自我感知来看，Panel B 的列（2）和列（3）中，投资者的信息获取意识和能力同样显著地影响主观处置效应，对金融信息获取意识较强和能力较高的投资者，认为自身在股票卖出决策中更为理性，产生处置效应的可能性更低。可见，金融教育与投资经验对处置效应的影响，是通过投资者的金融信息获取意识和金融信息获取能力传导的。研究结论与信息搜寻对个人投资者行为影响的研究一致，投

---

① 2020 年中国投资者教育现状调查问卷中询问了投资者"您通过哪些渠道接受投资者教育？"选项为"讲座、沙龙等现场教育活动；投资者教育基地（实体或网络）；金融机构交易终端；传统媒体（如电视、电台、短信等）；纸质材料（如书籍、报刊等）；新媒体（网站/QQ/微信/论坛/微博等）；教育机构的课程或讲座等"。

资者通过主动搜索的方式获取信息，降低了自身与公司管理层之间的信息不对称，产生了积极的"信息效应"，促进了金融决策行为的理性（刘莎莎 等，2017）。

表 5-7　基于金融信息获取的机制分析

Panel A			
	（1）	（2）	（3）
变量	Probit	OLS	Probit
	金融信息获取意识	金融信息获取能力	客观处置效应
金融教育	0.144***	2.594***	—
	（0.006）	（97.968）	
投资经验	0.018***	0.022*	—
	（0.003）	（1.927）	
投资经验平方项	−0.048***	−0.043	—
	（0.012）	（−0.865）	
金融信息获取意识	—	—	−0.057***
			（0.011）
其他控制变量	YES	YES	YES
观测值	7 627	7 627	7 627
R^2/Pseudo R^2	0.073	0.572	0.078
Panel B			
	（1）	（2）	（3）
变量	Probit	Probit	Probit
	客观处置效应	主观处置效应	主观处置效应
金融信息获取意识	—	−0.059***	—
		（0.011）	
金融信息获取能力	−0.010***	—	−0.029***
	（0.002）		（0.002）
其他控制变量	YES	YES	YES
观测值	7 627	7 627	7 627
R^2/Pseudo R^2	0.078	0.060	0.080

注：***、**和*分别表示在1%、5%和10%的显著性水平上显著。

第五节　内生性讨论与异质性分析

一、内生性讨论

基准回归模型尽管采用了投资者问卷调查与真实交易行为相匹配的数据集进行微观实证分析，尽可能消除一些不可观测因素的影响，同时控制了投资者特征、宏观环境特征等，但对金融教育与投资经验影响投资者处置效应的分析，仍然可能存在一些潜在的内生性问题。比如，长期持有亏损股票的投资者，可能会寻求通过接受金融教育提高决策效率，进而来调整收益预期，选择卖出浮亏的股票，使得本书可能产生反向因果问题。回归中也可能遗漏了同时影响投资者金融教育决策和股票持有决策的个体特征变量。实证研究中严重的内生性将降低统计推断结果的可靠性，基于此，接下来将引入工具变量以尽可能地减弱由内生性带来的估计偏误。

本部分选取投资者对各金融教育主体的了解程度（知悉度）作为金融教育指标的工具变量，选取投资者 2020 年前买入股票和卖出股票的平均次数作为投资经验的工具变量。使用 IV-Probit 模型估计的回归结果如表 5-8 所示。Panel A 的列（3）和 Panel B 的列（3）为一阶段的估计结果，投资者对金融教育主体的知悉度与投资者的金融教育指数显著正相关，投资者平均买卖股票次数与投资经验显著正相关。一阶段估计的 F 值分别为 95.920 和 266.210，大于 10% 偏误水平下的临界值 16.380，工具变量的 t 值分别为 40.120 和 45.960，拒绝弱工具变量假设。因此，本书所选择的工具变量是合适的。在内生性检验方面，DWH 检验拒绝了原假设，说明基准模型的确存在一定的内生性。从 Panel A 的列（1）和列（2）可以看出，采用工具变量估计之后，金融教育对投资者客观处置效应和主观处置效应的影响仍然显著为负，表明了金融教育对纠正投资者股票卖出决策的非理性是有效的。Panel B 的列（1）和列（2）显示，在考虑了投资经验的内生性后，投资者积累投资经验对处置效应同样存在显著的短期降低效应和长期提高效应。基于工具变量的回归结果表明，考虑了模型可能存在的内生性偏误后，研究结论依然稳健。

表 5-8　金融教育、投资经验与处置效应（工具变量法）

	Panel A		
	（1）	（2）	（3）
变量	IV-Probit	IV-Probit	一阶段
	客观处置效应	主观处置效应	金融教育
金融教育	-0.603***	-0.650***	—
	(0.049)	(0.048)	
IV（金融教育）	—	—	0.349***
			(40.125)
投资经验	-0.061***	-0.067***	—
	(0.009)	(0.009)	
投资经验平方项	0.198***	0.223***	
	(0.037)	(0.037)	
控制变量	YES	YES	YES
观测值	7 627	7 627	7 627
一阶段 F 值	—	—	95.920
工具变量 t 值	—	—	40.120
Wald/DWH 检验	232.320	163.070	—
（P-value）	(0.000)	(0.000)	—
	Panel B		
	（1）	（2）	（3）
变量	IV-Probit	IV-Probit	一阶段
	客观处置效应	主观处置效应	投资经验
金融教育	-0.067***	-0.212***	—
	(0.019)	(0.019)	
投资经验	-0.162***	-0.149***	—
	(0.014)	(0.014)	
投资经验平方项	0.601***	0.546***	
	(0.059)	(0.058)	
IV（投资经验）	—	—	1.203***
			(45.680)
控制变量	YES	YES	YES
观测值	7 627	7 627	7 627
一阶段 F 值	—	—	266.210
工具变量 t 值	—	—	45.960
Wald/DWH 检验	88.860	58.250	—
（P-value）	0.000	0.067	—

注：***、**和*分别表示在1%、5%和10%的显著性水平上显著。

二、异质性分析

（一）投资者交易动机的异质性

考虑到不同交易动机的投资者在处置所持股票时可能存在差异，如博彩偏好型投资者往往倾向保留具有低价格、高换手率等特质的股票（Kumar，2009）。本部分以投资者是否具有赌博偏好或感觉寻求的刺激寻求型交易动机进行分组，分析了金融教育和投资经验对不同交易动机的投资者存在的异质性影响。赌博偏好指投资者"以小博大"的博彩性偏好[①]。现有研究大多依据投资者的股票选择判断投资者是否具有赌博偏好，根据投资者对 CIFES（2020）问卷中"我会把股票看作彩票，愿意接受较小损失换取可能的大幅上涨"的认可程度，将选择"非常同意"或"比较同意"的投资者，赌博偏好赋值为 1，否则为 0。感觉寻求是个体对多变、复杂、新奇的体验的寻求（Zuckerman et al.，1978），若投资者对问卷中"了解新股票和新公司让我感到很兴奋"的认可程度选择"非常同意"或"比较同意"，则感觉寻求赋值为 1，否则为 0。据此，将具有赌博偏好或感觉寻求的投资者划分为刺激寻求型交易动机的投资者，其通过金融市场中的风险决策来获取刺激的反馈体验。

表 5-9 为基于投资者交易动机的异质性分析回归结果，列（1）显示，具有赌博偏好或感觉寻求的投资者，金融教育的边际效应仍然为负，但是不显著。在列（2）中，没有刺激寻求型交易动机的投资者，金融教育与投资经验对处置效应均有显著影响。结果表明，受金融教育程度的提高更为显著地抑制了不具有赌博偏好或感觉寻求的投资者的处置效应。这可能因为倾向于寻求刺激的投资者本身股票交易频率较高，通过频繁的交易操作体验投资的乐趣或挑战（Grinblatt et al.，2009），从而长期持有亏损股票的可能性较低，金融教育的作用效应不明显。列（3）和列（4）表明，无论是否在股票交易中追求刺激的体验，金融教育与投资经验均显著降低

---

① 博彩指较小概率获取超额回报的游戏。Walker（1992）从生物学、心理学、宗教信仰和社会特征等方面证明人们存在博彩倾向。

了投资者的主观处置效应，即投资者认为接受金融教育和积累投资经验后，个人在股票卖出抉择中的非理性程度将降低。

表5-9 基于投资者交易动机的异质性分析回归结果

变量	(1) Probit 客观处置效应 刺激寻求-是	(2) Probit 客观处置效应 刺激寻求-否	(3) Probit 主观处置效应 刺激寻求-是	(4) Probit 主观处置效应 刺激寻求-否
金融教育	-0.015 (0.009)	-0.029*** (0.009)	-0.083*** (0.009)	-0.063*** (0.009)
投资经验	-0.007* (0.004)	-0.032*** (0.004)	-0.014*** (0.004)	-0.026*** (0.004)
投资经验平方项	0.017 (0.018)	0.101*** (0.017)	0.046** (0.018)	0.082*** (0.016)
其他控制变量	YES	YES	YES	YES
观测值	3 649	3 978	3 649	3 978
R^2/Pseudo R^2	0.107	0.083	0.084	0.073

注：***、**和*分别表示在1%、5%和10%的显著性水平上显著。

（二）投资者持股期限的异质性

对于不同持股期限的投资者进行异质性分析。在我国股票市场浓郁的投机氛围下，多数投资者对长期投资缺乏耐心，持股周期较短。投资者选择"快进快出""炒概念"的短线操作，出于资金周转的需求，长期保留亏损股票的可能性较低。根据 CIFES（2020）问卷，若投资者对于"您最近一年内的平均持股时间为"选择"5 天以下"或"5 天~1 个月"，则为短期投资者，选择"1 个月以上~3 个月"，则为中期投资者，选择"3 个月以上~6 个月"或"6 个月以上"，则为长期投资者。分组回归结果如表5-10所示，Panel A 的列（1）~ 列（3）的被解释变量为客观处置效应，可以看出，金融教育对不同持股周期的投资者存在异质性影响。中期投资者的金融教育系数显著为负，投资经验的一次项系数与二次项系数也显著，而短期投资者和长期投资者的金融教育系数均不显著。这表明，提升金融教育抑制了中期投资者在股票交易中的处置效应，但对于股价短期波动非常敏感的短线投资者或坚持价值投资理念的长期投资者，金融教育的作用效应不明显。主观处置效应的分组回归结果为 Panel B 的列（1）~ 列（3），金融教育与投资经验的系数符号均与基准回归保持一致，同样体现出不同持股期限的投资者对接受金融教育和积累投资经验后，认为个人的股票卖出选择将趋于理性。

表 5-10　基于投资者持股期限的异质性分析

变量	Panel A		
	（1）	（2）	（3）
	Probit	Probit	Probit
	客观处置效应	客观处置效应	客观处置效应
	短期投资者	中期投资者	长期投资者
金融教育	−0.024	−0.027 ***	−0.016
	(0.013)	(0.009)	(0.014)
投资经验	−0.024 ***	−0.013 ***	−0.022 ***
	(0.006)	(0.004)	(0.006)
投资经验平方项	0.075 ***	0.044 **	0.073 ***
	(0.025)	(0.017)	(0.025)
其他控制变量	YES	YES	YES
观测值	1 948	3 900	1 779
R^2/Pseudo R^2	0.102	0.055	0.096
变量	Panel B		
	（1）	（2）	（3）
	Probit	Probit	Probit
	主观处置效应	主观处置效应	主观处置效应
	短期投资者	中期投资者	长期投资者
金融教育	−0.074 ***	−0.091 ***	−0.054 ***
	(0.013)	(0.009)	(0.014)
投资经验	−0.029 ***	−0.015 ***	−0.013 **
	(0.006)	(0.004)	(0.006)
投资经验平方项	0.102 ***	0.057 ***	0.030
	(0.025)	(0.017)	(0.026)
其他控制变量	YES	YES	YES
观测值	1 948	3 900	1 779
R^2/Pseudo R^2	0.10	0.036	0.028

注：*** 、** 和 * 分别表示在 1%、5% 和 10% 的显著性水平上显著。

第六节 稳健性检验

一、基于投资操作熟练度的稳健性检验

传统金融服务模式的转变促使金融交易由"线下"转到了"线上"，交易成本下降，投资便利性提升（周广肃 等，2018）。个人投资者可自主使用交易软件进行投资操作，减小了金融可得性对投资者行为的约束。不同投资者对各项投资操作的熟练程度存在差异，进而可能影响投资者的择时与选股判断。为了排除其他干扰，在基准回归的控制变量中，加入投资者投资操作熟练程度变量。根据 CIFES（2020）问卷，在"您具备以下哪些股票投资技能"中选择了"知道如何进行配股、增发或可转债等的投资操作"的投资者，投资操作熟练度为 1，否则为 0。表 5-11 列示了回归结果，金融教育的估计系数均显著为负，投资经验的短期效应与长期效应仍然显著。这说明，在排除了投资者对投资操作熟练程度的因素后，金融教育与投资经验依然显著地影响投资者的处置效应。

表 5-11 基于投资者投资操作熟练度的稳健性检验

变量	（1） Probit 客观处置效应	（2） Probit 主观处置效应
金融教育	−0.017 ** （0.007）	−0.071 *** （0.007）
投资经验	−0.019 *** （0.003）	−0.022 *** （0.003）
投资经验平方项	0.061 *** （0.012）	0.072 *** （0.012）
交易软件熟练度	−0.045 *** （0.011）	−0.025 ** （0.011）
其他控制变量	YES	YES

表5-11(续)

变量	（1） Probit 客观处置效应	（2） Probit 主观处置效应
观测值	7 627	7 627
R^2/Pseudo R^2	0.086	0.079

注：***、**和*分别表示在1%、5%和10%的显著性水平上显著。

二、基于资产配置子样本的稳健性检验

在基准回归中涵盖了金融资产配置集中化的投资者样本，即对某一类金融资产的资金配置比例为100%。考虑到集中化配置的投资者可能倾向于长期持有该类资产，短期的价格波动不会改变其卖出决策。为确保本书因果识别的可靠性，本部分剔除了集中化资产配置的投资者群体，采用子样本再次进行回归。根据 CIFES（2020）问卷中"您在下列资产上的投资规模分别为多少"，若投资者对各项金融资产①中的某一类填写比例为100%，则资产配置集中为1，否则为0。从表5-12的回归结果可以看出，金融教育与投资经验均显著，系数符号与前文得到的分析结果吻合，再次说明研究结果稳健。

表 5-12　基于资产配置子样本的稳健性检验

变量	（1） Probit 客观处置效应	（2） Probit 主观处置效应
	资产配置非集中化子样本	
金融教育	−0.021*** （0.007）	−0.068*** （0.007）
投资经验	−0.019*** （0.003）	−0.023*** （0.003）
投资经验平方项	0.060*** （0.013）	0.073*** （0.013）

---

① 各项金融资产包括银行存款、金融理财产品、股票、基金、债券、金融衍生品、保险等。

表5-12(续)

变量	(1)	(2)
	Probit	Probit
	客观处置效应	主观处置效应
	资产配置非集中化子样本	
其他控制变量	YES	
观测值	6 861	6 861
R^2/Pseudo R^2	0.086	0.077

注：***、** 和 * 分别表示在1%、5%和10%的显著性水平上显著。

三、基于风险承受力的稳健性检验

投资者的风险承受力在资产选择中起着重要作用。考虑到风险承受力较强的投资者可能在资产价格持续下跌时对金融资产是否保留的选择与风险承受力较弱的投资者不同，为了验证基准回归结果的稳健性，按照投资者的风险承受力分组。CIFES（2020）问卷询问了投资者"您在下列资产上的投资规模分别为多少"①。考虑到资管新规以来，我国金融理财产品打破刚性兑付，未来收益同样具有不确定性，将投资者金融理财产品配置比例的1/2记为高风险资产。若投资者的高风险资产持有比例大于低风险资产持有比例，则该投资者的风险承受力较强，反之则风险承受力较弱。对不同组别的子样本进行回归得到了表5-13。可以看出，在不同风险承受力的组别下，金融教育与投资经验对投资者处置效应具有显著影响的结论依然成立，表明研究结论是稳健的。

---

① 选项中的资产类别包括：银行存款、金融理财产品（包括银行理财、信托、互联网理财产品等）、股票、基金、债券、期货、金融衍生品、保险、其他金融资产、投资性房地产（非自住房产）。根据不同金融资产的风险属性，将其分为高风险资产和低风险资产。其中，高风险资产包括股票、基金、期货、金融衍生品、投资性房地产（非自住房产）和部分金融理财产品；低风险资产包括银行存款、债券、保险、部分金融理财产品和其他金融资产。

表 5-13 基于风险承受力的稳健性检验

变量	（1）	（2）	（3）	（4）
	Probit	Probit	Probit	Probit
	客观处置效应	客观处置效应	主观处置效应	主观处置效应
	风险爱好	风险厌恶	风险爱好	风险厌恶
金融教育	-0.019**	-0.034***	-0.076***	-0.086***
	(0.009)	(0.010)	(0.009)	(0.010)
投资经验	-0.016***	-0.021***	-0.021***	-0.020***
	(0.004)	(0.004)	(0.004)	(0.004)
投资经验平方项	0.044***	0.077***	0.064***	0.071***
	(0.016)	(0.019)	(0.017)	(0.019)
其他控制变量	YES	YES	YES	YES
观测值	4 250	3 377	4 250	3 377
R^2/Pseudo R^2	0.093	0.053	0.085	0.033

注：***、**和*分别表示在1%、5%和10%的显著性水平上显著。

第七节　本章小结

　　本章基于2020年中国投资者教育现状调查数据和个人投资者交易数据实证研究了金融教育和投资经验对投资者处置效应的影响。研究发现，投资者受金融教育程度的提高，显著降低了投资者的客观处置效应，也改善了投资者对处置效应的自我感知（主观处置效应）。该发现表明，推广普及金融教育，有助于纠正投资者卖出盈利股票而长期持有亏损股票的行为偏差。投资经验与处置效应呈"U"形，即经验匮乏和经验丰富的投资者处置效应更严重。此外，过度自信会降低投资经验对处置效应的作用效果，说明投资者的固有心理偏差会调节投资者通过交易经验进行学习的效应，即投资经验在改善非理性行为方面的作用有限。

　　机制分析表明，金融教育通过提高投资者的金融知识水平和金融信息获取能力降低了投资者的主观和客观处置效应，投资经验主要通过信息渠道改善处置效应。异质性分析的主要结论是，受金融教育程度的提高更为显著地抑制了不具有赌博偏好或感觉寻求、偏好持股周期为 1 个月以上~ 3 个月的投资者的处置效应。在考虑了模型的内生性后，采用工具变量法的回归结果与主回归保持一致，且基于投资操作熟练度、资产配置子样本和投资者风险承受力分样本的稳健性检验结果也与主回归吻合，表明了研究结论的可靠性。

第六章 金融教育提升个人金融福祉的分析：以投资收益为例

第一节 研究背景

随着中国家庭"存款搬家"趋势与日俱增，居民的理财需求愈加强烈。我国金融市场快速发展，金融服务深度融合于个人的社会生活中，金融产品不断丰富。在居民的金融消费规模化和多元化的背景下，学术界和政府相关部门也开始关注居民投资收益问题，即居民通过参与金融市场提高资金配置效率，最终获得相应的投资收益。根据《中国家庭财富指数调研报告2021Q4》，家庭投资理财平均收益率为2.8%，金融投资对财富增长的贡献度不断上升，但是金融投资并不必然获得投资收益，它同时具有亏损的风险。中国家庭股票投资亏损的占比为57.93%（路晓蒙 等，2020），过半居民并没有把握投资机会，没有有效利用金融产品和服务来增进家庭福利。不断涌现的创新型金融工具和推陈出新的市场规则使得投资环境变得复杂，参与金融市场的投资者面临种类繁多的金融产品与服务，如何优化资产配置、选择恰当的投资策略，是提高投资回报的关键。金融危机后，世界各国开始重视对居民的金融教育，政策制定者期望通过大力普及金融教育提高个人的投资决策有效性，进而改善投资收益。基于此，研究金融教育是否通过资产配置和投资策略来影响个人投资绩效具有重要的现实意义。

本章采用 2020 年中国投资者教育现状调查数据与投资者交易数据，系统地讨论了金融教育对投资绩效的影响，其主要创新点体现在：其一，现有研究多聚焦于金融教育与金融素养对个人经济决策行为的分析，反而忽略了对投资绩效的关注。本章在标准跨期选择模型中加入个人的金融教育投入，从理论层面讨论了金融教育对投资收益的影响，并使用个人投资者调查数据与精准匹配的交易数据展开实证研究，分析了金融教育对投资者股票投资收益和金融资产投资收益的影响，对现有研究进行了有益的补充。其二，本章从资产配置视角和投资策略视角进行了细致的影响机制分析，探讨了投资者在接受金融教育后的动态行为变化和投资策略调整。其三，本章关注了投资者长期接受金融教育的意识在金融教育与投资收益关系中的调节作用，提供了关于长期金融教育有效性的直接证据。

第二节　理论分析与研究假设

本章参考 Jappelli 和 Padula（2013）的研究，对金融教育与投资收益的关系进行理论分析，在跨期选择模型中添加投资者的金融教育投资变量，用于度量个人在金融教育方面的时间投入与资金投入。

假设经济个体的生命周期分为工作阶段和退休阶段两个时期，在工作阶段（1 时期）将获得劳动收入 y 和金融资产投资收益 r_1I，r_1 表示 1 时期的金融资产投资收益率，在退休阶段（2 时期）依靠 1 时期积累的财富用于消费。1 时期期初，经济个体具有一个初始的金融素养存量 Φ_0，即个人对金融市场的初始了解。初始金融素养的变化方式类似于个人认知能力，随着时间的推移出现能力的衰退与知识的遗忘等，金融素养的贬值速率为 δ。假设个人在 1 时期选择金融资产投资量 I、个人储蓄 s 以及对金融教育的投资量 φ。假定金融教育投资的单位成本为 p。那么，2 时期个人的金融素养存量 Φ_1 为

$$\Phi_1 = (1 - \delta)\,\Phi_0 + \varphi \tag{6-1}$$

个人通过金融教育投资以提高金融素养，进而了解更多市场投资机

会，合理地分配储蓄与其他金融资产的比例，因此假设储蓄收益率是关于金融素养的函数：

$$R(\Phi_1) = \Phi_1^{\alpha} \tag{6-2}$$

其中，α 表示储蓄收益率对金融素养的弹性，$\alpha \in (0, 1)$。

基于投资经验对个人选股能力和择时能力的显著影响（谭松涛 等，2012），个人在 1 时期的金融资产投资后，通过积累投资经验，在 2 时期的金融资产投资中提高了对金融产品收益与风险的认知，假设 2 时期的金融资产投资收益 r_2 与 1 时期的收益 r_1 呈正比关系，相应的比例为 γ，则 2 时期的金融资产投资收益率为

$$r_2 = \gamma r_1 + r \tag{6-3}$$

其中，r 表示其他因素影响下的 2 时期收益率。

经济个体通过选择投资和储蓄以最大化自身效用（效用函数设定为等弹性效用函数）：

$$\max U = \frac{1}{1 - \dfrac{1}{\sigma}} (c_0^{1 - \frac{1}{\sigma}} + \beta c_1^{1 - \frac{1}{\sigma}}) \tag{6-4}$$

$$s. \ t. \ \ c_0 + s + p\varphi = y + r_1 I \tag{6-5}$$

$$c_1 = (1 + r_2) \Phi_1^{\alpha} \cdot s \tag{6-6}$$

其中，c_0 表示 1 时期的消费，c_2 表示 2 时期的消费，σ 表示跨期替代弹性，β 表示贴现因子，$0 < \beta < 1$。

由拉格朗日函数求导可得

$$\beta c_1^{-\frac{1}{\sigma}} + \lambda_2 + r_2 \beta c_1^{-\frac{1}{\sigma}} + r_2 \lambda_2 = \frac{p (\lambda_1 + c_0)^{-\frac{1}{\sigma}}}{\alpha \cdot s \cdot \Phi_1^{\alpha - 1}} \tag{6-7}$$

$$\frac{\lambda_1 + c_0^{-\frac{1}{\sigma}}}{\lambda_2 + \beta \cdot c_1^{-\frac{1}{\sigma}}} = -\frac{s \cdot \Phi_1^{\alpha} \cdot \gamma}{I} \tag{6-8}$$

联立上述两个等式以求解金融资产投资收益率与金融教育投入的关系，可得

$$\frac{py}{\alpha I} [(1 - \delta) \Phi_0 + \varphi] = 1 + r_2 \tag{6-9}$$

由式（6-9）可以推出，当个人投资于金融资产的总额 I 保持不变时，金融教育投入 φ 提高，个人的金融资产投资收益 r_2 将提高，即金融教育投入的提高促进了个人获得更高的金融投资收益。由此，本章提出研究假设 H1。

H1：金融教育对投资者的投资回报有显著的正向影响，即投资者受金融教育程度提高，股票投资收益和金融资产投资收益将提高。

第三节　研究设计

一、数据来源

本章实证研究使用的数据包括 2020 年的中国投资者教育现状调查数据、国内某大型券商提供的个人投资者交易数据以及 RESSET 数据库提供的股票价格日度数据。

二、模型设定

由于投资者的股票投资收益和金融资产投资收益是排序数据，故采用有序多分类 Probit 模型进行估计。针对每个投资者 i，将其投资收益的所属区间作为门槛参数，分为亏损 20% 以上、亏损 10%~20%、亏损 10% 以内、不亏不赚、盈利 10% 以内、盈利 10%~20%、盈利 20% 以上 7 类收益水平，分别取值为 1~7。对于潜变量 r_i^*，满足：

$$r_i^* = \varphi_0 + \varphi_1 \text{Financial\_edu}_i + \varphi_2 \text{Experience\_medium}_i +$$
$$\varphi_3 \text{Experience\_high}_i + \varphi_4 X_i + \tau_i \qquad (6\text{-}10)$$

其中，r_i^* 表示投资者 i 的实际收益，Financial_edu_i 表示投资者 i 的金融教育指数，$\text{Experience\_medium}_i$ 表示投资者 i 的投资经验适中，Experience_high_i 表示投资者 i 的投资经验丰富；τ_i 服从标准正态分布；φ_1 表示金融教育对投资收益的边际效应，φ_2 和 φ_3 分别表示相比初入市场的投资者，投资经验适中和投资经验丰富对投资收益的影响。由于投资者的实际收益值（r_i^*）

无法直接观测到，但可以获得每个投资者 i 的收益水平所处区间（r_i），因此选择规则为

$$r_i = \begin{cases} 1, & r_i^* \leqslant k_1 \\ 2, & k_1 < r_i^* < k_2 \\ 3, & k_2 < r_i^* < k_3 \\ 4, & k_3 < r_i^* < k_4 \\ 5, & k_4 < r_i^* < k_5 \\ 6, & k_5 < r_i^* < k_6 \\ 7, & k_7 < r_i^* \end{cases} \tag{6-11}$$

其中，k_1、k_2、k_3、k_4、k_5、k_6 和 k_7 分别为收益所处区间的临界值，采用极大似然法估计 Oprobit 模型的系数和临界值，在给定 τ_i 服从正态分布的假设下，可以直接计算出每一个响应的概率。由此，可以分析金融教育如何影响投资者的收益情况。

三、变量说明

（一）股票投资收益变量

参考廖理等（2013）、廖理等（2018）的研究，根据投资者证券账户的交易数据，采用样本期内投资者股票投资总收益率衡量其股票投资表现，并对处于不同收益率区间的变量进行处理，形成收益率的排序变量。具体的计算步骤如下：

首先，计算投资者所持每只股票的日净收益率，假设投资者 i 在 $t-1$ 日买入股票组合 S_{t-1}，买入股票的净成本为 $C_{i,t-1}^{buy}$（剔除买入股票的交易费用），买入股票在当日收盘时的总市值为 $\mathrm{MV}_{i,t-1}^{buy}$。鉴于中国股市实行 T+1 交易制度，当日买进的股票要到下一个交易日才能卖出。将 $t-1$ 日末投资者所持股票的总市值记为 $\mathrm{MV}_{i,t-1}^{hold} - \mathrm{MV}_{i,t-1}^{buy}$。在 t 日，考虑到投资者可能卖出 $t-1$ 日购入的股票，设卖出股票的总成本为 $C_{i,t}^{sell}$（未剔除卖出股票的交易费用），将 t 日末投资者所持股票的总市值记为 $\mathrm{MV}_{i,t}^{hold} - \mathrm{MV}_{i,t}^{buy}$。由此可得，投资者 i 在 t 日持有的股票日收益率：

$$r_{i,t} = \frac{C_{i,t}^{\text{sell}} + (\text{MV}_{i,t}^{\text{hold}} - \text{MV}_{i,t}^{\text{buy}})}{C_{i,t-1}^{\text{buy}} + (\text{MV}_{i,t-1}^{\text{hold}} - \text{MV}_{i,t-1}^{\text{buy}})} \qquad (6\text{-}12)$$

其次，加总样本期内投资者持有股票的日收益率（按所持股票的日收盘总市值进行加权平均处理）。

最后，划分投资者的股票投资收益水平区间，将股票投资总收益率分为亏损 20% 以上、亏损 10%~20%、亏损 10% 以内、不亏不赚（收益率为0）、盈利 10% 以内、盈利 10%~20%、盈利 20% 以上 7 个区间水平，分别赋值为 1~7。

表 6-1 显示，股票盈利的投资者占比为 57%，其中一半的投资者盈利比例在 10% 以内，此外，盈利 20% 以上的投资者比例为 17%，结果表明，超过一半的样本投资者在股票市场中获得了正收益。亏损的投资者占比为 41%，多数投资者亏损 10% 以内。

表 6-1　投资者股票投资收益的特征分析

收益状况	频数	频率	累计频率
亏损 20% 以上	482	0.06	0.06
亏损 10%~20%	694	0.09	0.15
亏损 10% 以内	1 958	0.26	0.41
不亏不赚（收益率为0）	131	0.02	0.43
盈利 10% 以内	2 165	0.28	0.71
盈利 10%~20%	881	0.12	0.83
盈利 20% 以上	1 316	0.17	1.00

（二）金融资产投资收益变量

根据 CIFES（2020）问卷的设计，对问题"您最近一年投资于非存款类金融资产（指金融理财产品、股票、基金、债券、金融衍生品、投资性房地产等）的平均年化收益率约为多少？"的 7 个收益率区间选项①分别赋值为 1~7。基于此，本部分构建了投资者金融资产投资收益变量，其中金

---

① 选项包括亏损 20% 以上、亏损 10%~20%、亏损 10% 以内、不亏不赚（收益率为0）、盈利 10% 以内、盈利 10%~20%、盈利 20% 以上。

融资产投资收益不包括个人投资者的银行存款收益。

从表6-2可以看出，样本投资者参与风险金融市场，超60%的投资者获得正收益，盈亏持平的投资者比例为16%，亏损投资者比例为22%。

表6-2　投资者金融资产投资收益的特征分析

收益状况	频数	频率	累计频率
亏损20%以上	258	0.03	0.03
亏损10%~20%	526	0.07	0.10
亏损10%以内	912	0.12	0.22
不亏不赚（收益率为0）	1 191	0.16	0.38
盈利10%以内	2 000	0.26	0.64
盈利10%~20%	1 954	0.26	0.90
盈利20%以上	786	0.10	1.00

（三）金融教育变量

沿用第三章第三节关于金融教育指标的构建方法，运用因子法从主观投入度和客观接受度计算得到投资者金融教育指数。

（四）投资经验变量

投资者证券账户数据中还涵盖了开户时间，可计算问卷发放日与投资者开户日的时间间隔，得到投资者的证券投资年限，并以此构建3个投资经验的0~1变量。参考路晓蒙等（2020）对不同经验投资者的证券投资年限划分，本部分将投资年限小于5年的投资者识别为缺乏经验的投资者，投资年限为5~10年、10年以上分别对应投资经验适中、投资经验丰富。

（五）控制变量

在金融教育与投资收益的研究中，综合以往文献，本章选取了以下控制变量：

一是投资者人口特征变量，包括性别（男性为1，否则为0）、年龄、年龄平方/100、婚姻状况（已婚为1，否则为0）、文化程度（共三类，高中、中专或职高及以下为1，否则为0；大专为1，否则为0；本科及以上为1，否则为0）、职业特征（企业人员为1，否则为0）、风险态度（共三类，风险爱好、风险中性与风险厌恶）。

二是投资者经济特征变量，包括收入（共三类，月收入 5 000 元以下、月收入 5 000~10 000 元、月收入 10 000 元以上）、金融资产规模（共三类，金融资产 10 万元以下、金融资产 10 万~50 万元、金融资产 50 万元以上）。

三是投资心理特征变量，包括股价上涨后悔情绪、股价下跌后悔情绪、股价上涨庆幸情绪和股价下跌庆幸情绪。根据 2020 年中国投资者教育现状调查问卷，对问题"回顾您的股票交易经历，您对以下情况的后悔程度为多少？（1 为不会感到后悔，5 为非常后悔）"的选项"若您卖出后，该股票持续上涨"，选择 4 或 5，股价上涨后悔情绪为 1，否则为 0；对选项"若您买入后，该股票持续下跌"选择 4 或 5，股价下跌后悔情绪为 1，否则为 0；对问题"回顾您的股票交易经历，您对以下情况的庆幸程度为多少？（1 为不会感到庆幸，5 为非常庆幸）"的选项"若您买入后，该股票持续上涨"，选择 4 或 5，股价上涨庆幸情绪为 1，否则为 0；对选项"若您卖出后，该股票持续下跌"选择 4 或 5，股价下跌庆幸情绪为 1，否则为 0。

四是宏观环境变量，包括区域特征（东部地区、中部地区、西部地区）、所在省份经济发展水平（以人均 GDP 指标代表）、所在省份金融发展水平（以省份存贷款余额与 GDP 的比重度量）。

四、描述性统计

表 6-3 为主要变量的描述性统计。从投资经验来看，36% 的投资者缺乏经验，投资经验适中和投资经验丰富的投资者比例分别为 31% 和 33%。对股价上涨或下跌表现出后悔情绪的投资者比例为 30% 左右，而表现出庆幸情绪的投资比例接近 40%，表明投资者普遍具有突出的后悔情绪和庆幸情绪。

表 6-3　主要变量描述性统计

变量	均值	标准差	最小值	中位数	最大值
被解释变量	—	—	—	—	—
股票投资收益	4.720	1.550	1	5	7
金融资产投资收益	4.400	1.820	1	5	7
关注变量	—	—	—	—	—
金融教育指数	0	0.820	−1.990	0.030	1.730
缺乏投资经验	0.360	0.480	0	0	1
投资经验适中	0.310	0.460	0	0	1
投资经验丰富	0.330	0.470	0	0	1
控制变量	—	—	—	—	—
男性	0.550	0.500	0	1	1
年龄	45	12.460	18.43	44.300	91.280
年龄平方/100	21.800	12.130	3.400	19.620	83.320
已婚	0.850	0.360	0	1	1
高中、中专或职高及以下	0.300	0.460	0	0	1
大专	0.310	0.460	0	0	1
本科及以上	0.390	0.490	0	0	1
企业人员	0.360	0.480	0	0	1
非企业人员	0.640	0.480	0	1	1
月收入 5 000 元以下	0.320	0.470	0	0	1
月收入 5 000~10 000 元	0.410	0.490	0	0	1
月收入 10 000 元以上	0.260	0.440	0	0	1
金融资产 10 万元以内	0.260	0.440	0	0	1
金融资产 10 万~50 万元	0.470	0.500	0	0	1
金融资产 50 万元以上	0.270	0.450	0	0	1
风险爱好	0.430	0.490	0	0	1
风险中性	0.420	0.490	0	0	1
风险厌恶	0.150	0.360	0	0	1

表6-3(续)

变量	均值	标准差	最小值	中位数	最大值
股价上涨后悔情绪	0.310	0.460	0	0	1
股价下跌后悔情绪	0.290	0.450	0	0	1
股价上涨庆幸情绪	0.370	0.480	0	0	1
股价下跌庆幸情绪	0.380	0.490	0	0	1
东部地区	0.810	0.390	0	1	1
中部地区	0.140	0.350	0	0	1
西部地区	0.050	0.220	0	0	1
人均GDP	13.540	38.89	3.290	9.350	325.200
金融发展水平	8.970	39.42	2.280	3.940	325.200

第四节　实证结果分析

一、金融教育、投资经验与投资收益

在基本模型中，采用有序 Probit 模型检验金融教育与投资经验是否显著影响投资者的收益，表6-4报告了具体的回归估计结果。列（1）和列（2）的被解释变量为股票投资收益，金融教育指数均在1%水平下显著为正，表明金融教育对投资者的股票投资收益有显著的正向影响，金融教育活动参与意愿较高的投资者更有可能在股票投资中盈利。以缺乏经验（证券投资年限小于5年）的投资者为基准组，关注解释变量投资经验适中（证券投资年限5~10年）和投资经验丰富（证券投资年限超过10年）的系数均为正，即随着投资年限的增加，投资者在金融市场中得到投资实践锻炼，通过积累投资经验可能提升了选股与择时能力，股票盈利的可能性提高。列（3）和列（4）表明，金融教育对金融资产投资收益的影响同样显著为正，且经验相对丰富的投资者也更有可能获得高的金融投资收益。

收益状况表明了投资者在"学习中进步",接受金融教育和积累投资经验对于提高投资收益是有效的。此外,控制变量的估计系数表明,男性、金融资产持有量为 10 万~50 万元、风险爱好的投资者盈利的可能性更低,文化程度为大专及以上的投资者更有可能获得高的投资收益。对买入后股票价格下跌感到后悔的投资者,盈利的可能性更低,而对买入后股票价格上涨感到庆幸的投资者,股票盈利可能性更高,表明情绪驱动的交易行为将显著地影响个人收益状况。

表 6-4 金融教育、投资经验与投资收益的回归估计结果

变量	（1）	（2）	（3）	（4）
	OProbit	OProbit	OProbit	OProbit
	股票投资收益	股票投资收益	金融资产投资收益	金融资产投资收益
金融教育	0.135 ***	0.125 ***	0.271 ***	0.255 ***
	（0.015）	（0.016）	（0.015）	（0.016）
投资经验适中	0.065 **	0.069 **	0.259 ***	0.265 ***
	（0.030）	（0.030）	（0.030）	（0.030）
投资经验丰富	0.304 ***	0.308 ***	0.488 ***	0.493 ***
	（0.032）	（0.032）	（0.032）	（0.032）
男性	−0.169 ***	−0.170 ***	−0.151 ***	−0.151 ***
	（0.024）	（0.024）	（0.024）	（0.024）
年龄	−0.007	−0.007 4	−0.007	−0.008
	（0.006）	（0.006）	（0.006）	（0.006）
年龄平方/100	0.012 *	0.013 **	0.012 *	0.013 **
	（0.006）	（0.006）	（0.006）	（0.006）
已婚	0.054	0.055	0.062 *	0.062 *
	（0.037）	（0.037）	（0.037）	（0.037）
大专学历	0.094 *	0.099 *	0.095 *	0.101 **
	（0.051）	（0.051）	（0.051）	（0.051）
本科及以上学历	0.119 **	0.118 **	0.118 **	0.118 **
	（0.047）	（0.048）	（0.047）	（0.048）
企业人员	−0.027	−0.027	−0.011	−0.012
	（0.043）	（0.043）	（0.043）	（0.044）
月收入 5 000~10 000 元	−0.020	−0.020	−0.011	−0.012
	（0.029）	（0.029）	（0.029）	（0.029）

表6-4(续)

变量	（1）OProbit 股票投资收益	（2）OProbit 股票投资收益	（3）OProbit 金融资产投资收益	（4）OProbit 金融资产投资收益
月收入 10 000 元以上	-0.022 (0.036)	-0.022 (0.036)	0.001 (0.036)	0.002 (0.036)
金融资产 10 万~50 万元	-0.233*** (0.030)	-0.234*** (0.030)	-0.220*** (0.030)	-0.221*** (0.030)
金融资产 50 万元以上	-0.056 (0.038)	-0.057 (0.038)	-0.042 (0.038)	-0.042 (0.038)
风险爱好	-0.045* (0.026)	-0.045* (0.026)	-0.045* (0.026)	-0.046* (0.026)
风险厌恶	-0.005 (0.040)	-0.005 (0.040)	-0.021 (0.040)	-0.022 (0.040)
股价上涨后悔情绪	—	-0.035 (0.034)	—	-0.048 (0.034)
股价下跌后悔情绪	—	-0.069** (0.033)	—	-0.062* (0.033)
股价上涨庆幸情绪	—	0.077** (0.036)	—	0.062* (0.036)
股价下跌庆幸情绪	—	-0.023 (0.037)	—	-0.034 (0.037)
东部地区	—	-0.035 (0.058)	—	0.001 (0.058)
中部地区	—	0.031 (0.063)	—	0.077 (0.063)
人均 GDP	—	0.021*** (0.007)	—	0.011 (0.007)
金融发展水平	—	-0.021*** (0.007)	—	-0.010 (0.007)
观测值	7 627	7 627	7 627	7 627
R^2/Pseudo R^2	0.017	0.017	0.021	0.022

注：*、**、***分别表示在10%、5%、1%水平上显著。

为了进一步理解有序 Probit 模型中金融教育估计系数的经济含义，在其他变量取均值的条件下，本节计算了金融教育的边际效应。表 6-5 的列（1）显示，金融教育对投资者股票投资亏损 20% 以上、亏损 10%～20%、亏损 10% 以内和不亏不赚的边际效应均显著为负，分别为 -0.030 4、-0.026 1、-0.037 和 -0.001，对股票投资盈利 10% 以内、盈利 10%～20% 和盈利 20% 以上的边际效应均显著为正，分别为 0.012、0.021 和 0.061。结果表明，当金融教育指数提高 1 个标准差（0.82）时，投资者亏损 20% 以上的概率将下降 2.49 个百分点，投资者盈利 20% 以上的概率则会提高 4.98 个百分点。同时，由表 6-3 的描述性统计分析可知，有 6% 的投资者股票投资亏损 20% 以上，有 17% 的投资者盈利 20% 以上，则当投资者的金融教育指数提高 1 个标准差，亏损 20% 以上的投资者比例将会下降 41.57%，即样本投资者亏损 20% 以上的比例将变为 3.51%，而盈利 20% 的投资者比例会提高 29.28%，即样本投资者盈利 20% 的比例将变为 21.98%。其他情况下金融教育的边际效应与概率变化、比例变化的分析与此类似。列（4）为金融教育对投资者金融资产投资收益的边际效应结果，不同收益水平下的系数符号没有变化，均表明金融教育促进了投资者的投资盈利，降低了投资者亏损的可能性。同样以金融资产投资亏损 20% 以上和盈利 20% 以上为例，当金融教育指数提高 1 个标准差（0.82）时，投资者亏损 20% 以上的概率将下降 2.49 个百分点，投资者盈利 20% 以上的概率则会提高 4.98 个百分点。类似地，由表 6-3 的描述性统计分析可知，有 6% 的投资者股票投资亏损 20% 以上，有 17% 的投资者盈利 20% 以上，则当投资者的金融教育指数提高 1 个标准差，亏损 20% 以上的投资者比例将会下降 41.57%，即样本投资者亏损 20% 以上的比例将变为 3.51%，而盈利 20% 的投资者比例会提高 29.28%，即样本投资者盈利 20% 的比例将变为 21.98%。其他情况下，金融教育的边际效应与概率变化、比例变化的分析与此类似。边际效应分析再次验证了金融教育对改善投资收益，提高投资者金融福祉的影响是显著的。

表 6-5　金融教育对投资收益的边际效应

变量	(1)	(2)	(3)	(4)	(5)	(6)
	股票投资收益			金融资产投资收益		
	边际效应	概率变化（%）	比例变化（%）	边际效应	概率变化（%）	比例变化（%）
亏损 20%以上	-0.030*** (0.002)	-2.49	-41.55	-0.014*** (0.001)	-1.16	-38.54
亏损 10%~20%	-0.026*** (0.002)	-2.14	-23.78	-0.019*** (0.002)	-1.53	-21.79
亏损 10%以内	-0.037*** (0.002)	-2.99	-11.51	-0.022*** (0.002)	-1.78	-14.83
不亏 不赚	-0.001*** (0.000)	-0.07	-3.69	-0.015*** (0.001)	-1.26	-7.84
盈利 10%以内	0.012*** (0.001)	1.02	3.63	0.001* (0.001)	0.11	0.41
盈利 10%~20%	0.021*** (0.001)	1.71	14.28	0.036*** (0.003)	2.87	11.04
盈利 20%以上	0.061*** (0.004)	4.98	29.28	0.033*** (0.003)	2.69	26.90

注：*、**、*** 分别表示在 10%、5%、1%水平上显著。

二、内生性问题分析

对于金融教育与投资收益的回归分析也可能存在内生性问题，如遗漏变量或反向因果（投资收益的提高可能促使投资者接受金融教育，以保持收益的持续性增长），传统的微观实证方法无法准确识别出金融教育对投资收益的因果关系。为处理本书的内生性问题，采用 Roodman（2011）提出的条件混合过程（conditional mixed process，CMP），与传统工具变量法相比，该方法能够处理不同类型的内生解释变量，是拟合了一系列多重方程、多级和条件递归混合过程的估计量。同样需要选取合理的工具变量，采用投资者对各金融教育主体的了解程度（知悉度）作为金融教育指标的工具变量。

表 6-6 报告了基于条件混合过程的工具变量回归分析结果。列（3）中第一阶段的回归结果显示，DWH 检验在 1%水平上拒绝了不存在内生性

的原假设，表明原模型存在内生性问题。F 值大于 10% 偏误水平的临界值 16.38，工具变量的 t 值为 33.91，拒绝了弱工具变量假设，表明本书使用的工具变量在统计上是有效的。列（1）和列（2）中，金融教育的估计系数均显著为正，与基准模型的结论吻合。

表 6-6　金融教育、投资经验与投资收益（条件混合过程与工具变量）

变量	（1）CMP 股票投资收益	（2）CMP 金融资产投资收益	（3）OLS（第一阶段）金融教育
金融教育	0.096*** (0.033)	0.245*** (0.043)	—
IV（金融教育）	—	—	0.293*** (0.009)
投资经验适中	0.112** (0.035)	0.079*** (0.029)	0.079*** (0.029)
投资经验丰富	0.263*** (0.037)	0.276*** (0.032)	0.279*** (0.032)
是否控制其他变量	YES	YES	YES
观测值	7 627	7 627	7 627
一阶段 F 值	—	—	96.50
工具变量 t 值	—	—	33.91
DWH Chi^2 值	6.82	13.96	—
（P 值）	0.009	0.000	—

注：*、**、*** 分别表示在 10%、5%、1% 水平上显著。

工具变量估计的金融教育与投资收益的边际效应如表 6-7 所示。列（1）～列（3）可以看出，对股票投资亏损的边际效应系数均显著为负，对股票投资盈利的边际效应则显著为正。以亏损 10% 以内为例，金融教育的边际效应为 -0.035 3，这表明当投资者的金融教育指数增加 1 个标准差（0.82）时，投资者出现亏损 10% 以内的概率将减少 2.90%，亏损 10% 以内的投资者比例将减少 11.13%。列（4）～列（6）中对金融资产投资收益的影响分析结果与上文基本一致。基于条件混合过程的估计结果进一步显示，金融教育可以提高投资者获得高收益的可能性。

表 6-7　金融教育对投资收益的边际效应（条件混合过程与工具变量）

变量	(1)	(2)	(3)	(4)	(5)	(6)
	股票投资收益			金融资产投资收益		
	边际效应	概率变化（%）	比例变化（%）	边际效应	概率变化（%）	比例变化（%）
亏损20%以上	-0.022 *** (0.008)	-1.79	-29.79	-0.018 *** (0.004)	-1.50	-50.02
亏损10%~20%	-0.014 *** (0.005)	-1.12	-12.39	-0.024 *** (0.004)	-1.952	-0.27
亏损10%以内	-0.035 *** (0.013)	-2.90	-11.13	-0.025 *** (0.004)	-2.058	-17.15
不亏不赚	-0.000 *** (0.020)	-0.00	-0.41	-0.019 *** (0.003)	-1.583	-9.89
盈利10%以内	0.037 *** (0.001)	3.07	10.95	0.001 * (0.001)	0.082	0.32
盈利10%~20%	0.005 *** (0.002)	0.44	3.62	0.045 *** (0.007)	3.698	14.22
盈利20%以上	0.032 *** (0.011)	2.66	15.63	0.042 *** (0.008)	1.076	10.76

注：*、**、*** 分别表示在10%、5%、1%水平上显著。

三、接受金融教育的时机对投资收益的影响

随着金融产品的日益复杂、金融创新的层出不穷，财富管理、固定收益、权益类资产等金融投资概念频繁出现，新金融产品、新政策不断涌出。在此背景下，如何提供即时有效的金融教育一直困扰着实务界。在金融教育有效性的研究中，部分学者也强调了金融教育时机的重要性，即时的、针对性的金融教育能够更有效地帮助个人理解不同种类的金融工具，了解不同金融产品的收益与风险关系，从而提高个人金融决策的有效性（Fernandes et al.，2014）。基于此，本节考察了投资者接受即时的金融教育与投资收益的关系，分析了投资者在金融产品推出时和新政策推出时参与金融教育活动所带来的即期效益。在 2020 年的中国投资者教育现状调查中，询问了投资者"您通常在什么时候可能会去获取投资者教育服务"，

选择"有新的金融产品推出时"的投资者,金融教育时机"金融产品推出时"为1,否则为0。选择"新政策推出或大事件发生后"的投资者,金融教育时机"新政策推出时"为1,否则为0。

表6-8汇报了回归分析结果。从列(1)和列(2)可以看出,在金融产品推出时选择接受教育的投资者,其股票盈利的可能性比在该时机未接受过金融教育的投资者高13.5个百分点,金融资产投资盈利的可能性高11.6个百分点。在新政策推出时去主动学习的投资者,股票盈利和金融投资盈利的可能性均比未进行学习的投资者高。结果表明,即时的金融教育促进了投资者获取投资收益,也从侧面反映出金融产品教育和金融政策教育的有效性。列(3)和列(4)的被解释变量分别为股票投资盈利10%以上和金融资产投资盈利10%以上,金融教育时机的两个变量均在1%水平下显著为正,可见在金融产品推出时和新政策推出时接受金融教育的投资者,获得高投资收益(盈利率超过10%)的可能性更高。总之,分析结果说明了在更大范畴上涵盖金融教育的内容,如细化到具体的新金融产品以及市场的新政策上,客观、及时、充分地揭示金融风险,有利于投资者理清金融产品的选择逻辑,做出合理的金融决策,提高实际收益。

表6-8　金融教育时机与投资收益

变量	(1)	(2)	(3)	(4)
	Probit	Probit	Probit	Probit
	股票投资盈利	金融资产投资盈利	股票投资盈利10%以上	金融资产投资盈利10%以上
金融产品推出时	0.135 ***	0.116 ***	0.120 ***	0.106 ***
	(0.011)	(0.011)	(0.011)	(0.010)
新政策推出时	0.120 ***	0.118 ***	0.110 ***	0.110 ***
	(0.011)	(0.011)	(0.010)	(0.011)
是否控制其他变量	YES	YES	YES	YES
观测值	7 627	7 627	7 627	7 627
R^2/Pseudo R^2	0.064	0.062	0.056	0.070

注:*、**、***分别表示在10%、5%、1%水平上显著。

四、资产配置视角下金融教育提高投资收益的归因分析

选择适配自身风险需求的金融资产，优化资产配置结构，是获得高投资收益的关键。在资产组合绩效决定因素的研究中，Friedlob 和 Plewa (1996) 指出，投资收益的 91.5% 由个人的资产配置决定，正确的资产配置是个人在安全性、流动性和收益性上取得良好的平衡。通过第三章的研究可以看出，金融教育影响投资者决策行为的一个重要维度是纠正投资者资产配置的非理性。据此，本节从资产配置的视角分析了金融教育影响投资收益的行为路径，为深入理解金融教育的有效性提供了理论依据。

(一) 投资者持股单一化与股票投资收益

表 6-9 给出了投资者持股单一化对投资收益影响的实证结果。列 (1) 为金融教育与持股单一化的关系分析，可以看出，金融教育显著地抑制了投资者的持股单一化，且相比新手投资者，经验相对丰富的投资者更倾向于持有种类多样的股票。从列 (2) 可见，持股单一化的边际效应显著为负，表明仅持有一两只股票的投资者无法避免单一资产所产生的极端风险，单一化的持股方式降低了投资者获取正超额收益的可能性。列 (3) 的被解释变量为股票投资盈利 10% 以上，关注变量的边际效应同样显著为负，表明在单一资产收益波动较大的情况下，持股单一化的投资者更难以获取高的超额回报。综上，实证分析结果说明了投资者通过接受金融教育的方式提升了选股能力，降低了持股单一化的可能性，从而提高了股票投资盈利的概率。

表 6-9　金融教育、持股单一化与投资收益

变量	(1)	(2)	(3)
	Probit	Probit	Probit
	持股单一化	股票投资盈利	股票投资盈利 10% 以上
金融教育	−0.019 *** (0.007)	—	—
投资经验适中	−0.115 *** (0.012)	—	—

表5-9(续)

变量	（1）	（2）	（3）
	Probit	Probit	Probit
	持股单一化	股票投资盈利	股票投资盈利10%以上
投资经验丰富	-0.176***	—	—
	(0.013)		
持股单一化	—	-0.031***	-0.022*
		(0.012)	(0.012)
是否控制其他变量	YES	YES	YES
观测值	7 627	7 627	7 627
R^2/Pseudo R^2	0.051	0.035	0.042

注：*、**、***分别表示在10%、5%、1%水平上显著。

（二）金融资产多元化与金融资产投资收益

投资者选择持有不同种类的金融资产来分散风险也是不确定条件下的典型资产配置问题。本节考察了接受金融教育是否促使投资者通过金融资产的多元化来捕捉不同的投资机会，以获取合理的收益-风险比，最终取得一个相对较高的投资收益率。在CIFES（2020）中，询问了投资者对各项金融资产[①]的资金配置比例，如果某类金融资产的配置比例大于0，则认为投资者持有该项金融资产，加总投资者所持金融资产种类数，得到金融资产多元化的代理变量。表6-10中的列（1）显示，金融教育促进了投资者对金融资产配置的多元化，经验相对丰富的投资者也将持有更多种类的金融资产。列（2）和列（3）为金融资产多元化对投资收益的影响分析结果，金融资产多元化的边际效应均在1%水平下显著为正，这意味着金融资产组合的多样性越大，投资者取得正收益的可能性越高。可以看出，金融教育有助于引导投资者优化金融资产配置，促使投资者更理智地衡量不同金融资产组合的收益与风险属性，从而充分利用不同资产收益之间的相关性来降低整个投资组合风险，提升资产组合单位风险收益，获取高的投资回报。

---

① 各金融资产类别包括：银行存款、金融理财产品、股票、基金、债券、期货、金融衍生品、保险、其他金融资产、投资性房地产。

表 6-10　金融资产多元化、金融教育与投资收益

变量	(1) OLS 金融资产种类数	(2) Probit 金融资产投资盈利	(3) Probit 金融资产投资盈利10%以上
金融教育	0.213*** (6.182)	—	—
投资经验适中	0.275*** (3.998)	—	—
投资经验丰富	0.302*** (4.097)	—	—
金融资产多元化	—	0.006*** (0.002)	0.009*** (0.002)
是否控制其他变量	YES	YES	YES
观测值	7 627	7 627	7 627
R^2/Pseudo R^2	0.081	0.035	0.043

注：*、**、***分别表示在10%、5%、1%水平上显著。

五、投资策略视角下金融教育提高投资收益的归因分析

金融市场中不同类型的投资者具有异质信念，在市场博弈中获得超额收益的关键，是合理地推断其他投资者对信息的反应，并根据短期或长期的资产价格趋势做出投资决策。趋势交易策略和被动交易策略是两种较为典型的决策模式。个人投资者由于信息的匮乏或对信息挖掘不够深入，往往采用趋势外推的方法作为交易的依据，表现出正反馈的交易特征（De Bondt，1993）。采用中国个人投资者交易数据的研究也发现，超过1/3的个人投资者倾向外推股价变化，在交易时采用趋势策略（攀登 等，2003）。被动交易策略的产生与有效市场假说有关，均衡市场价格完全反映了所有可得信息，投资者无法通过"低买高卖"的主动投资击败市场，因此，普通个人投资者没有敏感的金融触觉，不能做到"善观风色，善择时机"。被动投资者相信市场有效，选择全部复制或部分复制基金指数的方式，奉行"买入并持有（buy and hold）"，以期取得与指数较为接近的收益。基于投资策略对投资者回报获取的重要影响，本节考察了投资者的策略选择是否为金融教育提高投资收益的中介变量。

（一）正反馈交易策略与股票投资收益

借鉴 De Long 等（1990）对反馈交易策略的描述，CIFES（2020）的问卷中设计了测度投资者正反馈交易策略倾向的问题，依据"回顾您的股票交易经历，请问您通常是在个股的什么阶段买入"和"回顾您的股票交易经历，请问您通常是在个股的什么阶段卖出"，在买入阶段回答"上涨期"或在卖出阶段回答"下跌期"的投资者，被识别为正反馈交易策略者。表 6-11 汇报了回归分析结果。列（1）中金融教育的边际效应为负，且在 1% 水平上显著，说明金融教育降低了投资者追逐趋势的交易倾向。投资经验适中和投资经验丰富的边际效应也显著为负，即成熟投资者采用正反馈交易策略的可能性更低。列（2）和列（3）考察了正反馈交易策略对投资收益的影响，可以看出，边际效应均显著为负，表明反馈交易降低了投资者盈利的可能性，采用正反馈交易策略的投资者获取高收益的可能性也更低。与 De Long 等（1990）的研究类似，反馈交易者对基本面因素的关注度较低，多从资产价格变化中判断决策方向，忽略了市场信息含量，从而获利可能性降低。可见，金融教育通过降低投资者的趋势追逐倾向，转变交易策略，提高了投资者的获利可能性。

表 6-11　正反馈交易策略、金融教育与投资收益的回归分析结果

变量	(1)	(2)	(3)
	Probit	Probit	Probit
	正反馈交易策略	金融资产投资盈利	金融资产投资盈利10%以上
金融教育	−0.176*** (0.007)	—	—
投资经验适中	−0.030** (0.013)	—	—
投资经验丰富	−0.055*** (0.014)	—	—
正反馈交易策略	—	−0.259*** (0.010)	−0.153*** (0.010)
是否控制其他变量	YES	YES	YES
观测值	7 627	7 627	7 627
R^2/Pseudo R^2	0.083	0.089	0.050

注：*、**、*** 分别表示在 10%、5%、1% 水平上显著。

（二）被动管理型投资策略与金融资产投资收益

根据被动管理型投资策略的特点，依据 2020 年中国投资者教育现状调查问卷中投资者对各项金融资产的资金配置比例，借鉴吴卫星和尹豪（2019）的研究，将基金配置比率高于股票配置比率的投资者识别为被动管理型投资者。表 6-12 展示了被动管理型投资策略、金融教育与投资收益的分析结果。列（1）中，金融教育的边际效应显著为正，说明接受金融教育促进了投资者对基金产品的购买，减小了投资者直接持有股票的主动投资倾向。事实上，金融资产的投资是一项专业性极强的工作，普通个人投资者缺乏时间与精力来时时关注价格变化和市场动态，将投资决策交由具有专业能力的基金经理可减小投资者的决策成本，提高金融决策效率。此外，投资经验适中与投资经验丰富的边际效应为负，但不显著。从列（2）可以看出，采用被动管理型策略的投资者，金融资产投资盈利的可能性更高，列（3）表明，被动管理型策略也显著地正向影响投资者盈利 10% 以上。上述回归结果表明，金融教育在引导投资者树立长期投资理念方面具有重要作用，体现了个人投资者接受金融教育后，转变投资策略所带来的正向收益效应。

表 6-12　被动管理型投资策略、金融教育与投资收益的分析结果

变量	(1)	(2)	(3)
	Probit	Probit	Probit
	被动管理型投资策略	金融资产投资盈利	金融资产投资盈利 10% 以上
金融教育	0.137*** (0.007)	—	—
投资经验适中	−0.005 (0.013)	—	—
投资经验丰富	−0.003 (0.014)	—	—
被动管理型投资策略	—	0.160*** (0.012)	0.160*** (0.011)
是否控制其他变量	YES	YES	YES
观测值	7 627	7 627	7 627
R^2/Pseudo R^2	0.079	0.052	0.061

注：*、**、***分别表示在 10%、5%、1% 水平上显著。

六、长期接受金融教育意识的调节效应检验

前文对金融教育影响投资收益的机制分析表明，金融教育纠正了投资者资产配置的非理性行为，促进了投资者选择价值投资策略，从而获取了较高的超额收益。可见，金融教育是一个潜移默化的过程，对于投资者而言，提高金融知识水平，转变非理性的投资理念，不是一蹴而就的。事实上，金融教育在资本市场中是一项持续性、长期性工作，提升投资者长期接受金融教育的意识，培养良好的投资习惯，才能为提升金融福祉奠定坚实的基础。据此，本节分析了投资者长期接受金融教育的意识对金融教育效果的调节效应。根据 2020 年中国投资者教育现状调查问卷中的问题"您通常在什么时候可能会去获取投资者教育服务"，选择"长期接受投资者教育（定期或不定期地）"的投资者被识别为具有长期接受金融教育的意识。为验证调节效应的存在，分别引入长期接受金融教育意识与金融教育、金融教育投入度、金融教育接受度的交乘项，以考察调节效应的存在性，

表6-13分析了长期接受金融教育意识的调节效应。列（1）和列（2）中，长期接受金融教育意识的系数在1%水平下均显著为正，说明持续接受金融教育的投资者投资盈利的可能性更高。金融教育与长期接受金融教育意识的交乘项估计系数分别为 0.112 和 0.092，在1%的水平下显著，这表明具有长期接受金融教育意识的投资者，金融教育对获取正投资回报的促进作用更强。列（3）~列（6）的结果显示，金融教育投入度与长期学习意识的交互项系数不显著，金融教育接受度与长期学习意识的交互项系数显著为正，可见，长期金融教育意识提高了投资者金融教育接受度对投资收益的正向影响，说明投资者实际参与金融教育活动的频率越高，取得盈利的可能性越高。

表 6-13　金融教育、长期金融教育的意识与投资收益

变量	（1）	（2）	（3）	（4）	（5）	（6）
	Probit	Probit	Probit	Probit	Probit	Probit
	股票投资盈利	金融资产投资盈利	股票投资盈利	金融资产投资盈利	股票投资盈利	金融资产投资盈利
金融教育	0.069 *** （0.009）	0.019 ** （0.009）	—	—	—	—
金融教育× 长期金融教育意识	0.112 *** （0.016）	0.092 *** （0.016）	—	—	—	—
金融教育投入度	—	—	0.025 *** （0.009）	0.020 ** （0.009）	—	—
金融教育投入度× 长期金融教育意识	—	—	−0.003 （0.019）	0.005 （0.020）	—	—
金融教育接受度	—	—	—	—	0.081 *** （0.010）	0.022 ** （0.010）
金融教育接受度× 长期金融教育意识	—	—	—	—	0.118 *** （0.017）	0.098 *** （0.017）
长期金融教育意识	0.124 *** （0.014）	0.137 *** （0.014）	0.073 3 *** （0.014）	0.183 *** （0.012）	0.125 *** （0.014）	0.138 *** （0.014）
是否控制其他变量	YES	YES	YES	YES	YES	YES
观测值	7 627	7 627	7 627	7 627	7 627	7 627
R^2/Pseudo R^2	0.082	0.064	0.037	0.057	0.083	0.064

注：*、**、*** 分别表示在 10%、5%、1%水平上显著。

第五节　稳健性检验

为进一步确认研究结论的可靠性，本节从估计方法和变量构建两个方面进行了稳健性检验。

一、替换估计方法的稳健性检验

因变量为离散有序变量的分析方法还有 Ologit 模型，表 6-14 中列

（1）和列（2）采用 Ologit 模型估计了金融教育和投资经验对投资收益的影响，金融教育的系数显著为正，与基准模型的估计结果保持一致。投资经验适中和投资经验丰富的系数也显著为正，表明相比缺乏经验的投资者，经验相对丰富的投资者获得正收益的可能性更高，也与基准模型的回归结果吻合。此外，采用多元回归模型进行估计，关键变量的系数符号均保持不变，说明研究结论不受到模型选择的影响。

表 6-14　替换估计方法的稳健性检验

变量	(1)	(2)	(3)	(4)
	OLogit	OLogit	OLS	OLS
	股票投资收益	金融资产投资收益	股票投资收益	金融资产投资收益
金融教育	0.432 ***	0.334 ***	0.469 ***	0.299 ***
	(0.027)	(0.027)	(19.116)	(13.990)
投资经验适中	0.457 ***	0.163 ***	0.456 ***	0.137 4 ***
	(0.050)	(0.050 8)	(9.297)	(3.221)
投资经验丰富	0.876 ***	0.495 ***	0.821 ***	0.437 ***
	(0.056)	(0.054)	(15.628)	(9.549)
是否控制其他变量	YES	YES	YES	YES
观测值	7 627	7 627	7 627	7 627
R^2/Pseudo R^2	0.034	0.023	0.114	0.073

注：*、**、*** 分别表示在 10%、5%、1% 水平上显著。

二、替换关键变量的稳健性检验

替换关键变量也是常用的稳健性检验方法。在基准模型中，被解释变量为投资者股票投资收益和金融资产投资收益的离散有序变量。在稳健性检验中，采用二值因变量，投资者股票投资盈利 10% 以上为 1，否则为 0，金融资产投资盈利 10% 以上为 1，否则为 0。表 6-15 中列（1）和列（2）的结果显示，金融教育与投资经验显著地促进了投资者获得 10% 以上盈利的可能性。对于解释变量，再次运用变异系数法合成的金融教育指数作为金融教育的代理变量，采用投资者 2020 年前买入和卖出股票的平均次数衡量投资经验，Oprbit 模型的估计结果表明，金融教育的系数仍显著为正，投资者的金融市场实践经验越丰富，获取正回报的概率越高。综上可得，基本模型的回归结论不受到变量选择的影响，回归估计结果是稳健的。

表 6-15　替换关键变量的稳健性检验

变量	(1)	(2)	(3)	(4)
	Probit	Probit	OProbit	OProbit
	股票投资盈利10%以上	金融资产投资盈利10%以上	股票投资收益	金融资产投资收益
金融教育	0.095***	0.067***	0.432***	0.151***
	(0.007)	(0.007)	(0.027)	(0.020)
投资经验适中	0.174***	0.033**		
	(0.012)	(0.013)		
投资经验丰富	0.275***	0.094***		
	(0.012)	(0.014)		
交易平均次数	—	—	0.008	0.027***
			(0.006)	(0.006)
是否控制其他变量	YES	YES	YES	YES
观测值	7 627	7 627	7 627	7 627
R^2/Pseudo R^2	0.097	0.055	0.017	0.016

注：*、**、*** 分别表示在10%、5%、1%水平上显著。

第六节　本章小结

投资者参与金融市场的最终目的是通过优化金融资源配置，不断调整投资策略，以实现投资收益的最大化。基于此，本章重点关注了金融教育对投资绩效的影响，并从资产配置和投资策略的视角进行了归因分析，得到结论：首先，金融教育显著提高了投资者的股票投资收益和金融资产投资收益，且经验相对丰富的投资者盈利可能性更高。其次，在金融产品推出和新政策推出时接受金融教育的投资者，获取高投资回报（盈利10%以上）的可能性更高。再次，从资产配置行为转变的视角来看，受金融教育程度更高的投资者，通过降低持股单一化和提高金融资产的多元化，提高了股票投资收益和金融资产投资收益。从投资策略转变的视角来看，金融教育将降低投资者的趋势追逐倾向，提高投资者选择被动管理型策略的可能性，从而促进了投资者获得高投资收益。最后，具有长期接受金融教育意识的投资者取得正回报的可能性也更高。

第七章 结论、建议、不足与展望

第一节 研究结论

本书以行为金融学有关非理性行为的决策心理分析为理论基础，以中国证券投资者表现出的典型非理性行为为现实依据，研究了金融教育和投资经验对投资者非理性行为的影响，着重讨论了如下四个问题：

其一，对于买入决策的非理性，分析了金融教育与投资经验对投资者股票资产持有单一化和金融资产组合分散化的影响，并探讨了金融知识渠道和金融能力渠道的传导效应。

其二，对于投资者的过度交易行为，讨论了金融教育和投资经验在降低投资者过度交易方面的作用，并检验了金融信息解读能力和金融风险感知能力的中介效应。

其三，对于卖出决策的非理性，研究了金融教育与投资经验对投资者主观和客观处置效应的影响，从金融知识和信息获取进行了机制检验。

其四，在投资者接受金融教育的福利分析方面，探讨了金融教育对投资者股票投资收益和金融资产投资收益的影响，并基于资产配置视角和投资策略视角进行了归因。

通过上述分析，得到了以下主要研究结论：

一是金融教育显著降低了投资者非理性的买入决策。具体来讲，投资者受金融教育程度越高，持股单一化的可能性越低，资产组合的分散化程度越高。金融教育主要通过提高投资者的金融知识水平和提升投资者的基本投资技能作用于买入决策。投资经验与持股单一化呈"U"形关系，与投资组合分散化呈倒"U"形关系，且投资经验的传导渠道主要是投资技能的提升，表现为熟能生巧效应。异质性分析表明，没有系统地学习过金融知识的投资者在进入金融市场后接受金融教育，会更为理性地优化投资组合，减少集中化的金融资产持有。此外，在数字金融发展缺位的区域，金融教育对优化投资者资产配置的作用效果更佳。

二是提高投资者的金融教育水平有助于降低投资者的过度交易倾向和过度交易程度。投资经验与过度交易呈倒"U"形，即入市后具有一定实践经验的投资者倾向于过度交易，而随着投资经验的不断积累，老练投资者将选择适当的交易频率。金融教育纠正非理性交易行为的心理学基础降低了投资者的赌博偏好与感觉寻求，金融能力传导渠道提升了投资者的信息解读能力和风险感知能力。此外，实证表明，初入市场过度交易的投资者，更难以在股市中盈利。

三是金融教育对降低投资者卖出盈利股票而长期持有亏损股票的处置效应同样显著，金融教育水平的提高也改善了投资者对处置效应的自我感知。而投资经验与处置效应呈"U"形，经验匮乏和经验丰富的投资者处置效应更严重。相关的机制检验结果显示，金融教育主要通过提高投资者的金融知识水平和金融信息获取能力降低投资者的主观和客观处置效应，投资经验主要通过信息渠道改善处置效应。不同群体的差异性分析表明，金融教育更为显著地抑制了不具有赌博偏好或感觉寻求、持股周期为1个月以上~3个月的投资者的处置效应。

四是金融教育是提高投资者金融福祉的有效方式。投资者通过接受金融教育提高了股票投资收益和金融资产投资收益，且经验相对丰富的投资者盈利可能性更高。从资产配置行为转变的归因来看，受金融教育程度更高的投资者，通过降低持股单一化和提高金融资产的多元化，提高了股票投资收益和金融资产投资收益。从投资策略转变的归因来看，金融教育将降低投资者的趋势追逐倾向，提高投资者选择被动管理型策略的可能性，从而促进了投资者获得高投资收益。

第二节 政策建议

一、从国家战略层面制定金融教育的中长期发展规划，稳步推进金融教育纳入国民教育体系

金融教育是一项惠及民生、保障资本市场稳定运行、促进整个经济社会和谐发展的系统工程。本书的研究结果也体现了金融教育在提升投资者理性水平和提高收益收益方面的重要作用。诸多发达国家已制定了金融教育的国家战略，调动全社会的力量参与其中。我国金融市场仍处于培育成长阶段，投资者群体结构的特殊性和基础素养的匮乏更是凸显了金融教育的重要作用。但金融教育具有公益性、长期性、高投入、成效缓慢的特点，各方对"功在当代，利在千秋"的金融教育重视程度还有限。基于此，需要从顶层设计的角度以国家发展战略为基础，分阶段制定细化的中期、长期政策目标，提高金融教育的资源投入，扭转"碎片化""运动式"的金融教育范式。此外，本书关于投资者开始接受金融教育的时间和长期接受金融教育意识的研究结果表明，有效金融教育具有基础性和长期性。据此，应稳步推进金融教育纳入国民教育体系，实现金融教育的抓早抓小，达到青少年时期接受良好的金融教育，成年后客观、理性地参与金融市场的效果，这也是提高金融教育整体效率的治本之道。

二、充分发挥各金融教育主体的资源优势，形成合力以提高金融教育的有效性

从金融教育对投资决策和交易行为的影响机制来看，金融教育促进了投资者掌握金融知识，提高了投资者的金融投资技能、金融风险意识和金融信息解读能力等。而实施金融教育的各主体在资源优势方面恰好可以与针对性的金融教育相匹配。具体来讲，可由金融监管部门（一行两会）统筹金融教育资源，从顶层设计的角度完善制度体系建设，确定各方金融教育准则等；由国民教育体系承接基础金融知识教育内容，培育"潜在投资者"的理性投资意识；由自律性组织包括各交易所（证券交易所、期货交易所）以及各类行业协会（证券业协会、基金业协会等）负责有关投资者权益教育、施教者的培训与认证等，以契合该主体的职能定位；由金融机构提供个性化、差异化的专业金融知识教育、投资技能教育、风险意识教育等，依托互联网、人工智能、大数据，形成满足各类投资者需求、层次分明、重点突出的内容架构；由媒体拓展金融信息供给，通过多样化的传播途径和方法提高投资者对金融教育的重视度等；由其他第三方机构作为金融教育的重要辅助，丰富金融教育的手段与产品等。最终，各主体达成共识，形成较为完善的有效衔接、角色互补的金融教育长效机制。

三、建立金融教育反馈机制，重视对金融教育效果的跟踪与评估

随着金融业态的多元化发展，制度创新和产品创新层出不穷，金融教育的难度不断提升。而一味填鸭式的单向金融教育难以引发投资者的共鸣，缺乏与投资者的沟通互动也使得金融教育的诸多举措成为应景之作。因此，有必要制定科学的金融教育有效性评估标准，建立金融教育反馈机制，重视倾听受金融教育者的回应。具体来讲，可对个人接受金融教育前后的金融知识、投资技能等进行追踪分析，关注受金融教育者的理财意识、投资策略、金融消费行为转变，收集反馈信息以不断调整和完善金融教育方案。另外，还可以针对各金融教育主体，制定与金融教育效果挂钩的激励机制，形成金融教育工作反哺主体业务的良性循环。

第三节　研究不足与展望

行为金融学开拓了传统金融理论关于个人经济行为的研究思路与方法，关注了主宰金融市场的"人"实际是怎样做决策的，揭示了诸多有悖于传统金融理论的非理性行为。投资者行为研究是行为金融学领域较为活跃的分支之一，学者们在探究投资者非理性行为的成因方面也取得了丰硕

的研究成果。基于现有研究，本书探讨了金融教育与投资经验在改善投资者行为偏差方面的作用及相应的传导渠道，在研究数据、研究视角和指标构建方面具有一定的创新性，得出了有意义的研究结论，但也存在着一定的局限性，在今后的研究中还有待完善，现归纳如下：

首先，投资者的非理性行为种类繁多，虽然按照投资者的决策阶段，结合投资者行为偏差的已有研究，选取了三种较为典型的非理性行为，即买入决策时资产配置的非理性、交易过程中的过度交易、卖出决策时卖出盈利股票而长期持有亏损股票的处置效应，但与不可枚举的个体交易行为偏差相比，仍稍显不足。行为金融学在吸纳心理学、社会学等相关学科研究成果的基础上，还在不断挖掘传统金融理论无法解释的个人"异常"金融行为，而如何选择具有充分代表性的非理性行为，还缺乏统一的标准。据此，有必要分类整合研究中已捕捉到的投资者非理性表现，形成一个较为完善的经济个体非理性决策理论框架。

其次，本书通过梳理国内外有关金融教育指标构建的研究，参考诸多指数编制的方法，结合现阶段中国金融教育发展的实际状况，形成了中国投资者金融教育指数。虽然笔者对指标体系和指数编制的方法反复推敲，但仍可能存在一些缺陷，例如金融教育的接受度不仅包括对不同金融教育内容的接受频率，还可能涉及投资者接受不同金融教育主体提供相关服务的频率。笔者所在的课题组正在筹备 2022 年的中国投资者教育现状问卷调查，为进一步完善金融教育指标体系，拟在问卷中添加有关问题，细化投资者接受各金融教育主体提供教育服务的频率等，以期更准确地描绘中国投资者金融教育现状的完整图景。

最后，金融教育数据的缺失极大地限制了相关领域的实证研究。本书采用金融教育问卷调查数据与投资者交易数据，在调查过程中严格施行质量控制与数据审查，尽可能获取高质量的研究数据集。考虑到遗漏变量与反向因果等问题，在实证中采用工具变量法，以尝试缓解内生性对估计结果的影响。但是，调查数据的可靠性本身就常常受到质疑，截面数据的微观实证也很难真正克服社会科学研究中普遍存在的内生性问题。在 2020 年的中国投资者教育现状调查中，笔者所在的课题组实现了调查数据与交易数据的——匹配，在数据收集方面取得了突破性成果，也保障了样本质量。为获取理想的面板数据结构以较好地解决实证研究的内生性问题，2022 年的中国投资者教育现状问卷调查将延续数据匹配的模式，并与合作方共同努力完成受访者的追踪工作。希望通过逐年的金融教育调查为社会各界提供一套反映中国金融教育发展现状和演变趋势的基础数据。

参考文献

陈浪南，陈文博，2020. 中国股市非对称 V 字形处置效应的实证研究 [J]. 管理
　工程学报，34（1）：63-78.

陈志英，2013. 状态变化和学习行为下的最优资产组合选择 [J]. 管理科
　学，26（2）：81-89.

杜征征，李云峰，闫彬，2017. 金融教育有助于投资者权益保护吗？[J]. 证券
　市场导报（6）：43-49.

冯旭南，2014. 中国投资者具有信息获取能力吗?：来自"业绩预告"效应
　的证据 [J]. 经济学（季刊），13（3）：1065-1090.

傅秋子，黄益平，2018. 数字金融对农村金融需求的异质性影响：来自中
　国家庭金融调查与北京大学数字普惠金融指数的证据 [J]. 金融研究，
　11：68-84.

甘犁，尹志超，贾男，等，2013. 中国家庭资产状况及住房需求分析 [J]. 金融
　研究，4：1-14.

顾海峰，2009. 我国证券市场个人投资者教育问题研究 [J]. 上海金融，
　5：48-51.

郭峰，王靖一，王芳，等，2020. 测度中国数字普惠金融发展：指数编制
　与空间特征 [J]. 经济学（季刊），19（4）：1401-1418.

何大安，2005. 理性选择向非理性选择转化的行为分析 [J]. 经济研究，
　8：73-83.

何琳洁，马超群，2009. 金融演化背景下投资者理性与本质探析 [J]. 求

索，6：33-34，126.

胡振，臧日宏，2016. 风险态度、金融教育与家庭金融资产选择 [J]. 商业经济与管理，8：64-76.

黄方亮，孙莉，陈静，等，2019. 投资者 IPO 信息获取与权益保护：基于成熟投资者问卷调查的研究 [J]. 南开管理评论，22（1）：181-193.

黄益平，黄卓，2018. 中国的数字金融发展：现在与未来 [J]. 经济学（季刊），17（4）：1489-1502.

贾宪军，王爱萍，胡海峰，2019. 金融教育投入与家庭投资行为：基于中国城市居民家庭消费金融调查数据的实证分析 [J]. 金融论坛，24（12）：27-37.

李冬昕，李心丹，肖斌卿，2011. 投资者经验、强化型学习与证券市场稳定 [J]. 南京社会科学，1：43-48，54.

李建军，李俊成，2020. 普惠金融与创业："授人以鱼"还是"授人以渔"？[J]. 金融研究，1：69-87.

李建勇，刘海二，曹战京，2015. 证券投资者教育与国民教育体系 [J]. 上海金融，2：50-55.

李心丹，王冀宁，傅浩，2002. 中国个体证券投资者交易行为的实证研究 [J]. 经济研究，11：54-63，94.

李新路，张文修，2005. 中国股票市场个体投资者"处置效应"的实证研究 [J]. 当代经济科学，5：76-80，111.

李学峰，王兆宇，苏晨，2011. 什么导致了处置效应：基于不同市场环境的模拟研究与经验检验 [J]. 世界经济，12：140-155.

李学锋，段会亮，申挚，2013. 处置效应与反处置效应对基金投资绩效的影响 [J]. 证券市场导报，11：41-46.

廖理，贺裴菲，张伟强，2013. 中国个人投资者的过度自信和过度交易研究 [J]. 投资研究，32（8）：35-46.

廖理，张云亭，张伟强，2018. 中国融资投资者是否更为过度交易 [J]. 系统工程理论与实践，38（4）：836-847.

林卉，许尤洋，刘峰，2016. 中国资本市场"框架效应"现象的实证研究：

基于中组部 18 号文的自然实验 [J]. 经济研究, 51 (12): 161-175.

刘莎莎, 孔高文, 2017. 信息搜寻、个人投资者交易与股价联动异象: 基于股票送转的研究 [J]. 金融研究, 11: 143-157.

刘维奇, 李娜, 2019. 投资者学习行为与股票市场波动 [J]. 山西大学学报 (哲学社会科学版), 42 (1): 125-136.

路晓蒙, 张勇, 潘黎, 2020. 持股周期与股票盈利: 来自中国 A 股市场的证据 [J]. 统计研究, 37 (4): 32-45.

攀登, 施东晖, 曹敏, 2003. 中国个人投资者采用股价趋势交易策略的经验研究 [J]. 世界经济, 26 (11): 71-77.

彭倩, 李建勇, 宋明莎, 2019. 金融教育、金融素养与投资组合的分散化行为: 基于一项投资者金融教育调查的实证分析 [J]. 财经科学, 6: 14-27.

孙端, 2015. 考虑噪音交易的投资者学习与交易调整研究 [J]. 统计与决策, 19: 170-173.

孙永苑, 杜在超, 张林, 等, 2016. 关系、正规与非正规信贷 [J]. 经济学 (季刊), 15 (2): 597-626.

谭松涛, 2007. 行为金融理论: 基于投资者交易行为的视角 [J]. 管理世界, 8: 140-150.

谭松涛, 2013. 自我归因偏差、学习与股民的过度自信 [J]. 经济理论与经济管理, 11: 71-79.

谭松涛, 陈玉宇, 2012. 投资经验能够改善股民的收益状况吗: 基于股民交易记录数据的研究 [J]. 金融研究, 5: 164-178.

谭松涛, 王亚平, 2006. 股民过度交易了么?: 基于中国某证券营业厅数据的研究 [J]. 经济研究, 10: 83-95.

王冀宁, 李心丹, 刘玉灿, 2004. 基于信号传递博弈的中国股票投资者的学习机制研究 [J]. 数量经济技术经济研究, 9: 78-83.

王志强, 苏刚, 张泽, 2016. 投资者特征与处置效应: 来自中国 A 股融资交易的证据 [J]. 财经问题研究, 11: 30-38.

文凤华, 陈耀年, 黄德龙, 等, 2007. 过度自信、后悔厌恶与收益率分布非正态特征 [J]. 财经理论与实践, 5: 59-65.

吴卫星，吕学梁，2013. 中国城镇家庭资产配置及国际比较：基于微观数据的分析 [J]. 国际金融研究，10：45-57.

吴卫星，吴锟，张旭阳，2018. 金融素养与家庭资产组合有效性 [J]. 国际金融研究，5：66-75.

吴卫星，尹豪，2019. 工作时长与风险金融市场参与 [J]. 国际金融研究 (6)：77-86.

吴雨，李晓，李洁，等，2021. 数字金融发展与家庭金融资产组合有效性 [J]. 管理世界，37 (7)：92-104，7.

武佳薇，汪昌云，陈紫琳，等，2020. 中国个人投资者处置效应研究：一个非理性信念的视角 [J]. 金融研究 (2)：147-166.

肖经建，2011. 消费者金融行为、消费者金融教育和消费者福利 [J]. 经济研究，46 (S1)：4-16.

谢晓非，徐联仓，1995. 风险认知研究概况及理论框架 [J]. 心理学动态 (2)：17-22.

谢绚丽，沈艳，张皓星，等，2018. 数字金融能促进创业吗?：来自中国的证据 [J]. 经济学（季刊），17 (4)：1557-1580.

尹志超，宋全云，吴雨，2014. 金融知识、投资经验与家庭资产选择 [J]. 经济研究，49 (4)：62-75.

张号栋，尹志超，2016. 金融知识和中国家庭的金融排斥：基于 CHFS 数据的实证研究 [J]. 金融研究 (7)：80-95.

张伟强，王珺，廖理，2011. 中国个人权证投资者处置效应研究 [J]. 清华大学学报（哲学社会科学版），26 (4)：112-122，160.

张玉玲，迟国泰，祝志川，2011. 基于变异系数-AHP 的经济评价模型及中国十五期间实证研究 [J]. 管理评论，23 (1)：3-13.

张正平，杨丹丹，2017. 市场竞争、新型农村金融机构扩张与普惠金融发展：基于省级面板数据的检验与比较 [J]. 中国农村经济 (1)：30-43，94.

赵学军，王永宏，2001. 中国股市"处置效应"的实证分析 [J]. 金融研究 (7)：92-97.

周广肃，梁琪，2018. 互联网使用、市场摩擦与家庭风险金融资产投资 [J]. 金融研究 (1)：84-101.

周弘，2015. 风险态度、消费者金融教育与家庭金融市场参与 [J]. 经济科学 (1)：79-88.

周弘，2016. 金融教育需求、闲暇时间配置与消费者金融教育选择 [J]. 上海财经大学学报，18 (4)：40-51.

周铭山，周开国，张金华，等，2011. 我国基金投资者存在处置效应吗？：基于国内某大型开放式基金交易的研究 [J]. 投资研究，30 (10)：87-97.

周洋，王维昊，刘雪瑾，2018. 认知能力和中国家庭的金融排斥：基于 CFPS 数据的实证研究 [J]. 经济科学 (1)：96-112.

朱涛，吴宣文，李苏乔，2016. 金融素养与风险态度：来自微观调查数据的实证研究 [J]. 科技与经济，29 (1)：62-66.

庄学敏，2009. 投资者信心、投资者行为与投资者教育效率研究 [J]. 经济管理，31 (2)：156-164.

曾志耕，何青，吴雨，等，2015. 金融知识与家庭投资组合多样性 [J]. 经济学家 (6)：86-94.

ABOODY D, LEHAVY R, TRUEMAN B, 2010. Limited attention and the earnings announcement returns of past stock market winners [J]. Review of accounting studies, 15 (2)：317-344.

ABREU M, MENDES V, 2010. Financial literacy and portfolio diversification [J]. Quantitative finance, 10 (5)：515-528.

AGNEW J R, 2006. Do behavioral biases vary across individuals? Evidence from individual level 401 (k) data [J]. Journal of financial and quantitative analysis, 41 (4)：939-962.

AGNEW J R, BATEMAN H, THORP S, 2013. Financial literacy and retirement planning in Australia [J]. Numeracy：advancing education in quantitative literacy, 6 (2)：202-235.

AGNEW J, SZYKMAN L, 2011. Annuities, financial literacy and information overload [J]. Financial literacy：implications for retirement security and the financial marketplace, 10 (2): 158-178.

ALAN S, 2006. Entry costs and stock market participation over the life cycle
[J]. Review of economic dynamics, 9 (4): 588-611.

ALMENBERG J, SäVE-SöDERBERGH J, 2011. Financial literacy and retire-
ment planning in Sweden [J]. Journal of pension economics & finance, 10
(4): 585-598.

ALTONJI J G, ELDER T E, TABER C R, 2005. Selection on observed and
unobserved variables: assessing the effectiveness of catholic schools [J].
Journal of political economy, 113 (1): 151-184.

ANDERSON A, BAKER F, ROBINSON D T, 2017. Precautionary savings,
retirement planning and misperceptions of financial literacy [J]. Journal of fi-
nancial economics, 126 (2): 383-398.

ANDREASSEN P B, 1988. Explaining the price - volume relationship: the
difference between price changes and changing prices [J]. Organizational be-
havior and human decision processes, 41 (3): 371-389.

ARRONDEL L, DEBBICH M, SAVIGNAC F, 2015. Stockholding in France:
the role of financial literacy and information [J]. Applied economics letters,
22 (16): 1315-1319.

ARROW K J, 1962. The economic implications of learning by doing [J]. The
review of economic studies, 29 (3): 155-173.

ATKINSON A, MCKAY S, COLLARD S, et al., 2007. Levels of financial ca-
pability in the UK [J]. Public money and management, 27 (1): 29-36.

ATKINSON A, MESSY F A, 2013. Promoting financial inclusion through fi-
nancial education [J]. OECD working rapers on finance, insurance and pri-
vate pensions, 34: 1.

BAKER K, ESGATE A, GROOME D, et al., 2004. An introduction to
applied cognitive psychology [M]. New York: Psychology Press.

BARBER B M, LEE Y T, LIU Y J, et al., 2007. Is the aggregate investor re-
luctant to realise losses? Evidence from Taiwan [J]. European financial man-

agement, 13 (3): 423-447.

BARBER B M, LEE Y T, LIU Y J, et al., 2009. Just how much do individual investors lose by trading? [J]. The review of financial studies, 22 (2): 609-632.

BARBER B M, ODEAN T, 2000. Trading is hazardous to your wealth: the common stock investment performance of individual investors [J]. The journal of finance, 55 (2): 773-806.

BARBER B M, ODEAN T, 2001. Boys will be boys: gender, overconfidence, and common stock investment [J]. The quarterly journal of economics, 116 (1): 261-292.

BARBER B M, ODEAN T, ZHENG L, 2005. Out of sight, out of mind: the effects of expenses on mutual fund flows [J]. The journal of business, 78 (6): 2095-2120.

BARBER B M, ODEAN T, ZHU N, 2008. Do retail trades move markets? [J]. The review of financial studies, 22 (1): 151-186.

BARBERIS N, XIONG W, 2009. What drives the disposition effect? An analysis of a long-standing preference-based explanation [J]. The journal of finance, 64 (2): 751-784.

BARBERIS N, XIONG W, 2012. Realization utility [J]. Journal of financial economics, 104 (2): 251-271.

BARON R A, 1998. Cognitive mechanisms in entrepreneurship: why and when enterpreneurs think differently than other people [J]. Journal of business venturing, 13 (4): 275-294.

BATTY M, COLLINS J M, ODDERS - WHITE E, 2015. Experimental evidence on the effects of financial education on elementary school students' knowledge, behavior, and attitudes [J]. Journal of consumer affairs, 49 (1): 69-96.

BAUMANN C, HALL T, 2012. Getting C inderella to the ball: putting education at the heart of financial education: a conceptual exploration of the potential role of education within financial education [J]. International journal of consumer studies, 36 (5): 508-514.

BAYER P J, BERNHEIM B D, SCHOLZ J K, 1996. The effects of financial education in the workplace: evidence from a survey of employers [J]. Social science electronic publishing, 12 (6): 201-312.

BECCHETTI L, CAIAZZA S, COVIELLO D, 2013. Financial education and investment attitudes in high schools: evidence from a randomized experiment [J]. Applied financial economics, 23 (10): 817-836.

BECKER G S, 1962. Investment in human capital: a theoretical analysis [J]. Journal of political economy, 70 (5, Part 2): 9-49.

BECKER G S, 1985. Human capital, effort, and the sexual division of labor [J]. Journal of labor economics, 3 (1, Part 2): S33-S58.

BECKER G S, TOMES N, 1986. Human capital and the rise and fall of families [J]. Journal of labor economics,, 4 (3, Part 2): S1-S39.

BECKMANN E, 2013. Financial literacy and household savings in Romania [J]. Numeracy, 6 (2): 9.

BELL D E, 1982. Regret in decision making under uncertainty [J]. Operations research, 30 (5): 961-981.

BENARTZI S, THALER R H. 2001. Naive diversification strategies in defined contribution saving plans [J]. American economic review,, 91 (1): 79-98.

BENARTZI S, THALER R H, 1995. Myopic loss aversion and the equity premium puzzle [J]. The quarterly journal of economics, 110 (1): 73-92.

BEN-DAVID I, HIRSHLEIFER D, 2012. Are investors really reluctant to realize their losses? Trading responses to past returns and the disposition effect [J]. The review of financial studies, 25 (8): 2485-2532.

BERG G, ZIA B, 2017. Harnessing emotional connections to improve financial decisions: evaluating the impact of financial education in mainstream media [J]. Journal of the european economic association, 15 (5): 1025-1055.

BERNHEIM B D, GARRETT D M, 1996. The determinants and consequences of financial education in the workplace: evidence from a survey of households (working paper No. 5667) [D]. Cambridge, MA: National Bureau of Economic Research.

BERNHEIM B D, GARRETT D M, 2003. The effects of financial education in the workplace: evidence from a survey of households [J]. Journal of public economics, 87 (7-8): 1487-1519.

BERNHEIM B D, GARRETT D M, MAKI D M, 2001. Education and saving: the long-term effects of high school financial curriculum mandates [J]. Journal of public economics, 80 (3): 435-465.

BERRY J, KARLAN D, PRADHAN M, 2018. The impact of financial education for youth in Ghana [J]. World development, 102: 71-89.

BLUME M E, KEIM D B, 2012. Institutional investors and stock market liquidity: trends and relationships [J]. Jacobs levy equity management center for quantitative financial research paper, 22: 151-189..

BORDALO P, GENNAIOLI N, SHLEIFER A, 2012. Salience theory of choice under risk [J]. The quarterly journal of economics, 127 (3): 1243-1285.

BOWEN C F, 2002. Financial knowledge of teens and their parents [J]. Financial counseling and planning, 13 (2): 93-102.

BREITMAYER B, HASSO T, PELSTER M, 2019. Culture and the disposition effect [J]. Economics letters, 184: 108653.

BRENNAN M J, 1975. The optimal number of securities in a risky asset portfolio when there are fixed costs of transacting: theory and some empirical results [J]. Journal of financial and quantitative analysis, 10 (3): 483-496.

BROWN P, CHAPPEL N, DA SILVA ROSA R, et al., 2006. The reach of the disposition effect: large sample evidence across investor classes [J]. International review of finance, 6 (1-2): 43-78.

CALCAGNO R, MONTICONE C, 2015. Financial literacy and the demand for financial advice [J]. Journal of banking & finance, 50: 363-380.

CAMERER C, 2020. Individual decision making [M]. Princeton: Princeton

University Press.

CAMPBELL J Y, 2006. Household finance [J]. The journal of finance, 61 (4): 1553-1604.

CAMPBELL J Y, RAMADORAI T, RANISH B, 2014. Getting better or feeling better? How equity investors respond to investment experience [D]. Cambridge, MA: National Bureau of Economic Research.

CARLIN B I, 2009. Strategic price complexity in retail financial markets [J]. Journal of financial economics, 91 (3): 278-287.

CARLOS HATCHONDO J, 2008. Asymmetric information and the lack of portfolio diversification [J]. International economic review, 49 (4): 1297-1330.

CARSWELL A T, 2009. Does housing counseling change consumer financial behaviors? Evidence from Philadelphia [J]. Journal of family and economic issues, 30 (4): 339-356.

CHEN G, KIM K A, NOFSINGER J R, et al., 2007. Trading performance, disposition effect, overconfidence, representativeness bias, and experience of emerging market investors [J]. Journal of behavioral decision making, 20 (4): 425-451.

CHERNENKO S, HANSON S G, SUNDERAM A, 2016. Who neglects risk? Investor experience and the credit boom [J]. Journal of financial economics, 122 (2): 248-269.

CHO J, JO K, 2006. Overconfidence and information: the differences between individuals and institutions [J]. Available at SSRN, 12 (7): 891-1085.

CHOI J J, LAIBSON D, MADRIAN B C, et al. 2009. Reinforcement learning and savings behavior [J]. The journal of finance, 64 (6): 2515-2534.

CHOU S R, HSU H L, HUANG G L, 2010. Investor attitudes and behavior towards inherent risk and potential returns in financial products [J]. International research journal of finance and economics, 44 (1): 16-30.

CHRISTELIS D, JAPPELLI T, PADULA M, 2010. Cognitive abilities and portfolio choice [J]. European economic review, 54 (1): 18-38.

CICI G, 2010. The relation of the disposition effect to mutual fund trades and performance [J]. Available at SSRN, 23 (12): 645-841.

CLARKE V A, LOVEGROVE H, WILLIAMS A, et al., 2000. Unrealistic optimism and the health belief model [J]. Journal of behavioral medicine, 23 (4): 367-376.

COHEN G, KUDRYAVTSEV A, 2012. Investor rationality and financial decisions [J]. Journal of behavioral finance, 13 (1): 11-16.

CORDERO J M, PEDRAJA F, 2019. The effect of financial education training on the financial literacy of Spanish students in PISA [J]. Applied economics, 51 (16): 1679-1693.

CORICELLI G, DOLAN R J, SIRIGU A, 2007. Brain, emotion and decision making: the paradigmatic example of regret [J]. Trends in cognitive sciences, 11 (6): 258-265.

CORTER J E, CHEN Y J, 2006. Do investment risk tolerance attitudes predict portfolio risk? [J]. Journal of business and psychology, 20 (3): 369.

COVAL J D, SHUMWAY T, 2005. Do behavioral biases affect prices? [J]. The journal of finance, 60 (1): 1-34.

DANES S M, HABERMAN H, 2007. Teen financial knowledge, self-efficacy, and behavior: a gendered view [J]. Journal of financial counseling and planning, 18 (2): 241-270.

DAYAN P, WATKINS C J C H, 2002. Reinforcement learning [J]. Stevens' handbook of experimental psychology, 3: 103-129.

DE BONDT W F M, THALER R H, 1995. Financial decision-making in markets and firms: a behavioral perspective [J]. Handbooks in operations research and management science, 9: 385-410.

DE BONDT W F M, THALER R, 1985. Does the stock market overreact? [J]. The journal of finance, 40 (3): 793-805.

DE BONDT W P M, 1993. Betting on trends: intuitive forecasts of financial risk and return [J]. International journal of forecasting, 9 (3): 355-371.

DE LONG J B, SHLEIFER A, SUMMERS L H, et al., 1990. Positive feed-
back investment strategies and destabilizing rational speculation [J]. The
journal of finance, 45 (2): 379-395.

DE S, GONDHI N R, POCHIRAJU B, 2010. Does sign matter more than
size? An investigation into the source of investor overconfidence [J]. An in-
vestigation into the source of investor overconfidence , 8 (12): 315-390.

DELAVANDE A, ROHWEDDER S, WILLIS R J, 2008. Preparation for re-
tirement, financial literacy and cognitive resources [J]. Michigan retirement
research center research paper, 190: 1250-1335.

DEMIRGüç-KUNT A, KLAPPER L, 2013. Measuring financial inclusion:
explaining variation in use of financial services across and within countries
[J]. Brookings papers on economic activity, 1: 279-340.

DHAR R, ZHU N, 2006. Up close and personal: investor sophistication and
the disposition effect [J]. Management science, 52 (5): 726-740.

DIXON M R, GIROUX I, JACQUES C, et al., 2018. What characterizes ex-
cessive online stock trading? A qualitative study [J]. Journal of gambling is-
sues, 38: 378-412.

DORN D, HUBERMAN G, 2005. Talk and action: what individual investors
say and what they do [J]. Review of finance, 9 (4): 437-481.

DORN D, SENGMUELLER P, 2009. Trading as entertainment? [J]. Manage-
ment science, 55 (4): 591-603.

DRAKE M S, ROULSTONE D T, THORNOCK J R, 2012. Investor
information demand: evidence from google searches around earnings an-
nouncements [J]. Journal of accounting research, 50 (4): 1001-1040.

EDELEN R, EVANS R, KADLEC G, 2013. Shedding light on "invisible"
costs: trading costs and mutual fund performance [J]. Financial analysts
journal, 69 (1): 33-44.

ELLSBERG D, 1961. Risk, ambiguity, and the Savage axioms [J]. The quarterly journal of economics, 15: 643-669.

FENG L, SEASHOLES M S, 2005. Do investor sophistication and trading experience eliminate behavioral biases in financial markets? [J]. Review of finance, 9 (3): 305-351.

FERNANDES D, LYNCH JR J G, NETEMEYER R G, 2014. Financial literacy, financial education, and downstream financial behaviors [J]. Management science, 60 (8): 1861-1883.

FONG W, 2014. The lottery mindset: Investors, gambling and the stock market [M]. Berlin: Springer.

FORNERO E, MONTICONE C, 2011. Financial literacy and pension plan participation in Italy [J]. Journal of pension economics & finance, 10 (4): 547-564.

FOSTER F D, VISWANATHAN S, 1990. A theory of the interday variations in volume, variance, and trading costs in securities markets [J]. The review of financial studies, 3 (4): 593-624.

FOX J, BARTHOLOMAE S, LEE J, 2005. Building the case for financial education [J]. Journal of consumer affairs, 39 (1): 195-214.

FRAZZINI A, 2006. The disposition effect and underreaction to news [J]. The journal of finance, 61 (4): 2017-2046.

FRENCH K R, POTERBA J M, 1991. Investor diversification and international equity markets [J]. The American economic review, 81 (2): 222-226.

FRIEDLOB G T, PLEWA JR F J, 1996. Understanding return on investment [M]. Hoboken: John Wiley & Sons.

FRIEND I, BLUME M E, 1975. The demand for risky assets [J]. The American economic review, 65 (5): 900-922.

FRINO A, LEPONE G, WRIGHT D, 2015. Investor characteristics and the disposition effect [J]. Pacific-basin finance journal, 31: 1-12.

GARMAN E T, 1998. The business case for financial education [J]. Personal finances and worker productivity, 2 (1): 81-93.

GERRANS P, HEANEY R, 2019. The impact of undergraduate personal finance education on individual financial literacy, attitudes and intentions [J]. Accounting & finance, 59 (1): 177-217.

GLASER M, WEBER M, 2007. Overconfidence and trading volume [J]. The geneva risk and insurance review, 32 (1): 1-36.

GLASER M, WEBER M, 2009. Which past returns affect trading volume? [J]. Journal of financial markets, 12 (1): 1-31.

GLASS G V, 1976. Primary, secondary, and meta-analysis of research [J]. Educational researcher, 5 (10): 3-8.

GOETZMANN W N, KUMAR A, 2008. Equity portfolio diversification [J]. Review of finance, 12 (3): 433-463.

GOLEC J, TAMARKIN M, 1998. Bettors love skewness, not risk, at the horse track [J]. Journal of political economy, 106 (1): 205-225.

GRAHAM J R, HARVEY C R, HUANG H, 2009. Investor competence, trading frequency, and home bias [J]. Management science, 55 (7): 1094-1106.

GREENWOOD R, NAGEL S, 2009. Inexperienced investors and bubbles [J]. Journal of financial economics, 93 (2): 239-258.

GRINBLATT M, HAN B, 2005. Prospect theory, mental accounting, and momentum [J]. Journal of financial economics, 78 (2): 311-339.

GRINBLATT M, KELOHARJU M, 2000. The investment behavior and performance of various investor types: a study of Finland's unique data set [J]. Journal of financial economics, 55 (1): 43-67.

GRINBLATT M, KELOHARJU M, 2001. How distance, language, and culture influence stockholdings and trades [J]. The journal of finance, 56 (3): 1053-1073.

GRINBLATT M, KELOHARJU M, 2009. Sensation seeking, overconfidence, and trading activity [J]. The journal of finance, 64 (2): 549-578.

HALIASSOS M, JANSSON T, KARABULUT Y, 2020. Financial literacy externalities [J]. The review of financial studies, 33 (2): 950-989.

HASTINGS J S, MADRIAN B C, SKIMMYHORN W L, 2013. Financial literacy, financial education, and economic outcomes [J]. Annu, rev, econ, 5 (1): 347-373.

HEATH C, TVERSKY A, 1991. Preference and belief: ambiguity and competence in choice under uncertainty [J]. Journal of risk & uncertainty, 4 (1): 5-28.

HIDAJAT T, 2019. Behavioural biases in bitcoin trading [J]. Fokus ekonomi: jurnal ilmiah ekonomi, 14 (2): 337-354.

HILL A T, MESZAROS B T, 2011. Status of K-12 personal financial education in the united states [J]. Journal of consumer education, 28: 1-15.

HIRSHLEIFER D, 2001. Investor psychology and asset pricing [J]. The journal of finance, 56 (4): 1533-1597.

HOFFMANN A O I, POST T, 2014. Self-attribution bias in consumer financial decision - making: how investment returns affect individuals'belief in skill [J]. Journal of behavioral and experimental economics, 52: 23-28.

HOLM C, RIKHARDSSON P, 2008. Experienced and novice investors: does environmental information influence investment allocation decisions? [J]. European accounting review, 17 (3): 537-557.

HONG C Y, LU X, PAN J, 2020. Fintech adoption and household risk-taking [D]. Cambridge, MA: National Bureau of Economic Research.

HSIAO Y J, TSAI W C, 2018. Financial literacy and participation in the derivatives markets [J]. Journal of banking & finance, 88: 15-29.

HUANG X, 2019. Mark twain's cat: investment experience, categorical thinking, and stock selection [J]. Journal of financial economics, 131 (2): 404-432.

HUSTON S J, 2010. Measuring financial literacy [J]. Journal of consumer affairs, 44 (2): 296-316.

IBRAHIM M E, ALQAYDI F R, 2013. Financial literacy, personal financial attitude, and forms of personal debt among residents of the UAE [J]. International journal of economics and finance, 5 (7): 126-138.

INDERST R, OTTAVIANI M, 2009. Misselling through agents [J]. American economic review, 99 (3): 883-908.

IVKOVIĆ Z, SIALM C, WEISBENNER S, 2008. Portfolio concentration and the performance of individual investors [J]. Journal of financial and quantitative analysis, 43 (3): 613-655.

JAPPELLI T, PADULA M, 2013. Investment in financial literacy and saving decisions [J]. Journal of banking & finance, 37 (8): 2779-2792.

JEGADEESH N, TITMAN S, 1993. Returns to buying winners and selling losers: implications for stock market efficiency [J]. The journal of finance, 48 (1): 65-91.

JONES B D, 1999. Bounded rationality [J]. Annual review of political science, 2 (1): 297-321.

KAHNEMAN D, TVERSKY A, 1973. On the psychology of prediction [J]. Psychological review, 80 (4): 237.

KAHNEMAN D, TVERSKY A, 1979. Prospect theory: an analysis of decision under risk [J]. Econometrica, 47 (2): 363-391.

KAISER T, LUSARDI A, MENKHOFF L, et al., 2021. Financial education affects financial knowledge and downstream behaviors [J]. Journal of financial economics, 20 (15): 121-230.

KAISER T, MENKHOFF L, 2016. Does financial education impact financial behavior, and if so, when [J]. Discussion papers of DIW Berlin, 125 (10): 100-150.

KAISER T, MENKHOFF L, 2020. Financial education in schools: a meta-analysis of experimental studies [J]. Economics of education review, 78: 101-230.

KAUSTIA M, 2010. Prospect theory and the disposition effect [J]. Journal of financial and quantitative analysis, 45 (3): 791-812.

KAUSTIA M, KNüPFER S, 2008. Do investors overweight personal experience? Evidence from IPO subscriptions [J]. The journal of finance, 63 (6): 2679-2702.

KELLEY E K, TETLOCK P C, 2013. Why do investors trade? [J]. Available at SSRN, 35 (8): 206-414.

KIM J, 2001. Financial knowledge and subjective and objective financial well-being [J]. Consumer interests annual, 47: 1-3.

KIM N, 2016. Beyond rationality: the role of anger and information in deliberation [J]. Communication research, 43 (1): 3-24.

KIMBALL M S, SHUMWAY T, 2010. Investor sophistication and the home bias, diversification, and employer stock puzzles [J]. Ssrn electronic journal, 30: 211-318.

KIRBY C, OSTDIEK B, 2012. It's all in the timing: simple active portfolio strategies that outperform naive diversification [J]. Journal of financial and quantitative analysis, 47 (2): 437-467.

KIRSCHENBAUM S S, 1992. Influence of experience on information-gathering strategies [J]. Journal of applied psychology, 77 (3): 343.

KLAPPER L, PANOS G A, 2011. Financial literacy and retirement planning: the Russian case [J]. Journal of pension economics & finance, 10 (4): 599-618.

KOZUP J, HOGARTH J M, 2008. Financial literacy, public policy, and consumers'self-protection-more questions, fewer answers [J]. Journal of consumer Affairs, 42 (2): 127-136.

KRANTZ S, HAMMEN C L, 1979. Assessment of cognitive bias in depression [J]. Journal of abnormal psychology, 88 (6): 611.

KRISCHE S D, 2019. Investment experience, financial literacy, and investment-related judgments [J]. Contemporary accounting research, 36 (3): 1634-1668.

KUMAR A, 2009. Who gambles in the stock market? [J]. The journal of finance, 64 (4): 1889-1933.

KYLE A S, 1985. Continuous auctions and insider trading [J]. Econometrica: Journal of the econometric society, 1315-1335.

LAKONISHOK J, SMIDT S, 1986. Volume for winners and losers: taxation and other motives for stock trading [J]. The journal of finance, 41 (4): 951-974.

LICHTENSTEIN S, FISCHHOFF B, PHILLIPS L D, 1977. Calibration of probabilities: the state of the art [J]. Decision making and change in human affairs, 67 (8): 275-324.

LIIVAMäGI K, 2016. Investor education and trading activity on the stock market [J]. Baltic journal of economics, 16 (2): 114-131.

LINDAMOOD S, HANNA S D, BI L, 2007. Using the survey of consumer finances: some methodological considerations and issues [J]. Journal of consumer affairs, 41 (2): 195-222.

LINNAINMAA J T, 2011. Why do (some) households trade so much? [J]. The review of financial studies, 24 (5): 1630-1666.

LINNET J, MøLLER A, PETERSON E, et al., 2011. Dopamine release in ventral striatum during iowa gambling task performance is associated with increased excitement levels in pathological gambling [J]. Addiction, 106 (2): 383-390.

LIST J A, 2003. Does market experience eliminate market anomalies? [J]. The quarterly journal of economics, 118 (1): 41-71.

LIST J A, 2011. Does market experience eliminate market anomalies? The case of exogenous market experience [J]. American economic review, 101 (3): 313-17.

LUSARDI A, TUFANO P, 2015. Debt literacy, financial experiences, and overindebtedness [J]. Journal of pension economics & finance, 14 (4): 332-368.

LUSARDI A, 2005. Financial education and the saving behavior of African

American and Hispanic households [J]. Report for the US Department of Labor, 3 (4): 102-158.

LUSARDI A, 2008. Household saving behavior: the role of financial literacy, information, and financial education programs [D]. Cambridge, MA: National Bureau of Economic Research.

LUSARDI A, MITCHELL O S, 2009. Financial literacy: evidence and implications for financial education [J]. Trends and issues, 7 (2): 1-10.

LUSARDI A, MITCHELL O S, 2011a. Financial literacy and retirement planning in the united states [J]. Journal of pension economics & finance, 10 (4): 509-525.

LUSARDI A, MITCHELL O S, 2011b. Financial literacy around the world: an overview [J]. Journal of pension economics & finance, 10 (4): 497-508.

LUSARDI A, MITCHELL O S, 2017. How ordinary consumers make complex economic decisions: financial literacy and retirement readiness [J]. Quarterly journal of finance, 7 (3): 175-188.

LUSARDI A, MITCHELLI O S, 2007. Financial literacy and retirement preparedness: evidence and implications for financial education [J]. Business economics, 42 (1): 35-44.

LYONS A C, PALMER L, JAYARATNE K S U, et al., 2006. Are we making the grade? A national overview of financial education and program evaluation [J]. Journal of consumer affairs, 40 (2): 208-235.

MAHANI R, BERNHARDT D, 2007. Financial speculators' underperformance: learning, self - selection, and endogenous liquidity [J]. The journal of finance, 62 (3): 1313-1340.

Makarov D, Schornick A V. 2010. Explaining Households' Investment Behavior [J]. Ssrn Electronic Journal.

MALMENDIER U, NAGEL S, 2011. Depression babies: do macroeconomic experiences affect risk taking? [J]. The quarterly journal of economics, 126 (1): 373-416.

MANDELL L, KLEIN L S, 2009. The impact of financial literacy education on subsequent financial behavior [J]. Journal of financial counseling and planning, 20 (1): 225-306.

MASON C, WILSON R, 2000. Conceptualising financial literacy [J]. Journal of consumer affairs, 39 (1): 78-90.

MERKLE C, 2017. Financial overconfidence over time: foresight, hindsight, and insight of investors [J]. Journal of banking & finance, 84 (7): 68-87.

MERTON R C, 1969. Lifetime portfolio selection under uncertainty: the continuous-time case [J]. The review of economics and statistics, 16 (2): 247-257.

MIKHAIL M B, WALTHER B R, WILLIS R H, 1997. Do security analysts improve their performance with experience? [J]. Journal of accounting research, 35: 131-157.

MILLER M, REICHELSTEIN J, SALAS C, et al., 2015. Can you help someone become financially capable? A meta-analysis of the literature [J]. The world bank research observer, 30 (2): 220-246.

MINCER J, 1958. Investment in human capital and personal income distribution [J]. Journal of political economy, 66 (4): 281-302.

MISHRA K C, METILDA M J, 2015. A study on the impact of investment experience, gender, and level of education on overconfidence and self-attribution bias [J]. IIMB management review, 27 (4): 228-239.

MITTON T, VORKINK K, 2007. Equilibrium underdiversification and the preference for skewness [J]. The review of financial studies, 20 (4): 1255-1288.

MOORE D A, HEALY P J, 2008. The trouble with overconfidence [J]. Psychological review, 115 (2): 502.

MUERMANN A, VOLKMAN WISE J, 2006. Regret, pride, and the disposition effect [J]. Available at SSRN, 35 (2): 675-930.

MüLLER S, WEBER M, 2010. Financial literacy and mutual fund investments: who buys actively managed funds? [J]. Schmalenbach business review, 62

(2): 126-153.

MUNNELL A H, SUNDéN A, 2005. Coming up short: the challenge of 401 (k) plans [M]. Washington DC: Brookings Institution Press.

NICOLOSI G, PENG L, ZHU N, 2009. Do individual investors learn from their trading experience? [J]. Journal of financial markets, 12 (2): 317-336.

ODEAN T, 1998a. Are investors reluctant to realize their losses? [J]. The journal of finance, 53 (5): 1775-1798.

ODEAN T, 1998b. Volume, volatility, price, and profit when all traders are above average [J]. The journal of finance, 53 (6): 1887-1934.

ODEAN T, 1999. Do investors trade too much? [J]. American economic review, 89 (5): 1279-1298.

ORGANISATION DE COOPéRATION ET DE DéVELOPPEMENT éCONOMIQUES, 2016. PISA 2015 results: students' financial literacy [M]. Paris: OECD Publishing.

OSTER E, 2019. Unobservable selection and coefficient stability: theory and evidence [J]. Journal of business & economic statistics, 37 (2): 187-204.

PERRY V G, MORRIS M D, 2005. Who is in control? The role of self-perception, knowledge, and income in explaining consumer financial behavior [J]. Journal of consumer affairs, 39 (2): 299-313.

PERTIWI T, YUNININGSIH Y, ANWAR M, 2019. The biased factors of investor's behavior in stock exchange trading [J]. Management science letters, 9 (6): 835-842.

POMPIAN M M, 2011. Behavioral finance and wealth management: how to build investment strategies that account for investor biases [M]. Hoboken: John Wiley & Sons.

RITOV I, 1996. Probability of regret: anticipation of uncertainty resolution in choice [J]. Organizational behavior and human decision processes, 66 (2): 228-236.

ROODMAN D, 2011. Fitting fully observed recursive mixed-process models with cmp [J]. The stata journal, 11 (2): 159-206.

ROSZKOWSKI M J, DAVEY G, 2010. Risk perception and risk tolerance changes attributable to the 2008 economic crisis: a subtle but critical difference [J]. Journal of financial service professionals, 64 (4): 42-53.

ROTHWELL D W, WU S, 2019. Exploring the relationship between financial education and financial knowledge and efficacy: evidence from the Canadian Financial Capability Survey [J]. Journal of consumer affairs, 53 (4): 1725-1747.

SEASHOLES M S, ZHU N, 2010. Individual investors and local bias [J]. The journal of finance, 65 (5): 1987-2010.

SEKITA S, 2011. Financial literacy and retirement planning in Japan [J]. Journal of pension economics & finance, 10 (4): 637-656.

SERU A, SHUMWAY T, STOFFMAN N, 2010. Learning by trading [J]. The review of financial studies, 23 (2): 705-739.

SHAPIRA Z, VENEZIA I, 2001. Patterns of behavior of professionally managed and independent investors [J]. Journal of banking & finance, 25 (8): 1573-1587.

SHEFRIN H, STATMAN M, 1985. The disposition to sell winners too early and ride losers too long: theory and evidence [J]. The journal of finance, 40 (3): 777-790.

SHERRADEN M S, JOHNSON L, GUO B, et al., 2011. Financial capability in children: effects of participation in a school-based financial education and savings program [J]. Journal of family and economic issues, 32 (3): 385-399.

SIAS R W, 1996. Volatility and the institutional investor [J]. Financial analysts journal, 52 (2): 13-20.

SIMKOWITZ M A, BEEDLES W L, 1978. Diversification in a three-moment world [J]. Journal of financial and quantitative analysis, 13 (5): 927-941.

SIMON H A, 1973. Applying information technology to organization design [J]. Public administration review, 33 (3): 268-278.

SIMON H A, 1979. Rational decision making in business organizations [J]. The American economic review, 69 (4): 493-513.

SIMON H A, 1988. Prospects for cognitive science [J]. Generation computer systems, 25 (1): 111-119.

SJöBERG L, 1998. Worry and risk perception [J]. Risk analysis, 18 (1): 85-93.

SLOVIC P, 1987. Perception of risk [J]. Science, 236 (4799): 280-285.

SLOVIC P, FISCHHOFF B, LICHTENSTEIN S, 1982. Why study risk perception? [J]. Risk analysis, 2 (2): 83-93.

SMITH A, 1766. An inquiry into the nature and causes of the wealth of nations: volume one [M]. London: Printed for W. Strahan, and T Cadell.

SPULBăR C, BIRăU R, OLUWI V, et al., 2021. Diversification opportunities in European stock markets and their impact on textile industry development based on a financial education approach [J]. Industria textila, 72 (5): 528-537.

STATMAN M, THORLEY S, VORKINK K, 2006. Investor overconfidence and trading volume [J]. The review of financial studies, 19 (4): 1531-1565.

STOLPER O A, WALTER A, 2017. Financial literacy, financial advice, and financial behavior [J]. Journal of business economics, 87 (5): 581-643.

STRAHILEVITZ M A, ODEAN T, BARBER B M, 2011. Once burned, twice shy: how naive learning, counterfactuals, and regret affect the repurchase of stocks previously sold [J]. Journal of marketing research, 48 (SPL): S102-S120.

SUBRAHMANYAM A, 1991. Risk aversion, market liquidity, and price efficiency [J]. The review of financial studies, 4 (3): 417-441.

SUMMERS B, DUXBURY D, 2007. Unraveling the disposition effect: the role of prospect theory and emotions [J]. Available at SSRN, 22 (8): 1026-

1915.

SUMMERS B, DUXBURY D, 2012. Decision-dependent emotions and behavioral anomalies [J]. Organizational behavior and human decision processes, 118 (2): 226-238.

TALPSEPP T, LIIVAMäGI K, VAARMETS T, 2020. Academic abilities, education and performance in the stock market [J]. Journal of banking & finance, 117: 105-848.

TAN H, YING WANG E, ZHOU B O, 2014. When the use of positive language backfires: the joint effect of tone, readability, and investor sophistication on earnings judgments [J]. Journal of accounting research, 52 (1): 273-302.

TAYLOR M, 2011. Measuring financial capability and its determinants using survey data [J]. Social indicators research, 102 (2): 297-314.

TEIXEIRA P N, 2017. Economic beliefs and institutional politics: human capital theory and the changing views of the world bank about education (1950-1985) [J]. The european journal of the history of economic thought, 24 (3): 465-492.

THALER R H, 1999. Mental accounting matters [J]. Journal of behavioral decision making, 12 (3): 183-206.

THALER R, 1980. Toward a positive theory of consumer choice [J]. Journal of economic behavior & organization, 1 (1): 39-60.

TIRAS S, 1997. Cover the basics in financial education [J]. HR Magazine, 42: 119-125.

TURNHAM J, 2010. Attitudes to savings and financial education among low-income populations: findings from the financial literacy focus groups [J]. Center for financial security WP, 10 (7): 75-107.

TVERSKY A, KAHNEMAN D, 1974. Judgment under uncertainty: Heuristics and biases [J]. Science, 185 (4157): 1124-1131.

TVERSKY A, KAHNEMAN D, 1981. The framing of decisions and the psychology of choice [J]. Science, 211 (4481): 453-458.

TVERSKY A, KAHNEMAN D, 1991. Loss aversion in riskless choice: a ref-
erence-dependent model [J]. The quarterly journal of economics, 106
(4): 1039-1061.

TVERSKY A, KAHNEMAN D, 1993. Advances in prospect theory:
cumulative representation of uncertainty [J]. Journal of risk and uncertainty,
5 (4): 297-323.

URBAN C, SCHMEISER M, COLLINS J M, et al., 2020. The effects of high
school personal financial education policies on financial behavior [J]. Eco-
nomics of education review, 78: 101-786.

VAN NIEUWERBURGH S, VELDKAMP L, 2010. Information acquisition and
under-diversification [J]. The review of economic studies, 77 (2): 779-805.

VAN ROOIJ M, LUSARDI A, ALESSIE R, 2011. Financial literacy and stock
market participation [J]. Journal of financial economics, 101 (2): 449-472.

VARCOE K, MARTIN A, DEVITTO Z, et al., 2005. Using a financial edu-
cation curriculum for teens [J]. Journal of financial counseling and planning,
16 (1): 355-386.

VLAEV I, CHATER N, STEWART N, 2009. Dimensionality of risk perception:
factors affecting consumer understanding and evaluation of financial risk [J].
The journal of behavioral finance, 10 (3): 158-181.

VON GAUDECKER H M, 2015. How does household portfolio diversification
vary with financial literacy and financial advice? [J]. Journal of finance, 70
(2): 489-507.

WALKER M B, 1992. The psychology of gambling [M]. Oxford: Pergamon
Press.

WALSTAD W B, REBECK K, MACDONALD R A, 2010. The effects of fi-
nancial education on the financial knowledge of high school students [J].
Journal of consumer affairs, 44 (2): 336-357.

WEBER M, CAMERER C F, 1998. The disposition effect in securities trading:

an experimental analysis [J]. Journal of economic behavior & organization, 33 (2): 167-184.

WERMERS R, 2003. Is money really "smart"? New evidence on the relation between mutual fund flows, manager behavior, and performance persistence [J]. New evidence on the relation between mutual fund flows, manager behavior, and performance persistence, 5 (8): 237-336.

WILLIS L E, 2008. Against financial-literacy education [J]. Iowa l. Rev., 94: 197.

WILLIS L E, 2009. Evidence and ideology in assessing the effectiveness of financial literacy education [J]. San diego l. Rev., 46: 415.

WILLIS L E, 2011. The financial education fallacy [J]. American economic review, 101 (3): 429-34.

WINDSCHITL P D, WELLS G L, 1996. Measuring psychological uncertainty: verbal versus numeric methods [J]. Journal of experimental psychology: applied, 2 (4): 343.

WOLOSIN R J, SHERMAN S J, TILL A, 1973. Effects of cooperation and competition on responsibility attribution after success and failure [J]. Journal of experimental social psychology, 9 (3): 220-235.

XIAO J J, CHEN C, CHEN F, 2014. Consumer financial capability and financial satisfaction [J]. Social indicators research, 118 (1): 415-432.

XIAO J J, O'NEILL B, 2016. Consumer financial education and financial capability [J]. International journal of consumer studies, 40 (6): 712-721.

XIAO J J, O'NEILL B, PROCHASKA J M, et al., 2004. A consumer education programme based on the transtheoretical model of change [J]. International journal of consumer studies, 28 (1): 55-65.

XIAO J J, PORTO N, 2017. Financial education and financial satisfaction: financial literacy, behavior, and capability as mediators [J]. International journal of bank marketing, 15 (9): 28-87.

ZHAN M, ANDERSON S G, SCOTT J, 2006. Financial knowledge of the low-income population: Effects of a financial education program [J]. J. Soc & Soc. Welfare, 33: 53.

ZUCKERMAN M, EYSENCK S B, EYSENCK H J, 1978. Sensation seeking in England and America: cross-cultural, age, and sex comparisons [J]. Journal of consulting and clinical psychology, 46 (1): 139.

附录 A 中国投资者教育情况 调查问卷（2020）

尊敬的投资者：

您好！这是西南财经大学中国金融研究院与广发证券股份有限公司合作开展的我国投资者教育、投资者心理与行为问卷调查。本次调查问卷采取不记名的方式，所有答案完全匿名和保密，所得数据仅用于相关学术分析与研究，请您放心诚实地回答问题。

衷心感谢您的配合与支持，谢谢您的参与！

A 投资者心理

A1. 假设：我只有两只股票，A 股票自买入以来盈利 20%，B 股票亏损 20%，当手上现金不足必须卖出时，我会（   ）。[单选题]

A. 卖出 A 股票

B. 卖出 B 股票

C. 不知道

A2-1. 回顾您的股票交易经历，您对以下情况的后悔程度为多少？（1 为不会感到后悔，5 为非常后悔）[矩阵单选题]

情况	1	2	3	4	5
若您卖出后，该股票持续上涨					
若您买入后，该股票持续下跌					

A2-2. 回顾您的股票交易经历，您对以下情况的庆幸程度为多少？（1 为不会感到庆幸，5 为非常庆幸）［矩阵单选题］

情况	1	2	3	4	5
若您卖出后，该股票持续下跌					
若您买入后，该股票持续上涨					

A3-1. 回顾您的股票交易经历，请问您通常是在个股的什么阶段买入？（　　）［单选题］

A. 上涨期

B. 下跌期

C. 盘整期

D. 没有固定标准

A3-2. 回顾您的股票交易经历，请问您通常是在个股的什么阶段卖出？（　　）［单选题］

A. 上涨期

B. 下跌期

C. 盘整期

D. 没有固定标准

A4. 您对以下描述的认可程度。［矩阵单选题］

情况描述	非常同意	比较同意	一般	不同意	非常不同意
当股票价格持续上涨，我认为它在未来会进一步上涨					
当股票价格持续下跌，我认为它在未来会进一步下跌					
我会把股票看作彩票，愿意接受小损失换取可能的大幅上涨					
了解新股票和新公司让我感到很兴奋					
我总是过早卖出上涨的股票，而长期持有亏损的股票					

A5. 您认为如下事件是否可能给投资者带来损失？如果是，您认为自己是否有能力规避这种损失？［矩阵单选题］

事件	是，且无法规避	是，但可以规避	否
央行提高基准利率			
所投资的行业发布利空消息			
所投资的公司发布利空业绩公告			
买入短期内涨跌幅均较大的股票			

B 基础金融知识测试

B1. 假设您有一笔资金投资股市，您认为购买一只股票更安全还是购买多只股票更安全？（   ）［单选题］

A. 购买一只股票

B. 购买多只股票

C. 不知道

B2. 假设您有一笔存款，年利率为1%，通货膨胀率为2%，一年以后您用这笔存款能买到的东西和今天相比（   ）。［单选题］

A. 比今天少

B. 一样多

C. 比今天多

D. 不知道

B3. 假设您借入100元，年利率是5%，一年后到期您应该归还（   ）。［单选题］

A. 比105元多

B. 105元

C. 比105元少

D. 不知道

B4. 假设您年初在银行存入100万元的一年期定期存款，年利率2%，第一年年末未支取（自动转存），第二年年末后您的账户中共有多少钱？

（　　　）。［单选题］

    A. 多于 104 万元

    B. 104 万元

    C. 少于 104 万元

    D. 不知道

B5. 您认为直接买公司的股票与买股票型基金哪个的风险更大?

（　　　）［单选题］

    A. 股票型基金

    B. 股票

    C. 不知道

B6. 对于前 5 个基础金融知识选择题，请您为以下每一个可能的结果分配一个比重，比重之和为 100%。［比重题］

回答正确题目个数为 5	（　　　）%
回答正确题目个数为 4	（　　　）%
回答正确题目个数为 3	（　　　）%
回答正确题目个数为 2	（　　　）%
回答正确题目个数为 1	（　　　）%
回答正确题目个数为 0	（　　　）%

提示：可分配总比重为 100。

C 投资者教育与行为情况

C1. 您去年一年在金融教育上的资金投入占您收入的比例约为（　　　）。［单选题］

    A. 不到 5%

    B. 5% ~ 10%

    C. 11% ~ 15%

    D. 超过 15%

    E. 没有投入

C2. 每周您在金融知识方面的学习所花的时间大致为（　　）。［单选题］

A. 1 个小时以内

B. 1~2 小时

C. 2.1~3 小时

D. 3.1~5 小时

E. 超过 5 小时

F. 不花费任何时间

C3. 据您所知，有哪些主体组织过投资者教育活动？您实际参加过哪些主体组织的投资者教育活动？［矩阵单选题］

主体	知道且参加过	知道但未参加过	不知道
金融监管部门			
各交易所（证券交易所、期货交易所）、各类行业协会（证券业协会、基金业协会等）			
金融机构（如证券公司、期货公司、银行等）			
基础教育单位（小学、初中、高中）			
高等院校（大学）			
媒体（如电视台、报纸、网站）			
其他第三方机构			

C4. 您通常在什么时候可能会去获取投资者教育服务？（　　）［多选题］

A. 初次进行金融投资时（开户时）

B. 做出重大交易决策时

C. 有新的金融产品推出时

D. 新政策推出或大事件发生后

E. 金融机构举办各类活动时

F. 长期接受投资者教育（定期或不定期地）

C5. 您接受投资者教育的内容和频率。［矩阵单选题］

接受投资者教育的内容	经常	一般	偶尔	从不
证券、期货基础知识的普及				

接受投资者教育的内容	经常	一般	偶尔	从不
投资策略/技巧的学习				
知晓各种类型的投资风险				
了解新产品和新政策				
宏观经济运行及市场走势				
学习个人财富管理规划知识				
了解投资者权利与维权途径				
非法证券活动的识别与防范				

C6. 您通过哪些渠道接受投资者教育？［矩阵单选题］

渠道	经常	一般	偶尔	从未
讲座、沙龙等现场教育活动				
投资者教育基地（实体或网络）				
金融机构交易终端				
传统媒体（如电视、电台、短信等）				
纸质材料（如书籍、报刊等）				
新媒体（网站/QQ/微信/论坛/微博等）				
教育机构的课程或讲座等				

C7. 您具备以下哪些股票投资技能？（   ）［多选题］

A. 自助下载并使用交易软件

B. 知道如何进行配股、增发或可转债等的投资操作

C. 自助查询相关政策法规、行业动态及公司公告

D. 能够使用分析软件和各项指标进行基础投资分析

E. 股市或者个股发生异常波动后，能自主查询并分析其原因

C8. 您在办理证券投资业务时，是否会阅读证券公司提供的合同（协议）、说明、规定等相关文字材料？（   ）［单选题］

A. 从不阅读

B. 大致浏览一遍

C. 逐条认真阅读

D. 认真阅读并要求提供打印文本

C9. 您在下列资产上的投资规模分别为多少？（填写单位:%）[比重题]

资产类别	比重/%
A. 银行存款	
B. 金融理财产品（包括银行理财、信托、互联网理财产品等）	
C. 股票	
D. 基金	
E. 债券	
F. 期货等金融衍生品	
G. 保险	
H. 其他金融资产	
I. 投资性房地产（非自住房产）	

提示：可分配总比重为100。

D 专业金融知识测算

D1. 下列金融资产中，风险最小且流动性最大的金融资产是（   ）。[单选题]

A. 定期存款

B. 公司债券

C. 活期存款

D. 公司股票

E. 不知道

D2. 以下不属于金融衍生品的是（   ）。[单选题]

A. 股票

B. 远期合约

C. 期货

D. 期权

E. 不知道

D3. 如果利率上升，债券的价格会（　　　）。[单选题]

A. 上升

B. 不变

C. 下跌

D. 利率与债券价格之间没有关系

E. 不知道

D4. 与普通股票相比，优先股的优先权体现在（　　　）。[单选题]

A. 优先享有企业管理权

B. 认股优先权

C. 红利可随企业利润增加而增加

D. 固定的股息与优先的财产分配权

E. 不知道

D5. 以下可以用来衡量无风险收益率的指标是（　　　）。[单选题]

A. 投资报酬率

B. 短期银行存款利率

C. 预期回报率

D. 短期国库券回报率

E. 不知道

D6. 对于前5个专业金融知识选择题，请您为以下每一个可能的结果分配一个比重，比重之和为100%。[比重题]

回答正确题目个数为5	（　　　）%
回答正确题目个数为4	（　　　）%
回答正确题目个数为3	（　　　）%
回答正确题目个数为2	（　　　）%
回答正确题目个数为1	（　　　）%
回答正确题目个数为0	（　　　）%

提示：可分配总比重为100。

E 基本信息

E1. 您的性别（　　　）。［单选题］

A. 男

B. 女

E2. 您的出生日期为（　　　）。［选择年月下拉框］

E3. 您的婚姻状况为（　　　）。［单选题］

A. 未婚

B. 已婚

C. 其他（离异或丧偶等）

E4. 您的文化程度是（　　　）。［单选题］

A. 初中及以下

B. 高中、中专或职高

C. 大专

D. 本科

E. 硕士

F. 博士

若选择 C、D、E、F，您的专业是否与经济/金融相关?（　　　）［单选题］

A. 是

B. 否

E5. 您在何时开始接受与经济/金融相关的教育?（　　　）［单选题］

A. 初中及以下

B. 高中、中专或职高

C. 大学（包括大专、本科、硕士或博士）

D. 毕业后

E6. 您的职业是（　　　）。［单选题］

A. 企业（非金融类）人员

B. 企业（金融类）人员

C. 政府及事业单位人员

D. 职业投资者

E. 私营业主

F. 自由职业者（自雇人士）

G. 在校学生

H. 离退休人员

I. 其他_____

若选择 C、E、F、H，您的职业类别是否与金融/经济相关？（　　）

（离退休人员选择退休前的职业类别）〔单选题〕

A. 是

B. 否

E7. 您的月均可支配收入是多少（包括工资、生活费、退休金等）？

（　　）〔单选题〕

A. 2 000 元以下

B. 2 000~5 000 元

C. 5 001~10 000 元

D. 10 001~20 000 元

E. 20 001~50 000 元

F. 50 000 元以上

E8. 您目前投资于金融资产的总量是（　　）。〔单选题〕

提示：此处的金融资产，指银行存款、金融理财产品、股票、基金、债券、金融衍生品、投资性房地产等。

A. 10 万元以下

B. 10 万~50 万元

C. 50 万~100 万元

D. 100 万~500 万元

E. 500 万元以上

E9. 您最近一年投资于非存款类金融资产的平均年化收益率约为 多少？（　　）〔单选题〕

提示：此处的非存款类金融资产，指金融理财产品、股票、基金、债券、金融衍生品、投资性房地产等。

A. 盈利 20% 及以上

B. 盈利 10%～20%

C. 盈利 10% 以内

D. 不亏不赚

E. 亏损 10% 以内

F. 亏损 10%～20%

G. 亏损 20% 及以上

E10. 您最近一年内的平均持股时间为（　　）。［单选题］

A. 5 天以下

B. 5 天～1 个月

C. 1 个月以上～3 个月

E. 3 个月以上～6 个月

F. 6 个月以上

E11. 假设：您有一笔可用于投资的资产，您将首先选择哪种投资项目？（　　）［单选题］

A. 高风险、高回报项目

B. 略高风险、略高回报项目

C. 平均风险、平均回报项目

D. 略低风险、略低回报项目

E. 低风险、低回报项目

E12. 您高中时期（未上高中以最高学历为准），数学成绩的情况为（　　）。［单选题］

A. 非常好

B. 较好

C. 一般

D. 较差

E. 非常差

再次感谢您的参与！

附录B 中国投资者教育现状调查报告（2019）

《我国证券投资者教育的效率分析与制度建构》课题组

2019年我国投资者教育主体的整体发展呈现多元化趋势，多层次、系统性的投资者教育体系已初具雏形。投资者对各类投资者教育主体的知悉度从2018年的65.12%增加到2019年的78.68%，提升了13.56%。金融机构仍是我国投资者教育的主力军，投资者对金融机构投资者教育工作的知悉度、参与度和满意度都最高。值得注意的是，媒体力量在投资者教育中的作用逐渐凸显，2019年投资者对于媒体作为投资者教育主体的知悉度为83.67%，在所有主体中仅次于金融机构排名第二。

随着投资者对个人财富管理规划相关知识学习频率的提高，其偿债能力、流动性状况与信贷能力均呈上升趋势。因此，加大个人财富管理规划知识的教育力度，既有助于投资者保持健康的负债比率，也有助于投资者依据市场状况和风险承受能力对资产组合进行动态优化调整。

投资者教育是中国资本市场基础制度建设的重要部分，是一项系统性、长期性的工作。有效解决当前我国投资者教育存在的问题，需要借助互联网和大数据等创新技术在投资者教育工作中的应用，从投资者需求的异质性、投资者教育主体的层次性、投资者教育内容的针对性和投资者教育渠道的多样性等多个方面共同推进。培育成熟理性的投资者队伍是一个循序渐进的过程，期望通过市场各方的努力，建立投资者教育长效机制，促进金融市场健康、稳定和长远的发展。

中小投资者是我国证券市场的主要投资群体。中国证券登记结算有限公司数据显示，截至 2019 年年底，中国证券市场自然人投资者超过 1.58 亿人，占比达 99.76%。中小投资者的行为直接影响到市场的稳定状态。此外，日益复杂的金融产品与不断变化的市场环境对投资者的金融素养水平和自我保护意识也提出了更高的要求。这些都对我国投资者教育工作提出了更高的挑战。为了贯彻落实《国务院办公厅关于进一步加强资本市场中小投资者合法权益保护工作的意见》中提出的"加大普及证券期货知识力度，将投资者教育逐步纳入国民教育体系"的要求，2019 年 3 月，中国证监会与教育部联合印发《关于加强证券期货知识普及教育的合作备忘录》，标志着持续推进投资者教育纳入国民教育体系，提升国民金融素养、推动全社会树立理性投资意识开始成为国家战略，这对维护我国资本市场稳定运行具有重要意义。

　　西南财经大学中国金融研究院《我国证券投资者教育的效率分析与制度建构》课题组（以下简称"课题组"）自 2016 年首次开展全国性投资者教育现状调查以来，持续关注国际投资者教育动态，追踪我国投资者教育发展状况，致力于探讨系统性投资者教育体系的构建。2019 年的第四次问卷调查依然从"施教者"与"受教者"两个维度进行，立足于对影响投资者教育工作实际效果深层次原因的挖掘与分析。其中，投资者部分问卷分为投资者基本信息、投资者教育现状、投资者基础与专业金融知识测试、资产配置情况、科创板与理财行为五个部分；投资者教育工作者部分问卷分为投资者教育工作者基本信息，金融机构投资者教育资源投入状况，开展投资者教育工作的现状、难点及存在的问题三个部分。本次问卷调查的时间为 2019 年 9 月 2 日至 2019 年 10 月 18 日，共回收问卷 36 249 份（投资者部分为 23 140 份，投资者教育工作者部分为 13 109 份）。课题组按照相关统计学标准对问卷进行了严格筛选，最终确认有效问卷为 35 883 份（投资者部分有效问卷为 22 810 份，有效率达 98.57%；投资者教育工作者部分有效问卷为 13 073 份，有效率达 99.72%）；利用 SPSS 23.0 软件分别对投资者问卷与投资者教育工作者问卷进行了信度检验和效度检验，两份问卷均表现出较高的内在信度和良好的结构效度。

一、我国投资者教育主体呈现多元化发展趋势，媒体力量在投资者教育工作中崭露头角

在连续四年的问卷调查中，课题组均把投资者教育主体的结构及其评价设置为重要内容。本次调查依然将开展投资者教育活动的主体划分为三大类：一是金融监管部门（一行两会）和各交易所（证券交易所、期货交易所）、各类行业协会（证券业协会、基金业协会等）；二是金融机构（证券公司、期货公司、基金公司、银行、信托公司、保险公司等）；三是基础教育单位（小学、初中、高中）、高等院校（大学）、各类媒体（电视台、报纸、网站等）以及其他第三方机构。

调查数据显示，2019 年我国投资者教育主体的整体发展呈现多元化趋势，多层次、系统性的投资者教育体系已初具雏形。投资者对各类投资者教育主体的知悉度从 2018 年的 65.12% 增加到 2019 年的 78.68%，提升了 13.56%。金融机构仍是我国投资者教育的主力军，投资者对金融机构投资者教育工作的知悉度、参与度和满意度都最高，比例分别为 87.77%、41.96% 和 44.39%。值得注意的是，媒体力量在投资者教育中的作用逐渐凸显。数据显示，2019 年投资者对于媒体作为投资者教育主体的知悉度为 83.67%，较 2018 年（知悉度为 71.50%）大幅提升，在所有主体中仅次于金融机构排名第二，表明媒体已成为我国投资者教育多层次主体中的重要一员。

二、金融机构上下一体的"金字塔"投资者教育网络初步形成，投资者教育人员专职率显著提升

投资者教育人员的结构与多样性也是提升投资者教育效率的关键因素。课题组针对作为投资者教育主力军的金融机构投资者教育体系进行了深入调查。问卷数据显示，金融机构开展投资者教育工作的除了专职投资者教育人员（占比为 4.21%）外，还有投资顾问、财富顾问、理财规划师、客户经理以及其他等不同岗位人员，与客户最直接接触的投资顾问/财富顾问/理财规划师/客户经理人员占比最大，为 66.43%，其他人员占

比为 29.36%，表明金融机构已经初步形成了上下一体的"金字塔"投资者教育网络，有利于扩大投资者教育的宣传度和覆盖度。

同时，施教者"专人专用"可以有效提高投资者教育的质量。对比数据发现，在开展投资者教育工作的人员中，专职从事某一项投资者教育工作的人员占比从 2018 年的 34.00% 提升到 2019 年的 37.55%，投资者教育人员的工作更加专职化、专业化，说明金融机构对投资者教育工作的重视程度逐年提高，有助于进一步提高投资者教育的效率。

三、施教者的"教师资质"与责任感意识均达到合格标准

施教者所具备的施教能力是投资者教育效率提升的必备条件之一。本次问卷调查数据表明，金融机构具体实施投资者教育工作的人员中，工作年限在 5~10 年的投资者教育人员占比为 23.94%；85.04% 的投资者教育人员学历为本科及以上，且基本具有财经教育背景；77.46% 的投资者教育人员接受过投资者教育专项培训。调查评估数据显示，作为施教者的员工专业金融素养得分达 3.28 分（总分为 5 分），远超投资者专业金融素养均分 2.13 分。体现出施教者的专业性，表明目前金融机构的投资者教育人员具备开展投资者教育工作的基本资质。

四、投资者教育呈现"互联网化"特征，投资者教育内容要求"精益求精"

数据显示，分别有 70.64% 与 65.79% 的投资者偏好通过"新媒体（网站/QQ/微信/论坛/微博等）"与"金融机构交易终端"等渠道接受投资者教育，使我国投资者教育形成了明显的"互联网化"特征。这表明，在形式更为多样化的投资者教育方式下，通过互联网技术的投资者教育渠道触达率更高，投资者的接受度也更高。但是，仍有 57.44% 的投资者偏好通过"教育机构的课程或讲座"接受教育，说明线下施教依然是投资者教育的重要渠道。有效开展投资者教育工作既需要利用好互联网工具，又需要辅以现场讲座，利用"线上+线下"相结合的投资者教育渠道开展高质量、高效率的投资者教育，能够覆盖并满足更多不同类型投资者的需求与

偏好，有助于形成投资者教育的长效机制。

国内外相关文献的研究表明，投资者教育的效果与投资者的金融素养和金融行为表现息息相关，即投资者教育通过影响投资者金融素养的形成，进而改善投资者的投资决策行为。本课题的研究发现，长期接受投资者教育的投资者，其金融素养（3.08 分）显著高于其他投资者（2.69 分），显示了投资者教育对于投资者金融素养的提升具有积极作用。在本次问卷调查中，课题组针对投资者在养老规划、理财行为以及财务脆弱性等方面的内容做了适当设计与安排，试图探寻投资者的金融素养与其投资决策行为之间的关系。调查数据显示了以下五方面结论：

其一，投资者对"保障性"理财重视程度偏低，表明其养老规划意识薄弱，投资者教育有助于提高个人养老理财的意识与能力。

随着我国人口老龄化的加深，如何解决养老问题已经成为社会焦点。调查数据显示，我国投资者的养老规划意识薄弱；投资者在对各类理财规划的教育需求中，对"现金储蓄及管理"的教育需求为 62.08%，对"投资组合管理"和"个人风险管理"的教育需求分别为 56.07% 和 54.27%，而对"退休计划安排"的教育需求仅为 21.93%，即使年龄在 55 岁以上投资者的"保障性"养老规划的教育需求比例也不足 35%，处于较低水平。这一数据与清华大学老龄社会研究中心 2018 年《国人养老准备报告》中所披露的"69%的受访者没有具体养老规划，22%的受访者表示从未想过要做退休规划"的结论一致。

接受投资者教育并提升金融素养有助于投资者养老规划意识的形成和强化。数据显示，长期接受投资者教育的投资者，有养老规划需求的比例为 33.83%，而未长期接受教育的投资者中有养老规划需求的比例只有 15.13%。金融素养较高的投资者有养老规划的比例，亦大大高于金融素养较低者：专业金融素养为 5 的投资者，具有养老规划需求的比例为 28.32%；专业金融素养为 0 的投资者，有养老规划需求的比例仅为 17.62%。以上数据表明，持续地接受投资者教育从而提升金融素养，是培育和强化我国投资者养老意识与养老规划能力的重要途径。

其二，投资者金融素养影响理财产品的选择，金融素养越高的投资者，其选择理财产品时的考虑因素越全面。

购买理财产品已是投资者最常接触的投资方式和高频产品组合。调查数据显示，投资者的金融素养对其选择理财产品时的考虑因素有重要影响，金融素养越高的投资者，在选择理财产品时的考虑因素越全面。在问卷设定的选择题中，当投资者的金融素养从 0 分、1 分、2 分、3 分、4 分增加到 5 分时，其选择理财产品时的考虑因素也分别从 3.60、3.83、4.04、4.41、4.81 增加到 4.96。这一调查结果表明，投资者金融素养的提升有助于他们在购买产品时做出更充分、更全面的投资决策，其投资行为的理性程度更高。

其三，我国近四成投资者具有财务脆弱性特征，投资者教育有助于降低财务脆弱性。

在证券市场中，投资者暴露于市场中大量不确定性因素导致的风险敞口下，提高其抵御未来财务困境风险的能力尤为重要。在本次问卷调查中，课题组首次引入投资者财务脆弱性指标，旨在评估投资者的个体财务风险水平和我国证券市场整体的风险水平，从另一个视角分析投资者教育与金融素养对投资者行为及其理性化程度的影响。

课题组将财务脆弱性定义为投资者在遭遇市场不利冲击时陷入财务困境的可能性，具体包含三个因素：偿债能力（投资者利用可支配收入偿还负债的能力）、流动性状况（投资者所持有资产及其组合的变现能力）和信贷能力（投资者获得外部借贷资金的能力与可能性）。调查结果表明，33.95%的投资者资产流动性较差，变现能力不强；42.33%的投资者能够获取信贷的能力较差；在偿债能力方面，虽然有现实偿债风险的投资者比例仅占 7.26%，但 40.96%的投资者处于收支基本平衡状态，其中流动性状况与信贷能力较差的投资者占比分别为 41.58%与 45.66%，综合偿债能力处于弱平衡状态。如果将财务脆弱性的三个因素权重均设为 1/3，我国有 38.18%的投资者具有财务脆弱性特征，具体表现为：流动性状况与信贷能力较弱，整体偿债能力处于弱平衡状态，在市场冲击下容易陷入财务危机。

投资者个人金融素养的高低，对于是否能够合理分配收支和配置资产以抵御财务困境风险有较大影响。调查数据表明，投资者金融素养的提高，有助于其偿债能力、流动性状况与信贷能力的提升：金融素养最高的投资者与金融素养最低的投资者相比，前者偿债能力分值（满分为100分）高 7.56 分，流动性分值高 11.57 分，信贷能力分值高 9.72 分。同时，金融素养得分为 1 的投资者与金融素养得分为 0 的投资者相比，前者偿债能力要高 9.84 分；金融素养得分为 6 的投资者与金融素养得分为 5 的投资者相比，前者流动性状况与信贷能力分别高 3.77 分、3.12 分。这说明，完全不了解金融知识的投资者接受有效投资者教育后，其偿债能力大幅提升；对投资者进行持续教育可以增强其信贷能力、改善其资产配置的流动性。

调查结果验证了投资者教育对于降低投资者财务脆弱性的直接效果。数据表明，长期接受金融教育的投资者抵御风险的能力更强，其偿债能力、流动性状况、信贷能力的平均分值分别比其他投资者高 1.19 分、3.46 分、2.74 分，表明持续性的金融教育有助于投资者更合理地配置资产，基于自身财务状况改善投资组合，提高资产的流动性，以避免陷入财务困境的风险。

其四，投资者教育的供需生态不均衡，提升投资者接受教育的积极性是达到最佳平衡点的关键。

课题组始终认为，投资者教育是一个由施教者作为投资者教育供给方与受教育者作为投资者教育需求方的生态系统，两者的平衡状态将决定投资者教育工作的效率。在多年的问卷调查中，课题组都设计了反映投资者教育供需双方状态的选题。调查数据显示，金融机构长期开展投资者教育的比例一直保持较高水平，2017 年、2018 年、2019 年分别为 83.42%、69.08%、70.73%；但是，投资者长期接受投资者教育的比例却呈逐年下降趋势，2017 年、2018 年、2019 年分别为 45.96%、40.27%、36.39%。在"金融机构开展投资者教育工作的难点"的选题上，"投资者对投资者教育活动不感兴趣、配合度不高"一直是投资者教育工作中最突出的问题。对这一现象的分析表明，随着国家与监管部门对投资者教育工作的重视，各类施教者都加大了对投资者教育资源的投放力度，投资者教育的供给不断增加，但是投资者对投资者教育的需求却并没有相应提升，较大比例的投资者缺乏长期接受金融教育的意识。两者的错位导致投资者教育的供需生态未能达到最佳平衡点，从而影响了投资者教育工作整体效率的提升。基于此，如何加强投资者长期接受投资者教育的意识培养，构建投资者教育供需生态的平衡，需要引起投资者教育各方的更多关注。

其五，持续推进投资者教育纳入国民教育体系是提升全民金融素养的根本途径，也是建设投资者教育长效机制和形成最有效率投资者教育体系的关键。

我国在推动投资者教育纳入国民教育体系的方面已经取得了进展。调查数据显示，受访投资者中，在高中及以下教育阶段就开始接触金融教育的投资者占比，2017 年、2018 年和 2019 年分别为 19.85%、23.27% 和 22.08%；2019 年数据显示，受访施教者和投资者对应该把投资者教育纳入国民教育体系的认可度分别高达 98.09% 和 94.57%。

虽然投资者对国民金融教育的认知在提升，但是国民教育的效果却并未得到真正体现。具体而言，在对高中及以下阶段接触零散金融教育、大学阶段学习金融专业以及毕业后学习金融知识三类群体进行研究后发现，其金融素养得分分别为 2.44、3.03 和 2.87 分。这一结论说明，我国国民教育阶段进行的经济/金融相关教育缺乏系统性与专业性，零散化的国民金融教育对金融素养的提升效果并不显著。要真正有效提升金融素养，需在中小学阶段构建类似大学金融专业学习一样系统化、专业化的金融教育课程和体系，真正做到将投资者教育纳入国民教育体系，才是提升国民金融素养的根本途径和治本之策。

投资者教育是中国资本市场基础制度建设的重要部分，是一项系统性、长期性的工作。有效解决当前我国投资者教育存在的问题，需要借助互联网和大数据等创新技术在投资者教育工作中的应用，从投资者需求的异质性、投资者教育主体的层次性、投资者教育内容的针对性和投资者教育渠道的多样性等多个方面共同推进。培育成熟理性的投资者队伍是一个循序渐进的过程，期望通过市场各方的努力，建立投资者教育长效机制，促进金融市场健康、稳定和长远的发展。

附录 C 中国投资者教育现状 调查报告（2020）

《我国证券投资者教育的效率分析与制度建构》课题组

栉风沐雨三十年，中国资本市场开始进入全方位高质量发展时期。培育健康投资文化，加强投资者教育，不仅是保护投资者合法权益的基本要求，也是促进资本市场在新发展时期行稳致远的必要前提。在此宏观背景之下，西南财经大学中国金融研究中心《我国证券投资者教育的效率分析与制度建构》课题组（以下简称"课题组"）立足于构建我国投资者教育的长效体系，持续追踪国际上投资者教育研究前沿，自 2016 年开始连续五年开展全国范围内投资者教育问卷调查，累计回收调查问卷 91 420 份，为相关研究提供了足够量级的数据支撑。在投资者教育研究领域多种版本的调查中，本课题组是首个从"投资者（受教者）"与"投资者教育工作者（施教者）"两个维度同时开展问卷调查并据此进行比对分析的团队。2020 年的调查设计依然保持了投资者和投资者教育工作者两份问卷的格局，其中，投资者教育工作者问卷包括了投资者教育工作者基本信息、金融机构投资者教育资源投入状况、投资者教育工作现状难点及存在问题三个部分；投资者问卷则涵盖了投资心理、投资者基本信息、投资者教育现状、投资者基础与专业金融知识测试四个部分。为了使问卷调查结果更具可信度与解释力，2020 年的调查首次采用将问卷调查数据与投资者实际交易数据相结合的方法，即将投资者的问卷结果与其实际交易信息一一匹配，以此深入探讨投资者教育与投资者行为之间的作用机制与影响关系。

两类数据的匹配分析，既有利于解决单纯使用问卷调查方式的数据噪音问题，也补充了交易数据所缺乏的投资者心理和金融教育状况等信息。本次调查共回收有效问卷 14 451 份（投资者问卷为 9 656 份，投资者教育工作者问卷为 4 795 份）。课题组对问卷调查数据和交易数据进行了多维度的分析比对，形成了 2020 年的中国投资者教育的详细调查报告。下面简要介绍报告的部分结论。

一、调查数据对我国投资者教育工作现状的反映

（一）多层次投资者教育体系已经基本成型，一、二梯队投资者教育主体差距逐年缩小

与发达国家自下而上的投资者教育模式不同，我国投资者教育早期主要由金融监管机构与自律组织发起，执行主体为各类金融机构。随着投资者教育体系的发展，市场参与主体逐步扩大并发挥其各自优势。调查数据显示，投资者对三类投资者教育主体[①]的知悉度、参与度在连续三年的调查中基本保持一致。这表明，我国多层次的投资者教育体系已基本成型并趋于稳健。

在连续三年的调查中，各类金融机构的知悉度和参与度均排名第一，2020 年的数据分别为 84.63%和 29.55%，它们承担着市场中投资者教育工作的主要重任，是投资者教育不可或缺的中坚力量，是投资者教育主体的第一梯队。媒体作为投资者教育主体的后起之秀，借力互联网浪潮，其在投资者教育中的参与度和知悉度连续三年排名均在第二、第三位，2020 年数据分别为 82.99%和 23.92%，与金融机构的差距逐年缩小，具体为 2018—2020 年知悉度差距分别为 9.51%、4.1%、1.64%，参与度差距分别为 22.16%、13.90%、5.63%，从而显示媒体已成为投资者教育主体的第二梯队。投资者对各交易所（证券交易所、期货交易所）以及各类行业协

---

① 课题组将参与投资者教育活动的主体划分为三大类：一是金融监管部门（一行两会）和各交易所（证券交易所、期货交易所）、各类行业协会（证券业协会、基金业协会等）；二是金融机构（证券公司、期货公司、基金公司、银行、信托公司、保险公司等）；三是基础教育单位（小学、初中、高中）、高等院校（大学）、各类媒体（电视台、报纸、网站等）以及其他第三方机构。

会（证券业协会、基金业协会等）、金融监管部门（一行两会）的投资者教育知悉度分别为 79.88% 和 76.63%，参与度分别为 18.05% 和 14.88%。其他第三方机构、高等院校和基础教育单位也是我国投资者教育主体的重要组成部分，知悉度均超过了 70%，参与度在 20% 左右。

从调查数据可以看出，在我国的投资者教育体系中，金融机构与媒体处于投资者教育阵地最前线，为投资者教育的先锋团队；各级监管机构与行业自律组织是投资者教育的宏观统筹与基础保障；国民教育体系与其他第三方机构已经成为我国投资者教育工作的重要辅助力量，潜力巨大。我国投资者教育主体各司其职，形成梯队，多层次、全方位的投资者教育体系日趋完善与稳健。

（二）投资者教育基地"前线阵地"作用显现，"线上+线下"渠道结合仍是投资者教育主要模式

投资者教育基地是我国投资者教育工作创新中的新生事物。2015 年中国证监会发布《关于加强证券期货投资者教育基地建设的指导意见》后，投资者教育基地开始正式走入公众的视野，成为投资者教育中的重要队伍。课题组对投资者教育基地的运行情况予以了持续关注。2020 年的问卷调查数据显示，我国投资者教育基地的使用率进一步提升，其作用不断增强，金融机构"经常"通过投资者教育基地开展投资者教育活动的比例，2019 年为 59.33%，2020 年增加到 65.97%，提升了 6.64%；投资者"从未"使用过投资者教育基地的比例，2019 年为 13.69%、2020 年为 11.6%，下降了 2.09%；"偶尔"使用投资者教育基地的比例，2019 年为 23.49%，2020 年为 39.87%，提升了 16.38%。可见，投资者教育基地在投资者教育工作开展中的作用越来越大，逐步成为投资者培育的成长性土壤。

调查数据还显示，各主体开展投资者教育工作的形式日益丰富，"线上+线下"结合仍是投资者教育的重要模式。金融机构投资者教育产品的投放仍以"金融机构交易终端"为主，投资者"经常"使用的比例为 71.93%，较 2019 年提高了 8.37%；线下讲座、沙龙等现场教育活动也是金融机构"经常"使用的投资者教育渠道，占比为 57.40%；"传统媒体"

"纸质材料"的使用频率依然维持在一定水平，比例分别为48.94%和51.72%。从近三年的调查数据的比对来看，无论是各渠道投资者教育资源的投入，还是金融机构开展投资者教育活动的渠道结构都保持了基本稳定。

（三）对新入市投资者开展投资者教育对提升投资者金融素养的边际效用最高

课题组自始至终将评价与提升投资者教育工作效率作为研究的焦点，关注到投资者教育是个潜移默化的过程，准确把握投资者教育的时机，及时地、有针对性地开展投资者教育活动往往能起到事半功倍的效果。在问卷设计中同时从投资者和施教者两个维度对金融教育的时机展开分析。调查数据表明，"初次进行金融投资时"（开户时）是金融机构开展投资者教育频率最高也是最有效的时点，2018—2020年，金融机构在该时点开展投资者教育工作的比例分别为86.24%、88.10%、88.63%，投资者在该时点接受投资者教育的比例则分别为70.68%、66.86%、和56.30%，均为连续三年的最高值。可见，金融机构重视对"新手"的投资者教育，从投资者进入市场时就引导其树立正确的投资理念，掌握正确的投资方式，切实达到投资者教育的目的，对于提升投资者基本金融素养具有最大的边际效率。课题组对初入市投资者（投资经验为3年及以下）的教育效果进行了数据分析，结果表明，在"初次进行金融投资时"接受教育的投资者，其金融素养显著高于未在该时机接受教育的投资者，具体表现为基础金融素养均值高0.69分（满分5分），专业金融素养均值高1.09分（满分5分）。这表明，金融机构对新手进行投资者教育的边际效率更高。

（四）居民资金逐步从房地产市场流向权益市场，投资者教育在引导居民通过机构入市方面发挥积极作用

近年来，监管机构积极引导资金从房地产市场转向其他市场，并鼓励通过各种有效方式增加权益市场投资。课题组也就该问题安排了调查设计。调查数据显示，2018—2020年，个人投资者以股票和基金为代表的权益类资产配置比例从28.46%上升到33.21%，提高了4.75%；而投资性房地产的配置比例则从2018年的9.33%下降到2020年的9.02%，下降了

0.31%。这表明，我国居民的资金正逐步从房地产市场流向权益市场，投资者对权益市场的关注度和参与度也在不断加深。

监管机构一直鼓励中小投资者通过机构投资者（如购买基金）参与市场投资，以平衡不同类型投资者的风险承受能力，进一步提升资本市场交易的理性程度。调查数据显示投资者教育在这方面的作用显著，在课题组调查样本中，持有基金的投资者比例由 2018 年的 58.67%提升至 2020 年的 70.68%，同时，投资者基金的配置比例也由 2018 年的 9.58%提升至 2020 年的 13.56%。在投资者教育措施方面，金融机构在"新金融产品推出"时开展投资者教育活动的比例逐年提升，2018 年、2019 年、2020 年分别为 64.47%、82.09%和 82.93%；同时，投资者选择在"市场上有新的金融产品推出时"去获取投资者教育服务的比例近两年位居第二，且与排名第一的"初次进行金融投资时"的差距逐年缩小，三年的数据差距分别为 19.75%、4.3%和 0.72%。这也表明，各投资者教育主体对准确把握投资者教育工作开展时机、切实提升投资者教育效果方面的逐步关注与持续努力。持续有效的投资者教育对改善投资者的学习偏好，引导投资者理性投资具有显著作用。

（五）投资者接受教育的主动性与自觉性提升，风险提示类投资者教育活动使投资者权益保护意识显著增强

我国投资者接受投资者教育的主动性与自觉性、学习金融相关知识的意愿和重视程度均有较明显的提升。2020 年的调查数据显示，90.91%的投资者在金融教育上投入了资金，92.71%的投资者愿意在金融教育上花费时间，两者与 2019 年相比分别提高了 4.16%和 1.64%。此外，每周投入 2~5 小时进行学习的投资者比例由 2019 年的 25.78%提升至 2020 年的 35.59%，表明投资者更偏好简短有效的学习方式。从投资者参与各主体开展的投资者教育活动来看，与 2019 年相比，2020 年投资者"偶尔"参与投资者教育活动的频率上升，其中"偶尔"参与"教育机构的课程或讲座"的比例由 2019 年的 25.83%提升至 2020 年的 35.98%。调查结果还表明，持续性的投资者教育提升了投资者对投资者教育活动的关注度，推动投资者迈出接受金融教育的重要一步。

在投资者教育知识的教授和偏好方面,金融机构一直积极进行"各种类型的投资风险揭示"教育,该内容为近两年"经常"开展的最高频率,达到70%以上,"非法证券活动的识别与防范"和"投资者权利与维权途径的普及"也是开展频率较高的活动,以此引导投资者重视自身权益保护,提升风险防范意识。调查数据显示,该类投资者教育活动对投资者起到了实实在在的引导作用,虽然投资者对此类活动的参与度数值不高,但近年来和第一名的差距在逐年缩小,2018年、2019年、2020年的差距值分别为19.75%、4.3%和2.82%。

2020年的调查数据还显示,投资者最为重视的投资者教育内容为个人财富管理规划知识,"经常"和"一般"参与的比例由2018年的30.00%提高至56.36%,从一个侧面反映了投资者财富管理需求的增长。投资者对与自身投资收益相关的金融知识学习热情也较高,投资者教育内容中"投资策略/技巧的学习"的参与比例为55.77%。金融机构不仅是投资者参与资本市场的中间通道,更是投资者学习和了解资本市场的"直接导师",在引导投资者的投资者教育学习和理性投资方面起着重要作用。

二、投资者教育对投资者决策行为的影响

与过往年度调查不同的是,在2020年的调查研究中,课题组结合问卷数据与交易数据的比对分析,有针对性地研究了投资者的心理与行为规律,以期深入探讨以纠正行为偏差为核心的投资者教育的理论基础。传统金融学假设经济个体的行为是理性的,但行为金融学证实金融市场中投资者的决策行为会受到心理因素的影响而产生偏差。基于此,在本次问卷调查端,我们通过问题设置对投资者的博彩偏好、过度自信、风险感知能力和追涨杀跌交易策略倾向等心理因素进行了测度;在交易数据端,我们对投资者的处置效应、平均持股周期与换手率等行为进行了比对与计算。课题组认为,只有在准确、全面地把握投资者心理的前提下,明晰心理因素影响投资决策的方向和程度,才能提供有针对性的、有效率的投资者教育服务。

（一）我国证券投资者博彩心理突出，投资者金融知识的提升有助于降低其博彩倾向，提高投资行为的理性程度

在证券市场的博弈中，个人投资者受自身与外在因素的制约，投资决策的盲目性相对较大，表现出较为浓厚的博彩心理特征。调查数据显示，近四成投资者具有博彩的投资心理，37.66%的投资者认可"我会把股票看作彩票，愿意接受小损失换取可能的大幅上涨"的表述。其中，具有博彩偏好的女性投资者比例为38.76%，比男性投资者高出2%，该结果有些超出通常认知。偏好风险、文化程度在高中及以下、职业与经济或金融相关的投资者，其博彩偏好的比例更高。受博彩心理的影响，不少投资者参与股票市场表现出较强的投机性，偏离了"投资"的理性目标。调查数据表明，具有博彩偏好的投资者平均持股周期为6个月以下的比例高达76.74%。但数据同时显示，投资者的理性程度随投资经验的积累而提高，投资经验为3年以下的投资者中，具有博彩偏好的比例为38.44%，投资经验5年及以上的投资者中，博彩偏好的比例为37.33%。调查数据还显示，投资者的金融知识对其博彩心理具有影响作用，当投资者的基础金融知识从0分提高到1分时，认同"我会把股票看作彩票，愿意接受小损失换取可能的大幅上涨"的比例将从21.97%上升至35.94%。这可能是因为对基础金融知识的初步学习与了解提高了投资者对股票市场的兴趣，但在基础金融知识较为匮乏时，投资者尚未形成理性投资理念，容易产生"赌徒"心理。随着基础金融知识（1~5分）和专业金融知识（0~5分）的提高，投资者博彩偏好程度显著降低，表明投资者金融知识的提升有助于降低其博彩偏好。

（二）投资者对股价预期的形成缺乏理性分析，仍有近三成投资者偏好"追涨杀跌"的操作方式

投资者获取良好的收益要求具备一定的择时能力，把握股票买入与卖出的时机。调查数据显示，23.5%的投资者倾向于在个股上涨期买入，28.7%的投资者选择在下跌期卖出股票，表明仍有近三成投资者偏好"追涨杀跌"的操作方式。课题组深入分析了投资者追涨杀跌的决策心理，发现不认可"当股票价格持续上涨，我认为它在未来会进一步上涨"的投资

者反而倾向于追涨买入，占比达 55%，认可"当股票价格持续下跌，我认为它在未来会进一步下跌"的投资者却选择抄底买入，占比为 50%。数据表明，我国投资者并未对股票价格形成的预期和实际投资决策进行理性的分析，追涨杀跌的投资策略无底层逻辑支持。

金融知识对投资者交易策略的影响主要表现为降低了投资者的杀跌倾向。基础金融知识为 3 分的投资者，在股票下跌时选择卖出的比例为 37.31%。基础金融知识为 5 分的投资者杀跌的比例减小至 21.66%。这表明，投资者金融知识的提升有助于增强投资者的信息处理能力，提高其对信息判断的精确程度，减少交易操作中非理性盲目"杀跌"的抛售行为。

（三）近四成投资者具有处置效应，投资者教育有助于降低投资者的处置效应

所谓处置效应，就是指投资者在交易中往往过早卖出盈利股票，而不愿抛售账面亏损股票的行为。作为股票市场常见的非理性行为，处置效应一直是学术界和实务界关注的重点。由于投资者的处置效应，证券公司普遍存在大量的睡眠账户/僵尸账户（指证券账户有证券，资金账户有余额，但长期不进行交易的账户），缺乏交易使得投资者的这部分资产无法通过交易实现保值增值。本次问卷数据与交易数据比对结果显示，样本投资者中有 36.17% 具有处置效应，其中，男性投资者中有处置效应的占比 39.48%，比女性投资者高 8.83%。偏好风险、中青年、文化程度为高中及以下、职业与经济或金融无关的投资者，其处置效应更为突出。

投资经验的积累和投资者教育均为有助于改善投资者处置效应程度的因素。调查结果显示，投资经验为 3 年及以下、3~5 年和 5 年以上的投资者中，具有处置效应的比例分别为 38.27%、36.29% 和 34.25%，表明随着投资者交易经验的积累，投资者的金融决策行为会表现得更为理性。数据对比分析显示，投资者教育对改善投资者处置效应具有显著的影响作用。在投资者每周对金融教育的时间投入一定时，对"投资策略/技巧"和"知晓各种类型的投资风险"的学习频率由"偶尔"提升到"经常"时，具有处置效应的投资者比例分别由 37.44% 降低至 18.75%、由 37.14% 降低至 21.05%，表明对投资策略和投资风险的学习促进了投资者的行为理

性,改善了投资者长期持有亏损股票而不进行交易的行为偏差。

(四)过度自信是投资者普遍存在的认知偏差,有一定投资经验且过度自信的投资者交易更频繁

过度自信是证券交易市场上一种典型的非理性行为表现,指人们倾向于高估自己对相关信息或交易知识的掌握能力与精确程度。过度自信驱动的非理性交易给市场带来噪声,影响着市场的信息效率和资源配置功能的发挥。课题组在 2020 年的问卷中设计了有关题目,旨在评估投资者对自身金融知识的认知水平,以主观和客观金融知识的差值来度量投资者的金融知识过度自信。调查数据显示,有 74.07% 的投资者对自身金融知识过度自信,投资者高估自己的投资能力与知识水平的现象普遍存在。有效的金融教育有助于纠正投资者对自身金融知识的认知偏差,体现为长期接受金融教育的投资者中,对基础金融知识过度自信的比例为 33.12%,对专业金融知识过度自信的比例为 59.68%。

与过度自信具有密切逻辑关联的投资者非理性行为是过度交易。借鉴已有研究,课题组将年交易次数超过 48 次的投资者识别为过度交易者,发现受访投资者中过度交易者的比例为 37.14%。其中,男性投资者中过度交易者占比为 41.67%,比女性投资者高 10.11%;文化程度为高中以上、职业与经济或金融相关、金融资产总量为 10 万~50 万元的投资者中,其过度交易者占比更高。数据对比分析结果还显示,交易经验为 3~5 年的投资者过度自信的程度比其他投资者分组更高,其过度交易者的比例比交易经验为 3 年以下分组高 12%,比交易经验为 5 年以上的投资者分组高 10%。这是由于有一定投资经验的投资者,更容易高估自己判断证券价值和市场趋势的准确程度,对自己的投资技巧具有不符合实际的自信,从而交易更加频繁。

(五)超六成投资者具有较好风险感知能力,体现了金融知识教育在增强投资者风险防范能力方面的作用

具备基本的风险识别能力和风险应对能力,树立正确的风险观,是衡量投资者成熟度的重要指标。课题组在问卷中设计了测度投资者对宏观、行业、公司和决策行为的风险感知能力及风险规避的能力的相关问题。调

查数据显示，从整体上看，超六成的受访者表现出具有较好的风险感知能力。其中，具有行业风险感知能力（认同所投资的行业发布利空消息可能带来投资损失）的投资者占比最高，为65.64%。对投资者金融知识与投资者风险能力的结合分析表明，随着基础金融知识的提高，投资者的决策行为风险感知能力（认同买入短期内涨跌幅均较大的股票可能带来投资损失）不断提升。基础金融知识为5分时，在各类风险中，投资者认为自己有信心规避该类风险带来损失的比例最高，为54.39%。专业金融知识的提升，增强了投资者对宏观风险（认同央行提高基准利率可能带来投资损失）和公司风险（认同所投资的公司发布利空业绩公告可能带来投资损失）的感知能力。调查结果体现了金融知识在调动投资者关注风险的积极性方面具有重要作用，也说明了金融知识的提升有助于增强投资者抵御风险的能力与信心。

三、进一步提升我国投资者教育效率的思考与建议

（一）唤醒投资者长期、持续接受金融教育的意识，是树立理性投资理念的关键

从成熟资本市场的投资者教育经验来看，金融教育贯穿投资者生命周期的各个阶段，稳定财富观的形成需要长时间的积淀。随着资本市场的发展和投资者教育工作的普及，我国投资者主动接受投资者教育的意识虽然有所增强，但持续性接受金融教育的意识和行动依然薄弱。课题组调查数据显示，2017年以来，我国投资者"长期接受投资者教育（定期或不定期地）"的比例呈逐年下降趋势，2017年、2018年、2019年分别为45.96%、40.27%、36.39%，2020年下降到20.39%，表明要让投资者真正深入理解金融教育的重要作用并持之以恒地接受相关金融素养提升教育还任重道远。对投资者教育工作者（施教者）的调查数据显示：一方面，"宣传（直接面向和服务于投资者的一线教育工作等）"是投资者教育工作的重点，施教者人数占比为74.51%，另一方面，"长期开展投资者教育活动（定期或不定期地）"的比例为65.01%，较2019年下降了5.72%。这表明，金融机构较为重视投资者教育宣传相关工作，注重提高投资者的金融

教育参与度，但在培养投资者长期接受金融教育的习惯方面稍显力度不足。课题组认为，无论是作为施教者的金融机构还是受教者的个人投资者，都应认识到投资者金融素养教育是场持久战，投资者教育工作的效应显现是一个典型的"慢变量"，它的效果和效率往往无法用某些短期指标变动或即时的投入产出指标来衡量，需要市场参与各方秉持同一的战略思维，付出持之以恒的努力，才能"久久为功"。

理性投资和价值投资理念的缺失是造成投资者行为偏误的重要因素，切实发挥投资者教育对投资实践的指导作用，要促进投资者树立科学的理财观念。对投资者教育与非理性决策行为的交叉组合分析发现，上一年度在金融教育上的资金投入占收入比例低于5%、在金融教育上的时间投入每周低于2小时的投资者，2020年的年换手率平均值为339.48%。随着金融教育投入（包括资金投入和时间投入）的提高，上一年度在金融教育上的资金投入占收入比例超过10%、在金融教育上的时间投入每周高于3小时的投资者，2020年的年换手率平均值为299.30%。调查数据表明，金融教育有助于降低投资者频繁交易的倾向，引导投资者理性投资。上述分析表明，培育健康的投资文化，施教者应注重培养投资者形成良好的学习习惯、增强理财意识、投资理念方面的投资者教育内容投放。

（二）完整理解投资者教育工作的痛点与难点，利用金融科技开展"千人千面"的投资者教育是未来方向

对金融机构开展投资者教育的目的与难点的调查，有助于了解投资者教育工作者（施教者）对投资者教育核心思想的理解程度，更好地调整金融机构投资者教育的发展方向。关于金融机构开展投资者教育目的的调查数据显示，施教者认为投资者教育"帮助投资者获得基本的金融知识和投资技能，引导投资者理性投资"和"引导投资者树立正确的风险意识和维权意识，保护投资者正当权益"的重要程度分值逐年递增，2018—2020年，前者的分值从2.63分、2.78分上升到2.84分，后者的分值从2.03分、2.24分上升到2.35分。

了解投资者教育的难点有助于对症下药，提高投资者教育的效率。2019—2020年的问卷调查数据显示，选择"投资者水平参差不齐，人员分

散，难以进行有针对性的教育工作"这一选项是金融机构开展投资者教育工作最主要难点的受访者比例最高，2020 年调查中该比例接近七成，达69.34%。选择"投资者对投资者教育活动不感兴趣，配合度不高"的受访者比例排名第二，在 2020 年调查中选择该选项的受访者比例为 62.66%。这与课题组在 2019 年报告中提出的观点一致，投资者对投资者教育的需求存在性别、投资年限和地域差异，不同的投资者对投资者教育内容、投资者教育渠道、投资者教育主体的偏好各有不同，即投资者存在"千人千面"的投资者教育需求，过于标准化的、"一刀切"的投资者教育方式难以满足投资者个性化的投资者教育需求。未来投资者教育工作实际效率的有效提升，还需要金融机构探索利用金融科技手段与技术开展个性化的投资者教育。

（三）投资者教育工作的"反哺效应"为金融机构所逐步认识

我国金融机构开展投资者教育的动力源是课题组持续关注的问题，并首次提出"券商投资者教育悖论"概念：投资者教育需要大量人力物力资源投入，但投资者教育的效益却是社会的、公益的，具有公共产品的属性；而作为商业机构的券商开展投资者教育是否仅仅被动地达标监管要求或者仅为履行行业准入义务？还是具有基于商业利益的内生动力？课题组在连续多年的调查和研究中逐步对这一问题有了更清晰的认识。调查结果表明，金融机构开展投资者教育既是义务，也同时具有商业利益。历年的调查数据显示，认为投资者教育工作"对公司的发展和业务有直接帮助"选项的得分呈逐年上升趋势：2018 年、2019 年和 2020 年分别为 3.31 分、3.38 分和 3.70 分，表明金融机构已经意识到投资者教育不是单纯的公共产品，对自身业务开展具有"反哺效应"，开始逐步转变投资者教育视角，越来越重视从投资者的角度思考投资者教育工作的作用和重要性。值得注意的是，认为投资者教育动力"主要来自监管部门、协会等的强制性要求"依然是排名第二的选项，且分值由 2019 年的 3.08 提高至 3.53，说明金融监管当局的要求仍是金融机构开展投资者教育必不可少的外在推动力。提升金融机构对投资者教育的认同感，充分调动金融机构主动进行投资者教育的积极性，促进金融机构投资者教育工作监管驱动与利益驱动的有效结合，提供高质量、高效率的投资者教育服务，是构建投资者教育长效机制需要关注的重要方面。

（四）我国投资者教育要向提升效果与效率转型，逐步建立和完善符合我国资本市场实际的投资者教育评估体系

我国的投资者教育已经走过了粗放式、运动式发展阶段，确立市场各参与方对投资者教育工作必要性的认识与广泛的覆盖面是这一阶段的基本成果。今后投资者教育的发展是要向提升效果与效率转型，提高投资者教育的实际效果，提升投资者教育工作的效率。这就需要逐步建立一个符合我国资本市场实际的投资者教育评估体系。近年来，金融机构在开展投资者教育工作中也很重视对投资者教育效果的评估，调查数据显示，2020年进行了投资者教育效果评估的金融机构比例为97.86%，较2019年提升了55.79%（2019年比例为42.07%），仅有2.14%的施教者表示没有进行过相关投资者教育评估工作。其中，"对投资者教育活动的满意度"是金融机构最关心的效果指标，评估比例为83.80%，然后是"对投资者接受教育前后金融知识与技能变化的测评"，比例为78.94%。但部分内容的投资者教育效果评估，如投资者理性程度、维权意识与维权能力、施教者的投资者教育工作考评等稍显不足，比例为50%左右。这表明，虽然金融机构做了部分投资者教育效果的评估，但评估指标的构建方式千差万别，并未形成较为统一的评估指标和评估体系，说明目前我国的投资者教育效果评估指标和体系尚处于建立阶段，有待进一步探讨和完善。

对投资者教育效果的评估是投资者教育长效机制建立的重要一环，科学的评估方法有利于动态的、全面的分析投资者受金融教育状况。课题组依据多年的投资者教育研究经验和调查数据，尝试对评估方法进行创新，构建评估指标体系，编制投资者金融教育指数。兼顾各个维度的金融教育特征，同时考虑指数的系统性、数据的连续性与方法的完整性，依据投资者对金融教育的资金投入、时间投入、对投资者教育主体的知悉度与参与度、获取投资者教育服务的时机、接受投资者教育的内容、渠道与频率，采用适当的量化工具与方法确定具体指标权重以合成投资者金融教育指数，并通过对我国投资者教育实践的跟踪研究，验证投资者金融教育指数

的评估适用性和有效性。

资本市场是一个内涵丰富、机理复杂的生态系统，投资者既是市场的重要参与者，也是市场持续健康发展的推动者，建设高质量的资本市场离不开高质量的投资者教育。处于新发展阶段的投资者教育，要以互联网、人工智能、大数据为依托，以优质内容为重点，针对不同层次的投资者群体采用差异化的教育方式，充分发挥各投资者教育主体的资源优势，形成合力以持续优化市场生态。"十年树木，百年树人"，期望通过市场各方的努力，完善我国投资者教育服务体系，构建投资者教育长效机制，共建有活力、有韧性的资本市场。

附录 D 中国投资者教育现状 调查报告（2021）

《我国证券投资者教育的效率分析与制度建构》课题组

自 2016 年开始，西南财经大学中国金融研究院《我国证券投资者教育的效率分析与制度建构》课题组（以下简称"课题组"）连续六年开展了全国范围的投资者教育问卷调查，迄今为止已累计回收调查问卷 103 471 份。2021 年的问卷调查与贵州财经大学大数据应用与经济学院（贵阳大数据金融学院）合作展开数据的比对分析。课题组希望通过连续跟踪调查，准确分析中国投资者的行为特征及其变化，以及我国开展投资者教育的现实状况，探讨完善投资者教育工作方式和优化提升教育效率的途径。

2021 年的课题调研与数据分析延续了课题组往年的研究模式，即两个比对分析：一是从投资者（受教者）与投资者教育工作者（施教者）两个维度（而非只是针对投资者的单维度）进行问卷调查的比对分析；二是将受访投资者的问卷调查数据与其实际交易数据——匹配（而非仅仅分析其问卷统计数据），以更精准地评估投资者教育对投资者行为的影响及其特征变化，更科学地评估我国投资者教育工作的微观与宏观效率。此次问卷调查的时间为 2022 年 4 月 20 日至 5 月 30 日，共收回有效问卷 12 051 份，其中投资者部分有效问卷 7 279 份（有效率为 96.55%），投资者教育工作者部分有效问卷 4 772 份（有效率为 99.95%）。检验表明问卷具有较高的内在信度、内容效度和结构效度。

通过对 2021 年的调研报告进行初步分析，主要有以下结论：

一、我国投资者基础金融素养呈逐年上升趋势，投资者教育对国民金融素养提升的效果进一步得到验证

我国的证券投资者结构虽然在逐步优化，但是以个人投资者为主的特征依然显著，个人和家庭参与金融市场的比率逐年上升。截至 2022 年 8 月底，中国证券市场个人投资者人数已超过 2 亿人，占市场总投资者数量的 99.49%（中国证券登记结算有限公司数据）；基金投资者数量 2021 年底已超 7.2 亿人（中国证券业协会数据）。国内外研究取得的共识是，投资者群体的整体金融素养对一国金融市场的稳定发展和市场效率的提升具有重要作用，而开展多维度的投资者教育则是提升投资者金融素养、矫正其投资行为的有效方法。课题组从 2016 年开始对我国投资者金融素养状况进行跟踪调查，阅读和借鉴国内外有关金融素养调查文献，结合国内市场的实际情况，在金融素养的衡量方面，将投资者金融素养分为基础金融素养和专业金融素养两部分，并以此进行问卷设计和调查数据分析。

2021 年的问卷调查数据显示，投资者教育对投资者金融素养的提升具有正面影响。其一，2018—2021 年，我国投资者的金融素养水平整体上呈提升趋势，其中基础金融素养从 60.90 分提升到 64.68 分（及格率为 68.57%），表明参与市场的投资者在接受投资者教育后对基础金融知识的了解有提升；其二，投资者整体金融素养尚处于较低水平，综合金融素养均分仅为 53.74 分，一半以上的投资者未达及格标准（占比 47.48%），专业金融素养均分仅为 42.80 分（及格率为 38.43%），得分从 2018 年的 44.24 分小幅下降到 42.80 分，可能是一些新入市的投资者在专业金融知识的学习和理解方面不太理想，仍然需要进一步引导投资者加强学习。基于更为细分的调研数据，综合表现为：接受投资者教育频率越高、时间越长的投资者，综合金融素养越高，表明投资者教育对国民金融素养的提升有显著促进作用。

二、金融机构仍是最重要的投资者教育主体之一，投资者教育纳入国民教育体系效果初显

课题组在以前年度调研报告中提到，我国多层次的投资者教育体系的雏形已基本成型并趋于完善，本年度的调查数据再次证明了这一观点。受访投资者对金融机构、媒体、各交易所、协会、金融监管部门、其他第三方机构、高等院校和基础教育单位（小学、初中和高中）等投资者教育主体的知悉度呈逐年上升趋势；投资者对各主体的投资者教育活动整体参与度维持基本稳定。在我国投资者教育的发展中，承担施教者角色的证券公司等各类金融机构仍然是最重要的投资者教育主体之一，投资者对其知悉度和参与度在连续四年的调查中均名列榜首，2021年的比例分别为84.06%和25.95%。

但值得注意的是，虽然投资者对金融机构的知悉度和上一年度基本保持一致（2020年为84.63%），但参与度却较2020年的29.55%下降了3.60%，在所有主体中降幅居首。这表明，我国多层次投资者教育体系中各主体的力量正在走向动态均衡，课题组曾经揭示的金融机构承担过重的投资者教育现象有所改善，其他投资者教育主体的作用逐步显现。2013年12月，《国务院办公厅关于进一步加强资本市场中小投资者合法权益保护工作的意见》呼吁"加大普及证券期货知识力度，将投资者教育逐步纳入国民教育体系，并充分发挥媒体的舆论引导和宣传教育功能"，我国投资者教育纳入国民教育体系工作开始萌芽。课题组也一直认为将投资者教育纳入国民教育体系是提升国民金融素养的有效途径，在问卷中对这一内容予以了较多关注。2019年的调查显示，接近九成的施教者支持将投资者教育纳入国民教育体系，投资者对此的支持率也超过七成。近年来，我国在这一方面的探索和努力取得了实实在在的成果。调查数据显示，2019年3月，中国证监会、教育部联合印发《关于加强证券期货知识普及教育的合作备忘录》后，社会对基础教育单位开展投资者教育活动的知悉度大幅提升，从2018年的48.15%提升到2021年的72.95%（提高了24.80%）。从提升幅度来看，2019 年的提升幅度达 19.49%，2020 年、2021 年的提升比例虽下降至 3.34% 和 1.97%，但仍然保持增长。同时，2021 年的调查数据显示，基础教育单位的投资者教育参与度为 19.33%，已经超过其他第三方机构，仅次于金融机构的 25.95%、媒体的 22.42% 和高等院校的 20.54%，在所有主体中排名第四。这表明，我国投资者教育纳入国民教育体系效果初显，国民金融教育迈入加速发展阶段。

三、金融机构的投资者教育供给更注重时机选择，投资者长期接受金融教育的意识仍有待提高

针对 2021 年投资者接受金融教育时机的调查显示，投资者选择在"市场上有新的金融产品推出时"接受金融教育的比例最高，为 56.24%，然后是"做出重大交易决策时"（比例为 54.06%）。与前三年的数据相比，在 2021 年投资者更多地选择在有新金融产品推出时去获取投资者教育服务，以便充分了解新金融产品的特点和投资所面临的风险。选择在"新政策推出或大事件发生后"接受投资者教育的比例较 2020 年有所下降，说明投资者对于政策变化的敏感性还有待提高。对施教者的调查结果显示，金融机构常在投资者"初次进行金融投资（开户）""新金融产品推出"时开展投资者教育活动，比例分别为 88.10% 和 82.09%，与投资者对金融教育时机的需求较为契合。

数据对比分析发现，长期接受投资者教育的比例近四年呈连续下降趋势，2018—2021 年，长期接受投资者教育的比例分别为 40.27%、36.39%、20.39% 和 18.42%。可见，中国的证券投资者尚未形成长期接受金融教育的意识，对金融教育的持续性和渐进性的认识不够深入。对施教者的调查显示，近三年金融机构长期开展投资者教育活动的比例均高于 60%，说明金融机构的投资者教育供给是较为充分的，投资者教育活动已成为金融机构一项长期性、基础性和常规性的工作。

四、投资者正在全方位、多角度地强化自我金融教育

在投资者教育内容和频率方面，2021 年的调查结果表明，投资者对学

习证券、期货基础知识较为重视，"经常"参与和"一般"参与的比例达到58.44%。对其他类知识的学习"经常"与"一般"的参与度也都超过了50%，说明投资者正在全方位、多角度地强化自我金融教育。但与过往年度调查结果类似，投资者对维权途径、防范非法证券活动相关内容如"了解投资者权利与维权途径""非法证券活动的识别与防范"的参与比例较低，"经常"学习此类内容的频率均低于15%，表明投资者依然较为忽视维权途径、防范非法证券活动等内容的学习。

对施教者的调查显示，金融机构在投资者教育内容的提供方面已经达到了全面化，各项投资者教育内容的投放率均高于99%。从整体上看，金融机构开展投资者教育活动中涵盖的投资者教育内容比较丰富，开展频率也相对较高。从大类来分析，"各种类型的投资风险揭示"是金融机构最"经常"提供的投资者教育内容，其比例为71.04%，然后是"新产品、新政策的介绍"，其比例为68.80%。开展频率略低的投资者教育活动内容为"投资策略/技巧的讲授"和"投资者权利与维权途径的普及"，其比例分别为64.25%和63.89%。

五、我国投资者教育模式已从粗放式向精细化转变，能够为投资者持续提供更好的投资者教育服务

逐年的调查数据显示，在金融机构开展投资者教育工作的主要动力是对公司的业务和发展有直接帮助，另外有主要来自监管部门、协会等的强制要求。由此可见，投资者教育已经成为监管机构的严格要求和金融机构内在动力的有机协调，两者相辅相成，共同促进了我国投资者教育的健康发展。

2021年的调查结果显示，我国投资者教育模式已经呈现从粗放式向精细化转变的趋势，金融机构的投资者教育管理越来越精细化。一是投资者教育人力资源投入专业化，高学历投资者教育人员占比逐年增加。数据显示，2021年本科学历及以上投资者教育人员占比94.21%，较2018年的82.48%上升了11.73%；参与投资者教育工作5年及以上人员占比

58. 42%，较 2018 年的 39. 81%上升了 18. 61%。在金融素养得分上，施教者综合金融素养得分 72. 89 分，其中基础金融素养 80. 88 分，专业金融素养 64. 90 分，均显著高于投资者的金融素养得分。二是投资者教育专项培训体系化，接近八成投资者教育人员参加专项培训后上岗。2021 年，接受过专项培训的投资者教育人员占比达 78. 19%，较 2018 年的 76. 65%提升了 1. 54%。表明经过多年的探索和实践，金融机构已经建立起了较为成熟的投资者教育人员培训体系，为金融机构长期做好投资者教育工作奠定基础。三是投资者教育人员考核评估常态化。2021 年开展了投资者教育人员绩效考核评估的占比超过一半（占比 51. 91%），较 2018 年的 47. 19%提升了 4. 72%。越来越多的机构将投资者教育人员考核纳入绩效评估，有助于培养更优质的投资者教育工作者。四是投资者教育效果评估多样化。2016 年调查中开展过投资者教育效果评估的为 92. 83%，到 2021 年该比例已上升为 97. 74%，同时施教者对投资者接受投资者教育前后的金融知识与技能变化、行为理性、维权意识变化等评估也在逐年增加，2021 年的占比分别为 80. 93%、76. 26%、64. 54%。

综合来看，近年来金融机构的投资者教育体系呈现出投资者教育人员专业化、投资者教育培训体系化、投资者教育人员考核评估常态化、投资者教育效果评估多样化的特点，表明当前我国金融机构的投资者教育模式已经较为成熟，能够为投资者持续提供更好的投资者教育，为我国投资者教育的效率提升和体系建设奠定了坚实的基础。

六、超九成投资者愿意在投资者教育上投入时间和资金

随着投资者教育大氛围的形成，我国投资者对接受投资者教育和金融知识学习的积极性持续提升。2018—2021 年的调查数据显示，有超过 90%的投资者在接受投资者教育和金融知识学习上投入了时间和资金。随着生活节奏的加快，投资者的投资者教育学习越来越碎片化，短频、高效、精准的投资者教育才能有效满足投资者需求。具体表现在：投资者每周在接受金融教育上投入的时间大多集中在 1~3 小时，这一占比自 2018 年以来

呈现逐年上升趋势，2018 年、2019 年和 2020 年占比分别为 65.60%、68.72%和 71.07%，2021 年占比上升为 72.93%；投资者每周接受金融教育投入时间超过 5 小时的占比逐年下降，2021 年占比仅为 6.99%，较 2018 年的 12.65%下降了 5.66%；投资者在金融教育上的资金投入占年收入 5%以上比例逐年增加，从 2018 年的 57.36 提升到 2021 年的 67.7%，其中超五成投资者的资金投入占年收入比例集中在 5%~15%，投入超过 15%的投资者占比为 13.49%。